아동 및 청소년 이해와 상담

아동 및 청소년 이해와 상담

2024년 9월 20일 1판 1쇄 발행

저　　자 | 유근준

발 행 인 | 김경자

표지디자인| 최정민

발 행 처 | 도서출판 **다세움**
(서울시 강서구 수명로 68-11)

전　　화 | 02-2601-7423

팩　　스 | 02-2665-7588

등록번호| 383-97-01374

총　　판 | 비전북 (전화: 031-905-3927)

주　　소 | 경기도 파주시 월롱산로 64

정　　가 | 22,000원

I S B N | 978-89-92750-53-0

아동 및 청소년 이해와 상담

Understanding and Counseling Children and Adolescents

| 유근준 지음 |

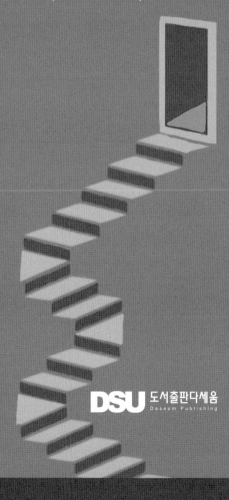

DSU 도서출판다세움
Daseum Publishing

서문

　모든 부모는 자녀들이 행복하고 건강하게 자라기를 바란다. 사려 깊은 부모들은 어떻게 하면 자녀를 건강하고 올바르게 키울 수 있을지 고민한다. 그러나 이것이 너무 힘들다. 좋은 부모로 산다는 것은 참으로 어려운 일이다. 자녀를 양육한다는 것은 귀중한 생명의 성품을 훈련하는 일이므로 고도의 인격과 기술, 그리고 엄청난 인내가 필요하다. 부모 됨은 다른 어떤 역할들보다도 더 많은 지혜와 실력을 필요로 하기에 마음이 무겁지만 그만큼 막대한 보상과 기쁨이 뒤따르는 일이며, 포기하려 해도 포기할 수 없는 일이다.

　부모에게 자녀 양육은 끝이 없는 사명이며, 영원히 지속되는 사명이다. 부모로서의 사명을 잘 감당하고 자녀를 인격적으로 훌륭하게 키우려면 부모들은 자신이 기존에 가지고 있던 생각을 성찰하고 또 성찰해서 잘못된 것은 과감히 버려야 한다. 30년 가까이 상담자로 살아오면서 가장 안타까울 때는 부모들이 자신의 생각이 틀렸는데도 맞다고 고집을 부릴 때다. 그리고 자신이 실수하지 않았음을 증명하려 할 때다. 인간은 누구나 실수하며 산다. 그러므로 실수를 부끄러워하기보다 실수한 것을 솔직히 인정하고 반성하는 자세가 필요하다. 실수를 인정하는 것은 훌륭한 일이라고 생각한다.

나도 부모로서 많은 실수를 했으며, 자녀들에게 많은 상처를 주었다. 그래서 그 문제를 해결하고, 바꾸고 싶어 상담과 교육학을 전공하고 상담자가 되었다. 좋은 부모가 되고자 하는 분들에게 부탁하고 싶은 것은 잘못한 것이나 실수한 것이 있다면 그것을 감추지 말고 드러내는 용기를 가지라고 말하고 싶다. 그래야만 바꾸어야 할 것이 무엇인지 알게 되고, 변화가 일어나게 될 것이다.

　　나는 최근에 집안을 바꾸는 일에 푹 빠져있다. 각종 유튜브 영상을 보면서 가구 정리와 배치, 옷장 및 부엌과 화장실 정리, 옷 개는 법, 식물 키우는 법 등에 대해서 보고 또 보면서 따라 하고 있다. 많은 변화라고 말하기에는 부끄럽지만 집이 이전에 비해 예뻐지고, 넓어지고, 쾌적해졌다. 이것은 내가 우리 집안에 변화가 필요하다고 인식했기 때문이다. 집을 정리하면서 정리에도 원칙이 있음을 알게 되었다. 무엇보다 버릴 것은 과감하게 버려야 한다는 것, 정리한 다음에 유지가 더 어렵지만 꾸준히 하다보면 익숙해진다는 것, 그리고 새로운 물건이 들어올 자리를 위해 비워둘 공간을 남겨두어야 한다는 것이다.

　　가장 소중한 우리 자녀들을 키우는 일도 마찬가지다. 무엇인가 변화가 필요하며, 무엇인가 잘못되었음을 인정하는 것이 자녀를 훌륭하게 키워낼 수 있는 길이다. 그 다음에는 자녀 교육의 방법과 원칙을 배우고 그것을 자신의 것으로 만들어야 한다. 자녀들에게 필요한 것은 무엇인지, 자녀와 어떻게 대화하면 좋은지, 자녀에게 문제가 생기면 어떻게 해결해 나가야 하는지 등에 대해서 배우면 된다. 그리고 배운 것을 실천해야 한다. 정리한 다음에 깨끗한 것을 유지해야 하듯이 배운 것을 삶에 적용하며 살아야 한다. 그래야 배운 결과가 눈에 보이고 결과가 나타난다.

또한 자녀들이 훌륭하게 자라기 위해서 인적, 물적, 관계적, 경제적, 그리고 좋은 환경적 요인도 필요하지만 가장 중요한 것은 신앙적 요인이다. 기독교적 가치관에서 자란 자녀, 성령 충만하고 하나님과 인격적으로 관계하는 부모 밑에서 자란 자녀가 이 세상을 다스리며 살아갈 수 있다. 우리를 사랑하시는 아버지 하나님께서는 우리의 모든 필요를 채우신다고 말씀하셨다(빌 4:19). 하나님과의 관계가 좋은 엄마가 가장 좋은 환경을 하나님으로부터 자녀에게 제공해줄 수 있다. 신성하게 부름받은 부모로서의 역할을 온전히 감당하는 가장 효과적인 비결은 부모가 성령의 능력과 지혜와 진리를 받아들이는 것이다.

신앙의 유산과 함께 자녀를 전인적으로 건강하게 자라도록 돕기 위해서는 안전한 가정환경과 인격적으로 성숙한 엄마(부모)가 있어야 한다. 대상관계이론가인 도날드 위니컷은 유아에게 있어 가장 좋은 환경은 엄마라고 역설하면서 좋은 엄마를 '성숙을 촉진시키는 환경 제공자'라고 표현하였다.

현재 시중에는 아동 및 청소년상담 관련 저서는 많지만, 아동과 청소년의 심리를 이해하는 책은 적은 실정이다. 본서는 아동과 청소년 상담의 과정과 기술, 그리고 실제와 적용보다는 아동과 청소년의 심리를 이해하는 데에 좀 더 많은 관심을 두고 집필하였다. 책의 구성은 전체 4부, 14장으로 구성되었다. 1부에서는 유아를 포함한 아동 이해를 위해 '유아와 아동이해', 2부에서는 '아동상담과 상담자의 역할', 3부에서는 '청소년 이해와 상담'을 다루었는데 이 부분에서는 최근 청소년 시기가 늘어나고 있는 점을 감안하여 초·중기 청소년과 후기청소년으로 나누어 살펴보았다. 그리고 4부에서는 아동과 청소년이 건강하게 성장하기 위해서는 부모의 양육태도와 가족 구조가 무엇보다 중요하기에, 건강한 부모와 건강한 가족으로 본서를 마무리하였다.

저술하는 과정에서 저자의 자녀 양육 경험과 아동과 청소년을 상담한 임상 경험, 그리고 부모들을 상담하고 교육하면서 느낀 점도 추가하였다. 이 한 권의 책에 유아와 아동, 청소년 이해, 그리고 건강한 부모와 건강한 가족에 대한 이해를 담으려 하다 보니, 충분하지 않은 점이 보여 아쉬운 마음이 들지만, 자녀들을 보다 건강하게, 보다 아름답게 키우고자 하는 부모와 교사, 그리고 상담자들에게 도움이 되기를 바란다.

한 생명을 천하보다 귀하게 여기신 예수님을 본받아 우리 모두가 온전한 사랑의 능력과 실력을 가지고 귀하고 소중한 우리 자녀들을 하나님이 기뻐하시는 위대한 인물로 키워낼 수 있기를 바란다. 우리의 자녀들이 생명력 넘치는 삶, 활기찬 삶, 행복한 삶, 이 세상과 타인에게 도움을 주는 삶, 그리고 자신의 소명과 비전을 발견하여 이 세상에 태어난 목적을 이루는 삶을 살기를 바라고 기도한다.

하나님께서 이 모든 일에 도움 주실 줄 믿으며…….

2024년
그 어느 때보다 더운 여름에

저자 유근준

목차

3부　청소년 이해와 상담　201

9장 청소년의 특징　202

10장 청소년의 자아정체성　234

1부
유아와 아동 이해

1장

유아의 애착과 기질

　아동을 이해하기 위해서는 아동의 전 단계인 유아기에 대해 이해하는 것부터 선행되어야 한다(여기에서 유아라는 용어는 영아와 유아 모두를 의미하는 용어로 사용하고 있다). 그래서 이 장에서는 유아기에 가장 중요한 과제인 유아의 애착과 기질에 대해 살펴보고자 한다.

1. 유아의 애착

1) 애착의 중요성

영국의 심리학자인 존 볼비(John Bowlby)는 유아 애착의 중요성에 대하여 역설하였다. 볼비에 의하면 유아는 자신을 돌보는 사람에 의해서 음식을 제공받고 또한 안전하게 보호를 받아야만 하기 때문에 유아에게 있어서 엄마와의 관계는 생존의 필수 조건이라고 하였다. 유아는 생물학적으로 프로그램 된 다양한 행동을 하는데, 이러한 행동은 생존뿐만 아니라 정상적인 발달에도 유용하다. 예를 들면, 유아의 울음은 어머니의 주의를 집중시키는 신호 체계를 가지고 있는 것으로 보인다.[1] 유아가 자신의 고통을 전하기 위해 큰 소리로 우는 것, 그리고 어머니가 유아의 울음에 반응하는 것도 생물학적으로 프로그램된 것으로 보이며, 유아는 울음을 통해 기본 욕구(배고픔, 목마름, 안전 등)를 충족하고, 애착관계를 형성하는 데 필요한 충분한 접촉을 할 수 있다(Bowlby, 1973).

유아는 자신을 돌보는 사람, 특히 어머니와 강한 정서적 유대 관계를 맺는데 이것이 애착관계다. 볼비는 유아에게는 본성적인 애착 행동-미소 짓기, 옹알이하기, 잡기, 매달리기, 울기 등-이 있다고 하면서 이것은 선천적인 사회적 신호라고 주장하였다. 이러한 행동들은 부모로 하여금 유아에게 접근해서 보살피고, 상호작용하도록 독려한다. 또한 유아를 먹이고, 위험으로부터 보호하고, 건강한 성장에 필요한 자극과 애정을 기울이게 해준다. 유아의 애착발달은 조류의 각인형성보다 훨씬 더 복잡한 것인데, 이것은 어머니(또는 양육자)와 장기간에 걸친 유대관계를

---

[1] 생물학적으로 프로그램화된 '고통 신호(distress signal)'로 부른다.

통해 형성된다.

사회적 상호작용을 강조한 볼비의 애착이론은 애착이 배고픔과 같은 일차적 욕구 충족과 관계없이 발달한다고 밝힌 해리 할로우(Harry Harlow)의 연구 결과에 토대를 둔 것이다. 할로우는 원숭이 새끼들을 어미와 격리한 후에, '철사엄마 원숭이'와 '헝겊엄마 원숭이'를 만들고 '철사엄마'에게 우유병을 부착해 두었다. 그러자 원숭이 새끼들은 배가 고플 때만 철사 엄마에게 가서 우유를 먹고, 나머지는 헝겊 엄마에게 가서 안겨 쉬었다. 그리고 젖 먹는 시간을 제외하고는 대부분의 시간을 헝겊 엄마와 함께 보냈다. 낯선 물체가 나타나 두려움을 느꼈을 때도 새끼 원숭이는 헝겊 엄마에게로 달려가 매달렸다. 배고픔을 덜어준 것이 철사 엄마였기 때문에, 원숭이 새끼들은 철사 엄마를 더 좋아해야 하는데 그렇지 않았다. 이 연구결과는 수유가 애착 형성에 결정 요인이 아니라 부드러움과 편안함, 따뜻함이 애착 형성에 더 중요함을 보여주는 중요한 실험이었다.

이처럼 애착에 관한 연구는 인간의 애착관계의 질이나 유대과정에 관한 여러 가지 연구를 촉진하였다. 인생 초기에 형성되는 사회적 관계의 질이 그 후의 발달에서 결정적인 역할을 한다고 믿었던 볼비는 인간은 동물행동학에서 말하는 결정적 시기보다 민감한 시기(sensitive period)가 더 중요하다고 주장하였다. 민감한 시기는 특정한 능력이나 행동이 출현하는 데에 최적의 시기로서, 아동은 이 기간에 특정한 환경의 자극에 민감한 반응을 보인다. 민감한 시기가 지난 후에도 발달이 이루어질 수는 있지만, 그때는 그 과정이 더 어렵고 오래 걸린다. 볼비는 인생에서 첫 3년이 사회정서발달의 민감한 시기라고 하였는데 이 말은 첫 3년의 기간을 친밀한 정서적 유대를 형성하는 데 매우 민감한 시기로 본 것이다. 만약 이 기간 동안 그런 기회를 갖지 못한다면, 나중에 친밀한 인간관계를 형성하는데 문제가 될 수 있다.

2) 애착의 발달 단계

볼비는 애착의 발달 단계를 다음과 같이 네 단계로 분류하였다.

(1) 전애착(Pre-Attachment Phase: 출생 후 ~ 6주)

유아는 붙잡기, 미소 짓기, 울기, 눈 응시하기 등 다양한 신호체계를 통해 주위 사람들과 가까운 관계를 유지한다. 그러나 이 단계는 아직 애착을 형성하기 전 단계라서 유아는 낯선 사람과 혼자 남겨져도 별로 개의치 않는다.

(2) 애착형성(Attachment in the Making: 6주 ~ 8개월)

이 단계에서 유아는 친숙한 사람과 낯선 사람에게 다르게 반응하기 시작한다. 예를 들어, 유아는 어머니와의 상호작용에서 더 많이 웃거나 미소 지으며, 옹알이를 더 자주 한다. 유아는 자신의 행동이 다른 사람에게 영향을 미친다는 것을 깨닫게 되고, 자신이 필요할 때 어머니가 언제든지 반응할 것이라는 신뢰감을 발달시키기 시작한다. 이 단계에서는 낯선 얼굴과 친숙한 얼굴을 구별할 수 있음에도 불구하고 부모가 자기를 혼자 남겨놓고 자리를 떠나도 아직 분리불안을 보이지 않는다.

(3) 애착(Clear-Cut Attachment: 8개월 ~ 18개월)

이 단계에서는 유아가 이미 애착이 형성된 사람에게 적극적으로 접근하고 애착대상이 떠나면 분리불안을 보인다. 분리불안은 모든 문화권에서 일어나는 보편적인 현상으로 돌 전후에 나타나기 시작해서 15개월까지 계속 증가한다. 분리불안은 애착대상이 시야에서 사라져도 계속 존재한다는 대상영속성의 개념을 유아가 획득했다는 증거이기도 하다. 연구에 의하면 대상영속성 개념을 획득하지 못한 유아는 분리불안을 보이지 않는 것으로 나타났다.

(4) 상호관계형성(Formation of Reciprocal Relationships: 18개월 ~ 만 2세)

2세 말경이 되면 유아는 정신적 표상과 언어 발달로 인해 이미 애착을 형성한 사람의 행동을 예측할 수 있게 된다. 어머니가 언제 다시 돌아올지 예측할 수 있어 결과적으로 분리불안이 감소한다. 이 단계에서 유아는 양육자와 협상하고, 자신이 원하는 대로 그 사람의 행동을 수정하고자 한다. 예를 들어, 어머니가 어디로 가고 언제 돌아올 것인지를 물어보고, 빨리 다녀와서 이야기책을 읽어달라고 부탁한다.

볼비는 이상과 같은 네 단계를 거쳐 부모-자녀 간에 형성되는 애착관계가 개인의 성격발달에 큰 영향을 미친다고 보았으며 애착 관계에는 몇 가지 원칙이 있다고 하였다.[2]

첫째, 특정한 한 사람이 다른 사람보다 유아에게 중요한 사람으로 대두되는 것이다.

둘째, 애착 관계가 일단 형성되면 그 관계는 오랫동안 지속되어 다른 새로운 관계가 그 오랜 관계를 대체할 수 없다는 것이다.

셋째, 감정적으로 그 대상과의 관계에 상당히 예민한 반응을 보이는데 어쩔 수 없이 떨어져야만 하는 경우, 굉장히 불안해하거나 분노의 감정을 나타내다가 애착관계가 형성된 사람이 다시 나타날 때에 행복해한다는 것이다(남명자, 2006).

그렇다면 유아는 왜 이렇게 애착 관계에 목말라 할까? 그것은 아이는 태어날 때부터 불안하고 연약한 상태로 태어나기 때문이다. 아이는 보

---

2) 이 이론은 발달 단계에 따른 애착의 형성에 초점을 맞추고 있기 때문에, 동일한 연령집단 내에서의 개인차는 간과하고 있다는 아쉬움이 있다.

호해주는 사람이 없으면 홀로 생존할 수 없다. 그래서 자신을 보호해 줄 대상을 원초적으로 필요로 한다. 그리고 아직 어린 유아지만 애착 관계에서 자기 나름의 목적을 가지고 있다. 즉 한 살짜리 아이가 엄마에게 팔을 벌리면 그 아이는 엄마와의 접촉을 목적으로 팔을 벌리는 것이다. 이때 엄마가 안아주면 아이는 목적을 달성하게 되어 만족스런 미소가 얼굴에 나타난다(남명자, 2006).

만약에 아이가 원치 않을 때에 엄마가 안아주려고 하면 아이는 반감을 갖게 된다. 아이가 다른 곳으로 시선을 돌리고 있거나 장난감에 집중해서 놀고 있는데 엄마가 계속해서 안아주려 하거나 엄마가 원하는 놀이를 하도록 유도하면 아이는 불쾌한 감정이 생긴다. 만족감보다는 엄마의 이런 행동이 오히려 욕구 불만의 원인이 되어 짜증을 내거나 분노를 표현하게 된다. 유아가 애착 행동을 원할 때는 유아가 원하는 무엇이 있기 때문이라는 사실은 어린 유아라 할지라도 인격 감각이 있음을 알게 해 준다. 양육자는 양육자가 원하는 대로 아이를 대하는 것이 아니라 아이의 목적에 맞게 대우해주어야 한다. 자신이 원하는 것을 채워주는 엄마와의 상호작용이 계속 이루어질 때 애착은 안정적으로 형성된다.

2. 안정애착과 불안정애착

애착이 건강하게 형성된 유아는 심리적으로 안정감을 가지고 살아갈 수 있게 된다. 아이에게 가장 중요한 것은 엄마를 포함한 부모(주 양육자)와 안정적인 애착 관계를 형성하는 것이다. 이때 양육자가 옆에 있어주면 아이는 양육자에게 정서적인 유대감과 신뢰감을 갖게 되는데 이것을 **안정애착**(secure attachment)이라고 한다. 메리 에인스워즈(Mary Ainsworth, 1973)는 유아의 애착을 측정하기 위해 '낯선 상황(strange situation)' 실험을 실시하였다.3) 이 실험을 통해 애착 연구자들은 낯선 상황 절차에서 영아가 양육자로부터 격리되었을 때, 재결합했을 때 그리고 낯선 사람에게 위로를 받을 때 어떻게 반응하는지를 모두 고려하여 아동의 애착 유형을 안전 애착, 불안정 회피 애착, 불안정 저항 애착, 그리고 혼란 애착을 포함한 총 네 가지로 분류하였다.

그렇다면 안정애착을 형성하기 위해서는 어떤 것들이 필요할까? 안정애착 형성에 있어 가장 중요한 첫 번째 조건은 유아가 필요로 할 때 엄마가 옆에 있어주는 것이다. 아직 연약하고 불안정한 유아는 시시각각 불안한 환경에 처하게 된다. 신체적으로나 생리적으로 불안한 상황에 처해지거나(대소변을 처리해야 하거나 목이 마르거나 배가 고프거나 졸린 것 등), 환경적으로 불안하고 위험한 상황에 처해지거나(놀다가 넘어지고, 날카롭거나 뜨거운 것을 만지는 등), 낯선 사람이나 낯선 장소에 처해지는 등 매우 다양한 상황 가운데서 위험과 불안을 느낄 때가 많다. 이런 상황에서 유아는 전적으로 자신을 돌보아 줄 누군가를 찾고 의지하려고 한다. 이때 주로 그 역할을 담당하는 사람이 엄마와 아빠 또는 조부모나 친척 등이다. 이러한 조건을 충족시켜주는 것을 '안전지대가 되어주는 것'이라고 말한다.

두 번째 안정애착 형성에 필요한 요소는 민감성이다. 민감성이란 아이가 보내는 신호를 빨리 알아채고, 즉각적으로 반응을 해주는 것을 말한다. 유아의 도움에 민감하게 반응하는 부모가 있는가 하면 그렇지 않

3) 이것은 아동발달의 다른 측면(예를 들면, 아동의 공격적 행동, 상호작용, 사회적 놀이, 인지발달 등)에 관한 연구에도 자극을 주었다.

은 부모도 있다. 엄마 또는 주 양육자가 유아 옆에 있어 주면서 아이에 대해 민감하게 살펴주는 것이 필요한데, 엄마가 유아의 위험이나 불안을 감지하지 못하거나, 민감하게 알아차리지 못하거나, 필요에 즉각적이면서도 적절하게 반응해주지 않으면 아이의 내면에 불안심리가 형성된다. 그리고 아이는 자신을 돌보는 사람을 신뢰할 수 없게 되는데 이것은 자신에 대한 신뢰에도 영향을 미치며, 그 이후의 대인 관계와 세상에 대해서도 믿지 못하는 결과를 초래하게 된다.

유아의 요구를 민감하게 살피기 위해서는 유아 가까이에 있는 것이 중요하다. 유아가 언제, 어떤 요구를 필요로 할지 모르기 때문에 항상 살필 수 있는 위치에 있어야 한다. 그뿐만 아니라 지속적으로 유아에게 주의를 기울이는 노력이 필요하다.

세 번째 유아의 행동에 적절하게 반응하는 것이다. 반응성이란 유아가 울거나 어떤 행동을 하면 바로 반응해 주는 것을 말한다. 아이가 울 때는 어떤 이유가 있어서 그런 것이다. 이때 원하는 것을 알아차려서 바로 해결해주면 아이는 안정감과 만족감을 가지게 된다. 생애 초기에 양육자가 유아에게 보여주는 적절한 반응은 유아가 세상을 예측하게 하고, 주 양육자를 넘어 세상에 대한 신뢰를 형성할 수 있도록 해준다. 그래서 이 시기에 원하는 것을 만족시켜줘야 할 뿐 아니라 부드럽고 따뜻한 목소리와 신체적인 접촉을 해주는 것이 중요하다. 이러한 반응의 차이에 따라서 아이와 양육자가 맺는 정서적인 관계가 달라질 수 있다. 유아가 태어나 1년에서 1년 반 동안 양육자와 맺는 관계, 즉 양육자가 아이의 요구에 어떻게 반응해 주는지가 안정애착 형성을 좌우하는 중요한 요인이다.

네 번째 양육자의 일관성이 필요하다. 일관성이란 유아가 엄마의 반응을 예측할 수 있게 하여 유아에게 안전감을 선물해준다. 엄마는 아이가 건강한 애착을 형성하도록 하기 위해 아이를 까다로운 고객이라 생각하고 신속 정확하고 일관되게 요구를 들어주어야 한다. 기분이 나쁠 때나, 도움이 필요할 때 잘 도와주는 부모를 만나면 아이들은 세상과 타인에 대해 신뢰를 가지고 안정적으로 자라게 된다.

반면 양육자의 도움이 일관적이지 않거나, 양육자가 빨리 반응해 주지 않으면, 아이들은 양육자가 자신의 요구를 들어줄 것이라는 믿음을 형성하지 못하여 양육자를 불신하게 된다. 어떨 때는 반응해주고 어떨 때는 반응해주지 않으면 혼란스러워진다. 일관성이 없는 반응이 계속 일어나면 아이는 부모가 반응해주어도 어떻게 해야 할지 모른다. 부모가 일관성이 없기 때문에 어느 순간 반응해 주지 않을지도 모른다는 불안을 갖고 있어서 기뻐하기가 힘든 것이다.

이처럼 안정애착은 아이의 요구에 일관된 태도로, 민감하게 반응해 준 엄마의 아이들에게서 나타난다. 안정애착은 문화권에 상관없이 약 65% 정도의 아이들에게서 나타난다. 안정적으로 애착 형성이 되지 않은 경우, 불안정애착(insecure attachment)으로 나타나는데 여기에는 크게 불안정 회피애착과 불안정 저항애착이 있다.

불안정 회피애착(insecure avoidant attachment)은 양육자가 요구를 들어주지 않거나, 민감하게 반응해주지 못했을 때 형성된 애착유형으로, 아이가 엄마를 통해 세상에 대한 신뢰감을 형성하지 못한 경우다. 엄마가 없고 혼자 남겨진 상황은 매우 낯설고 스트레스를 받는 상황이지만 어떤 아이는 엄마가 사라져도 표정과 감정에 변화가 없는 것처럼 보인다. 그 후 엄마가 돌아왔을 때도 엄마를 보고도 반가워하거나 다가가는 반응을 하지 않는다. 이러한 아이의 행동에 대해서 '엄마가 없어져도 울

지도 않고, 혼자 잘 논다니 키우기 참 편하네.'라고 생각할 수 있으나, 이는 엄마와의 분리에서 받는 스트레스를 피하기 위한 방어 전략일 뿐이다. 실제로는 매우 불안한 상태며, 매우 높은 스트레스를 받고 있는 상황인데도 아무렇지 않은 척 하고 있는 것으로 해석할 수 있다. 회피적인 영아가 입술을 자주 깨물고 분노를 표현하는 것이 발견되었기 때문이다.

불안정 회피애착 유형은 실제로는 매우 불안한데도 엄마가 안아주고 진정시켜줄 것이라는 믿음이 없고, 엄마가 위로 대상이 못 된다고 생각하여 불안을 회피하는 것이 가장 큰 특징이다. 이 유형의 아동은 다른 사람의 사랑과 지지 없이 인생을 살아가고자 하는 성향을 가지며 정서적으로 자기만족적이 되려 하며, '거짓 자아' 유형이 되기 쉽다.

불안정 저항애착(insecure resistant attachment)은 엄마가 영아를 놔두고 밖으로 나가면 심한 불안감을 표현하며, 심지어 엄마가 돌아와도 쉽게 진정하지 못하고 화를 내면서도 다가가서 안겼다가 이내 밀어버리는 양극적인 반응을 보이는 특징이 있다.

이 유형의 부모는 유아의 울음에 상관하지 않고 반응하지 않으며 유아에게 필요한 것을 충분히 제공해 주지 않는다. 기분이 좋을 때는 아이에게 반응을 잘 해주지만, 피곤하거나 힘들면 아이에게 화를 내거나 짜증을 내곤 한다. 이러한 부모의 무관심과 부정적인 표현을 경험한 아이들은 예상할 수 없는 엄마의 태도에 더 불안해하고 화를 표출하게 된다. 만약 엄마가 우는 아이에게 때로는 반응을 보여주다가, 또 다른 때는 정반대로 무관심하거나 화를 내는 식으로 비일관적인 태도를 보인다면, 아이는 불안하고 심지어 화가 난다. 이런 경우 아이는 과장된 애착행동을 보이면서 엄마한테서 절대로 떨어지지 않으려 한다. 엄마가 사라질까봐 어쩔 줄 몰라 하며 수시로 엄마를 살피느라 놀지도 못하고 아무 것도 하지 않으려 하면서 엄마를 집요하게 따라다니는 행동을 한다. 이렇게 집착하는 이유는 엄마를 신뢰하고 좋아해서가 아니라 못 믿기 때문에 계속 붙어서 엄마가 사라지지 않나 확인하려는 것이다. 이런 유형의 아이는 그 이후의 대인 관계에서도 저항적이면서 집착적인 행동을 보일 확률이 높고, 심리가 양가적이기 때문에 유아 본인도 힘들다.

에인스워즈의 최초 실험에서는 애착 유형에 포함되지 않았지만 후에 새롭게 추가된 유형은 혼란애착(disorganized/disoriented attachment) 이다. 이 유형은 불안정애착유형인 회피나 저항애착에 포함시키기 어려울 만큼 불안이 심한 유형으로, 용어자체가 의미하듯이 조직화가 되어 있지 않고 원인을 알 수 없는 혼돈을 보이는 특징을 가지고 있다. 이 유형은 상실, 트라우마, 정신병리의 가족 맥락에서 생기는 경우가 많다.

이 유형의 아동은 부모에 의해 신체적 학대를 받거나, 변덕스럽고 예상할 수 없는 방식으로 다루어진 경우가 많다. 이러한 유아는 멍하게 있거나 부동자세로 얼어붙어 있거나 상동행동(의미를 가지지 않는 이상한 행동을 반복적으로 되풀이하는 신체 행동)을 보이는 등의 행동 특징을 보인다. 특히 우울증 부모, 유기된 부모, 알코올중독 부모의 유아에게서 이러한 혼돈애착 유형이 많이 나타났다. 타인에 대한 신뢰나 안전감이 형성되지 않은 이들은 불신에 대한 반동 방어기제로 성인이 되어서는 타인을 지나치게 의존하거나 이상화하는 경향이 있으며, 자기는 무가치하게 여겨서 관계에서 많은 어려움을 겪는다.

3. 애착관계의 지속성 및 변화 가능성

1) 애착의 변화 가능성

애착은 유아에게 있어 굉장히 중요한 요소이며, 타인에 대한 개념은 유아가 탄생한 첫 2년에 이루어진다. 유아 시절에 다른 사람에 대한 이미지가 한번 형성이 되면 이것은 성장하여 어른이 된 후에도 인간관계의 상호작용에 영향을 미친다. 만약에 유아가 타인에 대하여 자신을 사랑해주는 좋은 사람이라는 이미지보다는 무서운 사람이라는 이미지가 강하게 형성이 되면 이 아이는 인간관계에서 적대적이 되거나 방어적으로 관계할 가능성이 높다. 어린 시절에 형성된 이미지와 애착 관계는 그 이후의 인생에 계속하여 영향을 미친다는 것이 애착이론과 정신분석이론, 그리고 대상관계이론의 주장이다. 어린 시절에 형성된 애착 관계는 잘 변하지 않는다.

그렇다면 여기에서 짚고 넘어가야 할 중요한 질문들이 있다. 애착을 형성하지 못한 유아는 그 이후 성장해서도 관계에 문제가 생기고, 애착은 회복할 수 없는 것인가? 그리고 애착관계의 효과가 탄생한 후 2~3년에 국한되는 것인가, 아니면 이 관계의 영향이 인생의 과정에서 지속적인 것인가?

이 질문에 대해서는 학자들마다 의견이 분분한데, 여러 의견을 종합해볼 때 아주 심한 경우에는 회복이 힘들지만(안 된다는 것이 아니라 어렵다는 의미), 유아기에 엄마와 안정애착관계가 형성되지 못했어도, 그 이후 양육자가 안정애착형성에 필요한 반응을 해주면 – 민감성 있게 꾸준하게 일관된 관심과 사랑의 반응을 해주면 – 안정애착으로 변화될 수 있다. 그리고 양육자가 아닌 다른 중요한 대상이 그 사람(아이)을 사랑으로 대해 주고 존중해주면서, 필요에 민감하게 반응해주면 안정적인 애착관계를 새롭게 형성할 수 있다. 이때 중요한 점은 새로운 대상(또는 양육자)이 안정애착관계를 형성한 사람이어야 한다는 점이다. 즉 새로운 대상이 자신의 엄마와 좋은 애착관계가 형성되어 있거나, 후천적으로라도 안정애착을 형성한 대상이어야 한다는 점이다.

어린 시절에 형성된 애착 관계는 시간이 경과하면서 새로운 경험과 만남에 따라 변경될 수 있다. 이때 필요한 요소는 새로운 경험과 만남이 불안정애착을 변화시킬 만큼 긍정적이며 강렬해야 한다. 이런 점에서 어린 시절에 긍정적이고 안정된 애착관계를 형성했다 하더라도 이후의 삶에서 부정적인 인간관계를 맺거나, 큰 상처를 겪었다면 이것 또한 부정적으로 바뀔 수 있음을 의미하기도 한다. 어린 시절에 안정애착이 아니었지만 성인이 되어 안정애착을 획득한 사람은 성인애착검사를 통하여 자신의 상태를 점검해보는 것도 좋을 것이다(부록에 있는 성인애착 검사지 참조).

나(저자)의 경우도 부모와의 애착, 특히 엄마와의 애착이 안정적으로 형성되지 않았다. 나의 부모님은 내가 아주 어렸을 때부터 새벽에 장사하러 나가셔서 밤늦게, 10시 넘어 들어오셨다. 이것은 내가 고등학생이 될 때까지 계속되었다. 막내였기에 나는 큰 언니와 둘째 언니의 돌봄을 받고 자랐지만 언니들도 부모가 아니었으며, 나름대로 바빴고 각자 자기 할 일이 있었기에 제대로 된 돌봄을 받지 못했다. 아동기 이후 성인이 될 때까지 나는 혼자 지내면서도 불편을 느끼지 못했으며, 소극적이며 회피적인 성격으로 살아 왔다(회피애착의 특성). 그러나 청년기에 예수님을 인격적으로 만난 경험, 좋은 신앙 지도자와의 만남, 결혼을 하여 남편과 긍정적인 관계를 하면서 맺은 친밀함과 사랑의 경험, 그리고 인격적인 신앙 훈련과 상담 훈련의 경험을 통해서 인격이 변하고 성숙해졌다. 그 결과 나의 내면에 형성되어 있었던 불안정하고 외롭고 회피적인 애착관계 방식은 안정적이며 신뢰롭고 친밀한 애착관계로 변화되었다. 이것은 좋은 대상과의 질적이면서도 오랜 만남, 그리고 일관적인 만남이 있었기에 가능한 것이었다.

이처럼 어린 시절의 애착관계는 이후의 과정에서 질적으로 좋은 만남과 경험이 있을 때 안정적인 애착을 형성할 수 있다. 그리고 좋은 만남과 훈련에 따라 신앙과 인격도 성숙해질 수 있는 것이다.

2) 애착형성에 대한 오해들

애착에 대하여 많은 오해들이 있는데 여기에서는 그 중에서 자주 오해하는 것에 대하여 살펴보고자 한다.

❓ 애착은 아이와 오랜 시간 보내야 형성된다?

➡ 진실은 그렇지 않다. 애착에는 상호작용의 양보다 질이 더 중요하다는 것이 본질이다. 오랜 시간을 함께 보내더라도 즐겁지 못하거나, 민감하고 일관적인 반응을 못해준다면 아이는 더욱 불안정한 애착을 맺을 수 있다.

❓ 애착대상자는 엄마여야 한다? 직장에 다니는 엄마는 아이와 애착형성이 어렵다?

➡ 엄마가 아니더라도 민감하게, 일관적으로, 사랑을 전달해 줄 수 있는 양육자가 있다면 아이는 안정적인 애착을 맺을 수 있다. 또한 엄마가 하루의 오랜 시간을 함께 하지 못하더라도 함께 하는 시간에 질 높은 상호작용을 하고, 충분히 사랑을 전하고 신뢰를 준다면 아이와 안정된 애착을 형성할 수 있다.

? 아이를 어린 나이에 기관에 맡기면 부모와 애착형성이 어렵다?

➜ 이것은 일부 맞다. 너무 어린 시기에(만 1세 전) 기관에 맡기면 아이가 심리적으로 불안할 수 있다. 예전에는 만 3세 이전에는 엄마가 아이를 돌봐야 한다고 하였는데 최근, 많은 엄마들이 직장 생활을 하고 있기에, 최소 1년 정도는 아이와 함께 있기를 권하지만 여건이 안 되는 경우, 가능한 짧은 시간만 맡기도록 하고 믿을만한 기관을 찾는 수고를 해야 한다.

? 직장 때문에 시어른 또는 친정어른이 아이를 봐주었기에 애착에 문제가 있을 수 있다?

➜ 언제나 아이는 부모의 사랑과 관심을 원하고 있다. 그러나 살다 보면 부모라도 아이를 최우선에 두기 어려울 때도 있다. 이때는 다른 주 양육자가 충분한 애정과 관심을 주되, 너무 과보호하지 않도록 당부해야 한다. 조부모들의 과한 사랑을 받은 유아는 주 양육자인 엄마가 조부모와 다른 방식으로 양육할 때 혼란을 경험할 수 있다. 그러므로 조부모의 양육방식이 친부모와 너무 다른 경우, 아이의 혼란을 줄여주기 위해서 전문적인 보육기관에 맡기는 것이 더 좋을 수도 있다.

? 애착은 다시 변화되기 어렵다?

➜ 지금은 애착이 불안정하지만 부모가 노력하면 다시 안정애착으로 바뀔 수 있다(위의 설명 참조바람).

? 안정애착을 위해서는 혼내면 안 된다?

➜ 안정애착을 위해 무조건 아이의 요구를 들어줄 수는 없다. 안전 문제나 다른 사람을 방해하는 행동을 할 때에는 단호한 목소리와 표정으로 대하되, 아이가 너무 겁을 먹지 않도록 하는 것이 필요

하다. 아이에 따라 단호하게 해도 말을 안 들을 때가 있다. 이때 한두 번에 고치려고 위협적으로 하는 것은 바람직하지 않다. 아이마다 성격이 다르고 고집이 다르다. 고집이 센 아이일수록 좀 더 시간이 걸리는 것은 당연한 일이다. 이때는 인내심을 갖고 일관성 있게 혼내되, 감정적으로 위협해서는 안 된다.

4. 분리불안장애 아동상담

1) 분리불안장애의 특징 및 증상

분리불안장애는 주 양육자인 애착대상과 떨어지는 것에 대해서 심한 불안을 나타내는 정서적 장애를 뜻한다. 아동의 발달 단계를 고려했을 때 애착대상과의 분리에 대해서 부적절하고 과도한 불안과 공포를 나타낸다면 불안정한 애착이 형성될 수 있고 불안한 성격을 가질 수 있다. 또한 유아의 성격이 스트레스에 예민한 경우에도 불안한 성격이 될 수 있다. 예를 들어, 기질적으로 화를 잘 내거나, 신체적으로 심한 병을 앓았거나, 가정환경에 불안을 줄 만한 환경 등의 요소가 있을 때도 불안한 성격이 될 수 있다. 그리고 부모가 유아를 돌보거나 집안일을 돌보는 데 미숙하여 아이의 상태를 민감하게 돌보아 주지 못하는 경우에도 불안한 성격을 가질 수 있다(남명자, 2006).

분리불안장애의 특징은 다음과 같다.

- 일반적으로 분리불안은 아동이 부모로부터 분리될 때 경험하게 되는 두려움과 스트레스의 결과로 학령기 아동의 경우에는 분리불안이 등교 거부로 나타나게 된다.

- 분리불안장애는 아동 및 청소년 집단에서 약 4%의 유병률을 나타내는 것으로 알려져 있다.
- 남자아이들보다 여자아이들에게서 더 흔하게 나타나며, 주로 18세 이전에 발생한다.
- 나이가 많아질수록 아동은 부모와 떨어지는 것보다 납치나 강도와 같은 특정한 위험에 대한 공포나 걱정으로 분리불안을 표현하는 경향이 있다.

DSM-5(Diagnostic Statistical Manual: American Psychiatric Association, 2013)가 제시한 분리불안장애의 진단 기준은 다음과 같다. 다음의 8가지 항목 중 3가지 이상에 해당되고 증상의 지속 기간이 4주 이상 나타날 때에 해당된다.

<표 1-1> DSM-5 분리불안장애 진단 기준

① 애착대상과 분리되거나 분리가 예상될 때 불안해하고 심하게 운다.
② 애착대상을 잃거나 그에게 해로운 일이 일어날 것이라며 지속적으로 심하게 걱정을 한다.
③ 운 나쁜 사고가 생겨 애착대상과 분리될 것이라는 비현실적인 걱정을 지속적으로 한다.
④ 분리에 대한 불안으로 학교나 그 외의 장소에 가기 싫어하고 거부한다.
⑤ 애착대상 없이 혼자 지내는 것에 대해 과도한 두려움을 느끼거나 거부한다.
⑥ 애착대상이 가까이 있지 않은 상황이나 집을 떠나는 상황에서는 잠자기를 싫어하거나 거부한다.
⑦ 분리와 관련된 악몽을 반복해서 꾼다.
⑧ 애착대상과의 분리가 계속되면 두통, 복통, 구토 등의 신체증상을 반복적으로 호소한다.

2) 분리불안장애의 원인과 치료

분리불안장애는 부모가 무의식적으로 아이와 떨어지는 것을 두려워하거나 부모가 불안장애를 지닌 경우에 발생 가능성이 높다. 또한 지나치게 밀착된 가족, 과잉보호적인 양육태도를 가진 부모를 가진 경우, 그리고 의존적인 성향의 아이에게서 나타날 수 있다. 또한 부모의 질병, 동생의 출생, 엄마의 직장 출근, 이사, 전학, 부모의 다툼 등과 같은 불안 유발 사건이 아동의 분리불안을 증가시킬 수 있다. 치료는 행동치료, 인지행동치료, 대상관계상담, 놀이치료가 효과적이다.

아동중심상담 방법으로는 다음의 과정을 거치는 것이 좋다.

첫째, 친밀감(라포)형성

상담자는 아동과 따뜻하고 친근한 관계를 이루기 위해 노력하고 친밀한 분위기가 형성되지 않으면 상담이 진전될 수 없음을 인식하고 친밀감 형성을 위해 다각도로 노력한다.

둘째, 수용하기

수용한다는 것은 아동의 감정, 생각, 행동 등 모든 것에 대해 이해하고 받아주는 것으로써 아동과 같은 심정이 되어보는 것이다. 아동이 수용 받는 경험을 하게 되면 자신이 이해받고 있음을 인정하는 언어 표현들이 나타날 것이다. 또한 자신의 감정을 자유롭게 표현할 것이다. 감정 중에서 부정적 감정(분노, 적개심, 슬픔, 죄책감 등)은 느끼면 힘들기 때문에 아동은 본능적으로 억압하려고 한다. 상담자는 아동이 자신의 부정적 감정을 언어, 놀이, 미술작업 등을 통해 표현하도록 도와야 한다.

셋째, 감정 반영하기

상담자는 아동이 자신의 감정을 표현할 때 표현한 그대로 만나주어 (반영), 그 감정이 자신의 것임을 알게 해 주어야 한다. 자신의 감정과 만나야 그 감정을 해소할 수 있기 때문이다. 그리고 부정적 감정을 해소한 경험이 쌓이면 후에 불안한 감정이 생겨도 불안하지 않을 수 있다. 불안해하지 않는 것에 초점을 두기보다, 불안한 감정이 생겨도 괜찮다는 경험에 초점을 둘 때 치료는 진전이 되고 있는 것이다.

넷째, 자율성 존중하기

상담자는 아동이 스스로 자신의 문제를 해결할 수 있는 능력이 있음을 인정하면서 아동이 스스로 선택하고 변화를 위해 책임을 질 수 있도록 격려하면서 기다려주어야 한다. 상담자가 너무 많이 개입을 하게 되면 아동은 소극적으로 변하고 자율성이 떨어질 수 있으므로 아동이 할 수 있는 만큼의 변화를 지지해주면서 변화의 주인이 아동이 되도록 이끌어 주어야 한다. 변화는 아동으로부터 시작되도록 이끌어야 한다.

다섯째, 긍정적인 행동 지지하기

아동이 긍정적인 어떠한 행동을 했을 때, 그 행동에 대해 피드백을 받지 않으면 잘하고 있는지 모를 때가 많다. 상담자는 아동의 바람직한 행동에 대해 칭찬과 격려를 하여 긍정적인 행동을 계속 강화시키도록 도와야 한다. 그리고 아이의 긍정 행동 증가를 위해서는 부모에게 아동의 바람직한 행동에 대해서 '폭풍 칭찬'하도록 권면하는 것이 도움이 된다. 아동의 긍정적인 행동은 상담실보다 가정에서 더 많이 나타날 것이므로 부모교육을 통해 설명해주어야 한다.

여섯째, 부모교육 실시(부모와 협력하기)

아동상담자는 부모 상담을 하여 가정에서도 아이를 이해하고 지도할 수 있도록 돕고, 상담자 또한 부모 교육을 할 수 있는 실력을 갖추도록 준비해야 한다(4부 참조 바람). 아동상담을 하다보면 대부분의 부모들은 아동의 불안이나 부적응에 대해서 왜 그런지 모르고 있는 경우가 많다. 그러나 아동의 불안과 불안정애착은 부모와 연관된 경우가 많기 때문에 상담자는 아동과 상담이 원활하게 진행된다 하더라도 부모 상담 및 부모 교육을 실시하여 아동의 불안을 근본적으로 해결하기 위해 노력해야 한다. 부모가 자신의 부모와 안정애착이 형성되어 있지 않아서 다시금 자기 자녀를 불안하게 양육한 경우, 부모를 위로하고 지지하면서 안정애착 형성에 도움을 주어 근본적으로 애착이 대물림되지 않도록 도와야 한다. 그리고 무심한 성격을 가진 부모가 아동은 걱정도 없는 세계 속에 살고 있다고 생각하는 경우, 아동들도 변화에 대한 적응에 어려움을 경험하고, 스트레스와 갈등을 겪고 있다는 사실에 대해서도 교육해야 한다. 그리고 세심한 관심을 가지고 아동을 이해하기 위해 애쓰도록 설명하고 설득해야 한다.

5. 유아의 기질

기질(temperament)은 개인이 태어나면서부터 지속적으로 가지는 내적 특성으로, 생애 초기부터 정서나 행동, 반응성 및 자기 통제의 형태로 관찰된다. 그런데 기질의 정의에 대해서 학자들마다 조금씩 차이가 있는데 그 내용을 살펴보면 다음과 같다.

- 기질은 유전적이고 생물학적 기반을 토대로 외부의 상황과 사람에 대하여 예측된 방식으로 반응하는 독특한 개인적인 경향이다(Buss & Plomin, 1984).

- 기질은 생애 초기부터 환경의 자극에 의한 정서적, 행동적 개인의 차이이고 시간에 따른 생물학적, 유전적, 환경적 상호작용을 통한 결과이며 비교적으로 안정적인 특성을 가진다(정옥분, 정순화, 황현주, 2009; Zentner & Shiner, 2012).

- 기질은 유아가 비교적 안정적으로 일관되게 반응하고 행동하게 하는 유아의 타고난 개인적 특성이며, 정서를 경험하고 표현하는 것에 대한 개인차를 이끌어내는 경향성을 의미한다(Goldsmith & Campos, 1982).

이 외에도 기질에 대한 정의는 다양한데 기질에 대한 여러 학자들의 의견을 종합해 볼 때, 기질은 '타고난 선천적 행동 특성으로 유아기 발달과정에서 역동적인 주체로서 기능한다.'는 것을 알 수 있다(김지혜, 2020). 따라서 유아의 기질에 대한 올바른 이해는 유아의 사회성 발달을 예측할 수 있는 근거가 되고, 기질에 따른 양육방법을 안내받을 수 있게 한다.

종단 연구를 통해 유아의 기질을 연구한 토마스와 체스(Thomas & Chess, 1977, 1989)는 기질을 '순한 기질, 까다로운 기질 그리고 느린 기질'의 세 가지 유형으로 나누었다. '순한 기질(easy)'은 규칙적인 생활 패턴과 습관을 보이고 대부분 긍정적인 기분을 보였으며, 새로운 경험을 할 때 적극적이고 적응을 잘 하는 편이었다. '까다로운 기질(difficult)'은 행동 양상이 불규칙적이며, 상대적으로 부정적인 기분을 자주 나타내고, 새로운 환경을 회피하고 잘 적응하지 못하는 모습을 보였다. '느린 기질(slow to warm up)'은 새로운 환경에 노출되었을 때 회피적인 행동을 하고, 적응하는데 오래 걸리며, 부끄러움을 많이 타는 것으로 나타났다.

로스바트(Mary K. Rothbart, 1989)는 기질을 반응성(reactivity)과 자기조절에서 나타나는 개인차로 정의하였는데, 반응성은 특정한 자극에 대해 행동적, 정서적, 신체적으로 얼마나 빠르게 그리고 강하게 반응하는지를 뜻하며, 긍정적 혹은 부정적 반응으로 표현된다. 자기조절은 특정한 자극에 의해 일어난 반응을 얼마나 잘 조절하는지를 의미하며, 집중, 접근, 회피 그리고 억제의 형태로 나타난다. 예를 들어, 흥미로운 장난감에 오래 집중할 수 있는지, 혹은 장난감을 탐색하고자 하는 욕구를 억제하고 엄마 품에 앉아 있을 수 있는지 등이 자기 조절에 해당된다. 이렇게 반응성과 자기조절로 이루어진 기질의 개인차는 유전과 환경의 상호작용에 영향을 받는다.

로스바트는 반응을 조절하는 방식에 따라 유아의 기질을 외향성, 부정적 정서성, 그리고 의도적 통제성의 세 차원으로 나누었다. 외향성(extraversion/surgency) 차원은 긍정적 정서를 느끼고 미소나 웃음을 통해 이를 표현하며, 새로운 환경에 노출되었을 때 수줍어하기보다 적극적으로 탐색하고 적응하며, 활동적으로 움직이는 등의 행동 양상들을 보인다. 부정적 정서성(negative affectivity) 차원은 수줍음, 두려움, 분노 및 짜증, 슬픔 등의 정서를 포함하며, 가벼운 자극에도 쉽게 불쾌감을 느끼고 이를 진정시키는 데에도 어려움을 보이는 행동 양상들을 보인다. 의도적 통제성(effortful control) 차원은 부적절한 반응은 억제하고, 주의를 쉽게 돌리며, 자극적이지 않은 상황을 좋아하고, 지각적으로 예민한 행동 양상을 보이는 특징을 보였다(Rothbart, 2007).

또한 버스와 플로밍(Arnold Buss & Robert Plomin, 1984)은 기질을 정서성, 활동성 그리고 사회성의 세 차원으로 나누어 설명하였다. 정서성(emotionality)은 특정 자극에 대한 부정적인 반응 정도를 의미하며, 이런 기질을 가진 유아는 울고, 성질부리고, 쉽게 진정하지 못하며, 약한 자극에도 쉽게 스트레스를 받는 특징을 보인다. 활동성(activity)은 활동의 속도와 강도를 의미하며, 활동성이 높은 유아는 말을 빨리하고 말을 많이 하며, 움직임도 빠르게 많이 움직이는 것으로 나타난다. 사회성(sociability)은 타인과의 상호작용을 좋아하는 정도를 의미하며, 사회성 기질의 유아는 타인과 함께 보내는 것을 좋아하고, 시간적으로도 오래 함께 있을 수 있으며, 혼자 있는 것을 좋아하지 않는다. 이 기질이 높은 성인은 다른 사람에게 먼저 자주 연락한다.

기질은 유전적, 생물학적인 특성을 가지고 있으므로 태어날 때부터 나타나는 특성이 있다. 그래서 기질을 유전의 산물이라고 생각하지만 다른 요인의 영향을 받기도 한다는 것이 기질 연구가들의 견해다. 기질 발달에 영향을 주는 대표적 요인으로는 유전과 환경 그리고 문화적 요인이 있다. 그 중에서도 환경적 요인이 영향을 준다는 견해를 보면, 기질을 형성하는 데 있어 유전적인 영향이 크다 하더라도 부모의 양육 방식과 같은 환경이 기질에 영향을 준다는 것이다.

아동의 기질은 부모의 양육 행동과 상호작용에 의해 변할 수 있다는 견해는 '조화 적합성(goodness of fit)' 모델로 설명될 수 있다. 조화 적합성 모델은 유아와 양육자가 서로 조화로운 상호작용이 이루어질 때 유아가 긍정적인 방향으로 변화가 일어날 수 있다고 보는 견해다. 이 견해를 지지하는 연구 중, 생후 3개월에 관찰된 영아의 기질이 생후 9개월이 되었을 때에도 지속적으로 유지되는지 그리고 부모의 양육 방식이 기질의 변화에 영향을 미치는지 알아보는 연구가 있었다. 연구자들은 영아의 긍정적인 기질(잘 웃고, 긍정적 정서를 보이며, 적극적으로 상호작용하는 기질)과 부정적인 기질(쉽게 짜증을 내고, 울음을 터뜨리는 까다로운 기질)을 측정하였고, 부모와 영아가 상호작용할 때 부모가 어떻게 행동하는지를 관찰하였다.

그 결과, 부모가 영아에게 민감하게 반응해주고 영아와 함께 적극적으로 상호작용했을 때, 생후 3개월의 부정적이고 까다로운 유아의 기질이 생후 9개월 때는 조금 덜 부정적으로 바뀌는 것으로 나타났다. 국내에서도 아동의 기질에 따른 엄마의 온정적인 양육 태도가 아동의 생활 만족도에 긍정적인 영향을 미치는 연구가 있었다. 부모의 양육태도에 따라 아이의 기질은 어느 정도 변화가 가능하다는 것이 환경적 요인의 주장이다.

문화적 요인은 같은 기질도 문화에 따라 다르게 본다는 견해로, 우리나라에서는 부정적으로 보는 기질을 다른 나라 문화권에서는 긍정적으로 보며, 반대로 우리나라에서 긍정적으로 보는 기질을 다른 나라 문화권에서는 부정적으로 본다는 견해다. 그러므로 그 나라의 문화권이 부정적으로 보는 기질을 가지고 있는 사람은, 자신의 기질을 부정적으로 보고 낮은 자존감을 가질 수 있으므로 이에 대한 대안이 마련되어야 한다.

2장

대상관계이론에 따른 유아 이해

　대상관계이론은 영아에서부터 4~5세까지의 유아가 양육자와의 관계에서 형성된 표상들을 내면화하여 어떻게 성격을 형성해 가는지 연구하였다. 이 이론은 어린 시절에 각인된 이미지와 표상은 그 이후의 성격과 대인관계에 큰 영향을 미친다고 보았다. 이 장에서는 대상관계이론을 통해 유아가 극복해야 할 과제가 무엇이며, 건강한 성격 형성을 위해 유아에게 필요한 것이 무엇인지 살펴보자.

1. 클라인의 관점: 편집 분열 극복하기

1) 원초적 환상과 시기심

클라인은 유아가 대상과 관계를 형성해 나갈 때 실제 경험이 아니라 본성적으로 내재화된 여러 환상들을 기반으로 시작한다고 하였다(Klein, 1946). 그리고 그 환상은 주로 가학적이며 공격적이라고 하였다.[4] 유아가 본성적으로 대상에 대해 부정적인 표상을 가지고 있다는 사실은 유아의 내면에 환상적으로 존재하는 부정 투사를 해결하지 않으면 엄마를 부정적으로 인식할 가능성이 많음을 의미한다. 그러므로 좋은 대상 관계자로서의 엄마는 유아가 (엄마가 잘못하지 않았는데도) 부정적으로 투사하고 있는 점이 무엇인지 세심하게 살피며 반응해야 한다(유근준, 2014).

클라인은 출생부터 유아의 환상 안에는 대상관계의 양식이 존재하며 엄마에 대하여 시기심을 가지고 있다고 생각하였는데 이것은 유아의 심리 내면에는 대상에 대한 긍정 표상보다는 부정 표상이 원초적으로 내재화되어 있음을 의미한다. 유아는 자신의 원함과 욕구가 충족되지 못할 때 그것을 충족시켜 주지 않는 대상(엄마)에 대해 어렴풋하고 희미하게 '저 대상이 내가 원하는 것을 주지 않는 나쁜 대상이구나, 저 나쁜 대상이 나의 것을 빼앗고 공격한지도 모른다.'라는 박해 불안을 가지고 대상과 관계를 한다는 것이다. 이때 유아는 자기 자신에 대하여 무력감과 공포, 절망을 느끼면서 '자신의 존재가 사라지면 어떡하나'하는 불안(멸절 불안)을 기초로 하여 연약하고 무력하기 짝이 없는 원초적 자아

---

4) 그녀는 환상(fantasy)이라는 일반적인 용어와 구별하기 위해서 환상(phantasy)이라는 철자를 사용하였다.

표상을 발전시키게 된다.

유아는 투사와 분열, 부인 방어기제를 통해 대상과 관계하게 되는데, 이러한 관계양상이 건강하지 않은 정신 상태로 발전되어 고정화되지 않도록 부모, 특히 어머니는 유아의 내면에 어떤 것들이 내면화되는지 민감성 있게 관찰하고 적절한 반응과 수용을 해줄 수 있는 능력을 갖추어야 한다.

2) 발달 단계

클라인은 유아의 발달 단계를 자리(position)라는 조금 난해한 용어를 사용하여 두 가지로 설명하였다.

첫 번째 단계는 '편집 분열 자리'고, 두 번째 단계는 '우울 자리'인데, '편집-분열 자리(paranoid-schizoid position)'에서 편집은 피해의식에 의해 생긴 불안, 다시 말해 밖으로부터 침입해오는 악의적인 세력에 대한 두려움이다. 그리고 분열(splitting)은 이러한 두려움에 대한 방어로써 자신을 사랑하는 좋은 것(예: 젖가슴, 엄마)과 자신을 미워하는 나쁜 것을 분리시키려는 것을 말한다. 유아는 실제 대상과 관계를 맺기 이전에 사랑과 미움을 구분하고 분열하는 기질을 타고 난다. 대상과 관계를 가지기도 전에 대상에 대한 환상이 이미 형성되어 있는 유아는 어쩔 수 없이 실제 세계에 대하여 왜곡을 가지고 관계할 수밖에 없다.

유아는 부모의 양육태도와 부모와의 상호작용을 통하여 만족감도 경험하고 좌절감도 경험한다. 그러나 아직 서로 다른 감정을 통합할 능력이 형성되지 못하였기에 만족스러운 경험은 만족스러운 감정으로 자리잡고, 불만족스러운 경험은 불만족스러운 감정으로 나누어 보존된다. 긍정적인 경험은 유아에게 따뜻함, 보살핌, 만족, 안정감을 안겨 주지만, 부정적인 경험들은 유아에게 분노, 불안, 초조, 염려 등을 가져다준다.

유아는 분열을 통해서 자신의 모습 중에서도 좋은 모습과 나쁜 모습을 구분한다. 그리고 투사 과정을 거쳐서 자신의 나쁜 모습을 다른 사람들에게 전가하면서(투사) 다른 사람에게 자신이 가진 나쁜 부분을 가지도록 유도하는 투사적 동일시를 일으키기도 한다. 이처럼 유아는 어떤 실제적 경험보다는 자신의 환상과 투사를 가지고 나쁜 엄마 이미지를 만들어 간다.

그런데 부정적 경험은 불안을 유발시켜 부모의 좋은 이미지가 나쁜 물질들과 나쁜 대상들을 없앨 만큼 충분히 좋지 않으면 나쁜 대상이 사라지지 않고 내면에 자리 잡게 된다. 이렇게 되면 유아는 불안감에 압도되어 긍정적이고 좋은 자기표상을 형성하지 못하고, 심각한 정신 병리에 빠지게 될 위협에 놓이게 된다. 이처럼 내적 대상표상과 내적 자아 표상은 유아가 다른 사람에 대하여 어떤 이미지를 중심으로 표상을 발전시켜 나갔는지에 의해서 형성되는 것이다.

아직 무능력한 유아는 영양과 안전과 쾌락을 위해서 젖가슴에 완전히 의존해야 한다.[5] 그런데 그 젖가슴을 자신이 원하는 대로 소유하고 통제할 수 없게 되면 그것을 파괴시키고 망치고 싶어 한다(아직 정상적인 자아 기능이 생기기 전). 이러한 심리는 유아가 본성적으로 자신이 원하는 대로 통제할 수 없는 강력한 존재를 참아낼 수 없음을 시사한다. 이러한 유아의 시기심은 모든 원시적인 정신 과정 중에서 가장 파괴적인 것으로써 이 시기심이 해결이 되지 않은 채 어른으로 성장하면, 그 사람은 다른 사람이 가지고 있는 좋은 것을 시기하고 파괴하고자 하는 무의식적 심리 때문에 가까운 인간관계를 맺는데 어려움이 생길 수 있다.

그러므로 이 시기에 유아의 주 양육자(주로 엄마)는 적대적 관계를 가지려 하는 유아의 이러한 환상이 극복될 수 있도록 도와야 한다. 유아

---

5) 클라인은 유아가 자기 스스로를 돌볼 수 있는 능력이 전혀 없는 존재라고 보았다.

가 부정적으로 엄마를 미워하고 떼쓰고 발버둥 치면서 엄마를 거절하려고 할 때 그것을 엄마 자신의 것으로 동일시하면서 받아준 후, 다시 변형시켜 유아에게 긍정적인 감정을 전해주어야 한다. 유아가 엄마로부터 좋은 것을 계속 전달받으면(긍정대상표상 내사) 유아는 자신에 대해 긍정적인 표상이 형성이 되며(긍정자아표상 내사) 대상이 그렇게 나쁜 것만은 아니라는 안도감을 가지게 된다. 이때 유아의 내면에 자신의 시기심(부정자아 표상)을 수용할 수 있는 심리적 공간이 생긴다. 이러한 단계에 이르게 되면 엄마를 미워하지 않고 자신의 나쁜 마음을 인정하고 그것을 스스로 변형할 수 있는 힘을 가지게 된다. 그러므로 이 시기의 엄마들은 엄마를 미워하는 유아를 이해하고 (동일시: "그래 엄마가 밉지?") 위로하며, 그 마음을 담아주면서도 유아에게 '엄마는 너를 사랑해.'라는 확신을 가지도록 해야 할 과제를 안고 있다.

이러한 과정을 거쳐야만 시기심은 극복될 수 있다.[6] 그러므로 엄마는 유아의 시기심을 부정적으로 보는 것이 아니라 안아주고 받아주어서 유아가 대상에 대하여 긍정적인 표상을 가지도록 도와야 한다. 그럴 때 유아가 자신의 시기심과 미움을 수용할 수 있는 힘을 갖게 되어, 엄마가 나쁜 엄마가 아니라 자기가 엄마를 시기하고 미워했음을 미약하게나마 인식하게 된다. 이렇게 되면 자기의 마음(엄마를 미워하는 마음)을 변형하는 다음 단계(우울 자리)로 발달할 수 있게 된다.

유아가 선한 엄마와 악한 엄마가 실제로는 서로 다른 존재라는 인식(분열자리)에서 발전하여 서로 동일인이라는 사실을 알게 될 때까지(통

---

6) 시기심 개념은 가장 심각한 정신병리를 이해하는데 도움이 되었다. 클라인은 상담이나 치료에서 부정적인 치료반응을 보이는 내담자들은 무의식에 좋은 것(물건 또는 대상)을 파괴하고자 하는 시기심이 있다고 주장하였다. 이런 내담자는 상담자의 도움을 바라면서도 상담자가 자신에게 도움을 주는 것을 견디지 못한다. 이렇게 되면 치료는 부정적인 방향으로 흐르게 된다.

합) 수많은 투사와 내사의 반복은 계속된다. 유아들이 이렇게 두 부분으로 나뉜 분열 대상을 하나로 통합하게 되는 것, 즉 엄마를 하나의 단일한 대상으로 파악하게 하는 새로운 관점을 클라인은 우울 불안(depressive anxiety)이라고 하였고, 그 단계를 우울 자리(depressive position)라고 칭하였다. 편집-분열 자리에서는 타인(엄마)이 자기를 해칠까 봐 걱정하고 의심하였다면, 우울 자리에서는 자기가 타인을 해칠까 봐 걱정하는 불안이 나타난다. 이때의 불안은 죄의식으로 발전하여 유아의 감정생활에서 특징적 부분이 되며, 유아는 대상에게 보상을 함으로써 이 죄의식을 해결하려 한다.

유아의 초기 정신구조의 주된 특징은 좋은 대상들과 좋은 감정들로부터 나쁜 대상들과 나쁜 감정들을 분리시키는 분열방어를 사용하는 것이다. 만약 유아가 둘을 분리하지 못해서 좋은 것이 파괴되어 버린다면, 유아는 나쁜 것으로부터 보호받을 피난처를 잃게 된다. 유아 초기의 이러한 경험 체계가 바로 편집-분열 자리의 핵심 개념인데, 유아가 좋은 대상들로부터, 나쁜 대상들을 분열시키지 못하게 되면, 아직 통합 능력이 결여되어 있기에, 불안을 견디는 역량도 결핍되어 있어 심각한 불안에 휩싸이게 된다.

그러나 대상에 대한 사랑의 확신과 함께 강한 자아가 있다면 편집증적이며 분열적인 원초적 분리는 성공할 수 있다. 사랑에 대한 확신은 대상의 애정과 관심에 의해 생기며, 나쁜 대상과 좋은 대상이 하나라는 통합 능력이 있으면 자아는 강해진다. 미약하게나마 통합이 형성된 유아는 우울 자리에 도달하게 되는데 그렇게 되면 유아 자신이 전체 대상인 엄마를 파괴했다는 생각이 들고 이때 공포와 두려움을 느낀다. 이것을 우울 불안이라고 한다. 편집 불안이 외부로부터 오는 자기 자신이 파괴될 것에 대한 공포라면, 우울 불안은 유아 자신의 공격성으로 인해 대상(현실 대상과 내적 대상)을 파괴한 것에 대한 공포에서 기인하는 감정이다. 유아는 엄마를 파괴했다는 죄책감을 극복하기 위해서 (환상 속에서) 가능한 한 자신의 모든 힘을 사용하여 자신이 파괴하였던 엄마를 재창조하고 사랑하며 보상하기 위해 애를 쓴다. 이러한 사랑은 유아가 엄마로부터 받은 선함에 대해 느끼는 감사와 함께 발달한다. 좋은 대상을 자신이 파괴했다는 죄책감과 절망감이 결합되어 우울한 상태가 된 유아는 사랑하는 대상을 구출하고, 보상하며, 회복시키려는 시도를 하게 되는데 이러한 시도를 하게 되면 유아는 정상적인 발달 과정에 이르고 있음을 의미한다. 그렇기 때문에 파괴된 대상들을 회복하려는 시도들은 어린 유아의 승화의 노력이며, 건강한 자아 발달 과정에 굉장히 중요한 요소라고 할 수 있다.

우울 자리에 도달한 유아는 자신의 죄의식을 인식하고 인정하게 되며 이러한 죄의식 개념이 자라면서 유아는 도덕심이라는 개념을 발달시키게 된다. 이와 반대로 아직 죄의식이 생기지 않았거나 죄의식의 개념이 미약한 유아는 도덕심 발달도 늦게 일어날 수 있다.

유아의 우울 불안이 건강하게 발달하기 위해서는 유아가 부정적인 투사를 가지고 시기심과 공격성으로 엄마를 괴롭혀도, 엄마는 계속적으로 살아나 유아를 사랑하고 돌보는 일련의 과정이 필요하다. 유아가 공격할 때 엄마가 지속적으로 관심과 배려를 가지고 대해주면, 이러한 애정은 유아로 하여금 외적인 대상이 자신이 생각한 대상이 아니라는 사실을 지각할 수 있게 된다. 이를 통해 유아는 내부에서 다시 좋은 엄마를 복원하고 내면화하게 된다. 이러한 긍정적 내면화는 유아가 자신뿐 아니라 대상과 외부 세상에 대한 신뢰감을 가질 수 있는 배경이 된다.

3) 발달 단계의 부적응에 따른 상담

클라인이 보는 다양한 유형의 병리는 편집 분열 자리 고착에서 유래한다. 이것은 유아에게 좋은 내적 대상이 거의 존재하지 않게 되어, 부정 투사와 부정 내사가 계속 반복되면서, 투사적 동일시 된 대상이 또다시 (강제적으로) 나쁜 대상으로 내면화되는 결과를 낳게 한다. 그렇게 되면 악하고 나쁜 대상에 의해 통제당하고 있다는 망상이 생기게 된다.

건강한 자아가 생기지 않으면 계속해서 방어를 사용할 수밖에 없는데 조직적으로 방어를 사용하게 되면 자기는 약한 상태로 남아있게 된다. 이때 약한 자아는 분열이나 투사적 동일시 또는 내사적 동일시와 같은 방어를 계속 사용하며 자기와 대상은 통합이 되지 않고 분열 상태에서 발달은 정지가 된다. 이렇게 되면 경계선 성격장애나 자기애적 성격장애, 그리고 다른 심각한 성격장애자가 될 수 있다.

또한 클라인은 내면화된 좋은 대상이 약하게 형성이 되면 내면의 탐욕스런 욕망이 제어가 되지 않아 좋은 대상이 위협을 받게 되고 그렇게 되면 '가면적 인격(as if personality)'이 형성된다고 하였다. 이렇게 되면 정체성의 혼란이 일어난다. 이 외에도 경계선 성격장애자들에게서 전형적으로 나타나는 지나친 요구, 과도한 기대, 경계선을 형성하지 못하고 집착하는 '집착적인 의존(clinging dependence)'이 나타나기도 한다(Summers, 1994).

좋은 대상과 나쁜 대상, 또는 좋은 자기와 나쁜 자기가 적절한 균형을 이룬 자아는 자연스럽게 대상과 자아의 통합을 향해 나아가지만 이것들 사이에 불균형이 있을 때 발달은 방해를 받고 자아의 성장도 방해를 받는다. 이때 자아는 응집되지 못하고 통합되지 못하며 약한 상태로 남게 된다. 나쁜 대상이 내재화되면 유아는 그 대상으로부터 끊임없이 위협을 받게 되며, 합리적이고 현실적인 초자아도 발달하지 못한다. 이렇게 되면 초자아는 박해자가 되어 내면에서 끊임없이 자기를 채찍질하며 약한 자아를 무자비하게 지배한다.

따라서 심각한 병리는 편집 자리의 방어인 분열, 투사와 내사, 투사적 동일시들을 사용하는 것이며, 자아가 응집적이지 못하고 약한 상태에서 발달이 정지되는 것이고, 건강한 초자아 발달이 실패하는 것이다. 만약에 이 세 가지의 특성을 모두 가지고 있다면 그것은 그 개인이 심각한 성격병리의 토대인 편집 자리에 고착된 것임을 알려주는 것이다.

이러한 병리성에 대하여 클라인이 생각하는 치료란 내면화된 대상 및 내적 박해자의 무자비함을 없애 불안을 완화시켜서 심리적으로 편안함을 유지하도록 하는 것이다. 또한 초기 대상관계 경험과 함께 시작된 부정적인 대상표상과 관련된 모든 것들(과거의 인물 또는 인간관계 방식, 그리고 그것과 관련된 감정이나 환상들)을 상담자에게 전이하도록 하고[7] 분석과 해석을 통해 초기 관계 및 그와 관련된 느낌을 찾아내도록 도와주는 것이다(Clair, 2010).

유아와 아동에게는 놀이치료와 같은 방법 등을 통해 유아의 생애 초기 대상들을 재외재화시키도록 하는 것이 도움이 된다. 재외재화한다는 것은 무의식적으로 깊이 박혀있는 내적 세계(표상)와 내적 갈등을 바깥 세상으로 전치시키도록 하는 것이다. 이때 상담자는 외적 대상 역할을 할 수도 있고, 대상들과 관련된 어떤 다른 역할을 수행할 수도 있는데, 그때의 역할은 유아의 자아나 초자아 속에 존재하는 과거 인물들의 어떤 측면들을 표상화하는 것이어야 한다.

이러한 과정이 순조롭게 진행이 되면 심리적으로 안정되고 자아가 힘을 가지게 되며 자신의 공격성을 외부에 투사할 필요가 없어지게 된다. 강하면서도 무섭고 악한 존재라는 외부 대상표상이 약화되거나 없어지

---

[7] 유아는 생애 초기 시절부터 대상관계를 갖게 되며 여기서 사랑과 미움, 불안과 방어를 경험한다.

게 되면, 자신이 연약하고 무기력하다는 느낌에도 변화가 일어나고 힘이 있는 자기가 살아나게 된다. 그 결과 방어에 에너지를 덜 쏟게 되며 활기찬 대인관계, 긍정적 대인관계를 맺을 가능성이 커진다.

2. 말러의 관점: 분리개별화 성공하기

생후 초기의 유아와 엄마 사이의 관계를 연구한 말러와 그 동료들은 '공생(symbiosis)'과 '분리개별화(separation-individuation)'라는 두 가지 개념을 사용하여 유아의 정서적인 발달을 설명하였다(Mahler & Furer, 1968). 그들이 제시한 발달 단계는 자폐 단계, 공생 단계, 분리개별화 단계다.

1) 자폐 단계

자폐(autism) 단계는 생후 몇 주 동안 깨어있는 시간보다 잠들어 있는 시간이 더 길며, 자기나 대상에 대한 인식 없이 신체감각만을 인식하는 상태를 의미한다. 이 기간 동안 신생아는 환경과 자신의 내부로부터 발생하는 생리적 긴장, 즉 배고픔과 같은 긴장을 줄이기 위해 엄마의 가슴을 찾는다. 유아는 외부 세계와의 연결 통로가 아직 열려있지 않아서 생리적 욕구 만족에만 관심을 가진다. 이 시기에는 쾌락의 원리에 의해 움직이며, 이때는 '대상이 없는' 시기다.

정상적 자폐 단계에서는 외부 자극에 대한 집중이 상대적으로 없는 것이 특징이지만, 그렇다고 신생아가 외부자극에 대한 반응이 전혀 없다는 것을 의미하는 것은 아니다. 유아가 긴장을 감소시키려는 시도들,

즉 배변이나 배뇨, 기침, 재채기, 침 뱉기, 토하기 등과 같은 욕구의 몸짓은 존재한다. 또한 배고픔과 같은 생리적 고통을 줄여주려는 엄마의 돌봄도 존재하기 때문에 유아는 '즐겁고', '좋은' 경험과 '고통스럽고', '나쁜' 경험을 구별할 수 있는 기초는 가지고 있다고 볼 수 있다.

2) 공생 단계

공생(symbiosis) 단계는 생후 2~6개월에 해당되며, 유아가 외부 자극에 민감하게 반응하기 시작하는 때다. 유아는 자기의 욕구를 충족시켜주는 어떤 사람의 존재를 희미하게 인식하기 시작한다. 하지만 자기와 주요 양육자인 엄마를 분리된 존재로 지각하는 것은 아니며, 엄마에 대한 애착을 통해 자기와 양육자가 마치 하나인 것처럼 지각한다. 엄마와의 공생이 충분하면 유아는 마치 자신의 욕구가 저절로 충족되는 것 같은 전능성을 경험하게 되어, 자기와 양육자가 하나의 전능한 체계인 것처럼 지각한다(Blanck & Blanck, 1979). 이 단계부터 유아는 경험을 조직화하기 시작하며, 유아에게 좋게 느껴지는 경험은 '좋음'으로, 고통스럽게 느껴지는 경험은 '나쁨'으로 범주화한다. 공생 단계는 유아를 심리적 존재로 볼 수 있는 첫 번째 단계다.

공생 단계의 특징은 원시적 환상 혹은 망상 상태이며, 유아가 엄마 표상과 함께 신체 및 심리적으로 전능한 상태로 융합되어 있는 것이다. 이 시기에 미숙한 유아의 자아는 사회적 공생 대상인 엄마의 정서적 친밀함에 의해 보완이 된다. 따라서 이 시기에는 엄마가 유아의 욕구에 즉각적으로 반응해주고, 만족시켜주며, 따뜻함, 안아주기, 눈 맞추기, 노래 불러주기와 같은 정서적 친밀함을 제공해야 한다(애착 형성에 필요한 요소). 이렇게 될 때 유아의 전능성은 충족이 되며 이 시기의 이러한 전능감 충족은 유아의 건강한 자아 발달에 중요한 요인이 된다.

신경생리학적으로 이 시기에 기억과 인지 및 운동 능력 및 서로 협력하는 자아 기능의 발달이 이루어진다. 이런 기능을 통해 유아는 배고플 때 젖이 먹여지고, 안기고 싶을 때 안겨지거나 반대로 바닥에 내려지고, 엄마의 몸과 자신의 몸을 보고 듣고 냄새 맡는 경험을 기억하고 조직할 수 있게 된다. 이런 대상과의 관계 경험을 통해 유아는 자기에 대한 인식이 생겨난다.

이 시기에는 자아 기능이 관계를 싹트게 할 뿐 아니라, 사랑하는 부모와의 관계도 자아 기능의 발달을 촉진시키는 등 자아 기능과 대상관계가 서로 연결되어 있다. 만일 유아가 이런 관계를 갖지 못하거나, 유아가 자신의 요구를 알리는 단서에 대해 엄마가 적절히 반응해주지 않으면, 유아의 자아 기능이 제대로 발달하지 못한다.

공생 관계는 미소반응을 통해 예고된다. 말러는 사회적 미소와 함께 엄마가 유아를 안아 주는 것이 중요한 '심리적 탄생의 공생적 조직자' 중 하나라고 강조했다. 말러는 적절한 안아주기와 부적절한 안아 주기를 강조하지는 않았으나, 위니컷처럼 '충분히 좋은 엄마 노릇(good enough mothering)'이 유아에게 필요한 '안아주는 환경(holding environment)'을 제공한다는 점에 초점을 맞췄다.

공생 단계에서 유아는 추위와 배고픔, 쥐어짜는 듯한 복통, 찔리는 경험, 넘어짐 등의 수많은 힘든 상황을 경험한다. 분화 능력이 아직 미흡한 탓에 유아는 이런 불쾌한 사건을 마치 자기 전체와 자기 세계를 온통 에워싸고 있는 것으로 경험하여 울부짖고 비명을 지른다. 유아는 공생 단계 초기(2~6개월)에 '필요를 충족시켜 주는 대상에 대한 희미한 인식'을 발전시킨다(Mahler, Pine & Bergman, 1975).

공생 단계에서 엄마와 아버지는 유아와 따뜻한 친밀감을 갖는 기쁨을 누린다. 그러나 수유문제, 수면장애, 24시간 유아 곁에 있어야 하는 상황이 부모를 지치게 한다. 어떤 부모는 공생기 유아와의 관계에서 느끼는 강한 밀착이 자신의 자율성을 위협한다고 생각한다. 그래서 심리적으로 유아로부터 멀어지고 싶은 욕구를 느끼고 실제로 물러나기도 한다. 거리를 두려는 이런 노력은 유아의 수유와 수면을 지나치게 고정된 일정에 맞추려는 형태로 나타나기도 한다. 하지만 대다수 부모는 유아와의 밀착이나 친밀감이 커지는 것을 기뻐하며 수용한다.

이 시기의 돌봄은 대략 100일까지는 유아의 상태에 전적으로 맞춰야 하지만 그 시기가 지나면 서서히 유아 중심에서 양육자 중심으로 바뀌도록 해야 한다. 수유와 수면, 놀아주고 안아주는 신체적, 심리적 돌봄을 하느라 지치게 되면 유아는 건강한 대상관계를 내사하기가 어렵다. 이 시기는 양육자와 공생 관계에 있기 때문에 양육자의 부정적인 감정이 그대로 유아에게 전달된다. 그러므로 부모는 유아가 조금씩 성장해감에 따라 부모의 신체와 정신 상태, 능력을 고려하여 부모의 내면 상태에 부정 표상(자기와 대상표상 모두)이 쌓이지 않도록 해야 하며, 육아가 힘들어 지친다는 느낌이 들면 외부의 도움을 받아서라도 부정적이 되지 않도록 조심해야 한다.

정상적 자폐기에 있는 유아의 내적 세계는 자기 또는 대상에 대한 감각이 없고 모든 에너지는 신체 감각에 집중되어 있는 것에 반하여 정상적 공생 단계에서는 주요 대상인 엄마와 심리적으로 결합된 상태라 자기(self)-타자(other) 시스템이라는 양극 시스템이 기능을 할 수 있다.

3) 분리개별화 단계

분리개별화(separation-individuation)란 유아가 심리적으로 엄마에게 의존하지 않고 분리되고 개별화되어 독립된 개체로서 주체성을 가지고 사물을 인지하고 판단해서 결정하는 것을 말한다. 말러는 분리개별화 단계를 네 개의 하위단계로 나누어 발달 과정을 설명하였다.

(1) 분화(부화) 단계

첫 하위단계인 분화(부화: differentiation or hatching) 단계는 대체로 생후 4~5개월부터 10개월까지다. 이 시기의 유아는 자신의 신체를 자각하고 자기와 엄마, 다른 사람들을 구분하기 시작하며, 엄마의 머리, 옷 등을 잡아당기면서 엄마를 탐색하기 시작한다. 이때 공생 단계 초기에 생긴 불특정 미소반응이 점차 엄마에 대한 특정한 미소반응이 된다. 이것은 유아와 엄마 사이에 특정한 유대가 성립되었다는 결정적인 표시다. 그 이전에는 자기 엄마에게만 관심을 기울였지만 이제는 다른 사람들에게 관심을 확장하고, 낯선 사람을 보면 불안해한다. 또한 이전보다 좀 더 집요하고 목표지향적인 모습을 보인다.

생후 7~8개월경부터 유아의 신체·심리적 분화의 시작을 알려주는 '엄마를 되돌아보고 점검하기'가 나타난다. 그리고 공생 관계가 적절하고, 생각한대로 기대가 채워진 유아는 호기심과 신기함을 가지고 낯선 사람을 살핀다. 발달 단계 상 심리적으로 건강한 아이도 낯가림을 하지만 엄마가 옆에 있으면 심리적으로 안정감을 느끼기에 심하게 불안해하지는 않는다. 그러나 기본적 신뢰감을 적절하게 형성하지 못한 유아는 엄마가 옆에 있어도 심하게 낯가림을 하고 새로운 대상이나 물건에 대하여 호기심과 신기함보다는 두려움을 보이며 세상을 향해 탐색하지 않는다.

분화가 진전되면서 유아는 엄마의 신체를 탐색하는 것을 즐기면서 엄마 머리카락이나 귀와 코를 잡아당기고, 엄마 입에 음식을 집어넣으려고 한다. '분화하고 있는' 유아는 엄마가 아닌 다른 타인의 모습에 대해 점점 더 높은 관심을 보인다. 엄마는 유아가 엄마의 얼굴과 옷을 탐색하고 귀와 머리카락을 잡아당기는 행동이 자신을 특별한 사람으로 대하는 것으로 생각하고 즐길 수 있다. 그러나 유아가 너무 지나친 탐색과 요구를 해오면 짜증이 날 수 있기에 대부분의 엄마는 유아가 분화하여 엄마가 아닌 다른 대상이나 물건을 탐색하는 것을 기뻐한다.

한편 건강하지 못한 엄마는 유아가 자신으로부터 떨어지고 멀어지려고 할 때 외로움을 심하게 느끼고, 유아가 자신으로부터 독립하고자 할 때 이것을 받아주지 못한다. 이런 경우, 지나치게 유아에게 애정을 쏟게 되는데 이렇게 되면 유아는 정상적인 분화의 과정을 거치지 못하는 결과를 낳는다. 앞으로 나아가는 것이 아니라 과거로 퇴행하는 결과를 낳게 된다. 엄마가 심리적으로 건강한 분화 과정을 거치지 못한 경우, 유아가 엄마로부터 분화하는 것을 자신에 대한 거절로 느끼게 된다. 그래서 유아가 엄마와의 융합에서 벗어나려고 하면 거절감과 배신감으로 해석을 하여 유아를 방치하며 거부하는 행동을 보이기도 한다. 이러한 상태가 계속되면 유아는 정상적인 발달 단계를 극복하지 못하고 미분화 상태에 고착되어 이후의 발달에 문제가 생길 수 있다.

(2) 연습 단계

연습(practicing) 단계는 10~14개월까지 해당된다. 연습 단계라는 용어가 의미하듯이 이 시기의 유아는 엄마로부터 떨어지는 연습을 하다가 심리적 안전지대인 엄마에게 다시 되돌아오는 것을 반복적으로 연습한다. 이때 운동기능의 발달로 유아는 엄마로부터 떨어져 걸어 다닐 수 있게 되어 행동반경이 넓어진다. 이 시기는 신체에 대한 자기애가 증대되고, 자율성이 발달하면서 유아는 자신의 능력에 집중한다. 하지만 아직 불안하고 연약한 유아는 심리적인 기지인 엄마의 주변을 맴돌면서 마치 정서적 재충전을 하듯이 탐색을 하면서도 반복적으로 엄마에게 되돌아온다.

이 시기의 유아는 엄마로부터 벗어나 있는 것처럼 보이지만 정신적으로는 아직도 전능한 엄마와 결합되어 있다. 이 시기에는 중간 대상에 대한 애착이 나타나고, 유아가 중간 대상과의 놀이에 집중하면서도 여전히 엄마에 대한 관심을 더 중요하게 여기는 특성을 보인다. 이 시기에 엄마가 자신의 유아에게 '잘 해낼 수 있다'는 느낌과 함께 신뢰와 믿음을 전달해주면 유아는 안전감을 내면화할 수 있게 되며, 이것은 이후의 발달에 매우 중요한 자극제가 된다. 유아에 대한 엄마의 기대와 믿음은 유아의 자율성 및 자아존중감을 느끼게 해주는 기초가 된다.

(3) 재접근 단계

재접근(rapprochement) 단계는 14~24개월에 해당하며, 유아는 이전에 누렸던 이상적인 자기감의 상실로 세상이 자기 마음대로 되지 않는다는 사실을 깨닫게 되면서 모든 것이 충족되는 엄마에게 되돌아오고 싶은 '재접근의 위기'에 처하게 된다. 연습 단계에서 경험했던 자기 과신이나 전능에 대한 환상이 현실에서 자기 뜻대로 되지 않는 좌절 경험을 겪으면서 자신의 능력에 대한 한계를 인식하게 된다. 이와 함께 자기와 엄마가 분리된 존재며, 엄마가 항상 곁에 있어주고 자신의 욕구를 만족시켜주는 존재가 아님을 깨닫게 된다.

능력의 한계와 분리에 대한 자각이 증가함에 따라 유아는 엄마에 대한 의존을 더욱 절실하게 필요로 한다. 이 단계에서 유아는 의존욕구와 자율욕구 사이에서 심한 갈등을 경험하며 이런 갈등은 엄마에게 매달리거나 과도한 요구를 하는 행동과 전능감을 가지고 자기를 과신하는 상반된 행동으로 표현된다. 이러한 갈등을 겪으면서 유아는 엄마를 전적으로 좋은(all-good), 혹은 전적으로 나쁜(all-bad) 대상으로 분열했다가 다시 통합시키는 과정을 밟아나간다.

이 시기가 재접근의 위기라는 것은 유아가 이전보다 더 엄마에게 집착하며 과도한 요구를 함으로써 유아와 엄마 모두 전 보다 더 힘들어질 수 있다는 의미를 가지고 있다. 이때 공생과 밀착에 대한 욕구가 있는 엄마는 유아의 불안을 자기의 것으로 내사하여 유아를 과보호하면서 좌절을 주지 않으려 한다. 그렇게 되면 유아는 엄마에게 더 의존하면서 이전 상태로 퇴행이 일어날 수 있다.

그러므로 이 시기에 필요한 엄마의 마음과 태도는 유아가 경험하는 좌절에 대해 공감을 해주고('그래, 네 맘대로 안 되니까 힘들고 속상하지?'), 엄마의 지지를 힘입어 다시금 세상을 탐색해보고 도전해볼 수 있도록 힘을 북돋워주는 것이어야 한다. 만약 이때 과보호를 하게 되면 유아는 자신의 능력을 상실하고 믿지 못하며 엄마에게 의존하는 유아로 자라게 된다.

(4) 정체성 확립과 대상항상성 형성 단계

정체성 확립 및 대상항상성(individuality & emotional object constancy) 형성단계는 2세에서 4세 사이에 걸쳐있다. 이 단계에서는 언어능력과 지적 능력이 현저하게 발달하며, 엄마와 자신이 한 몸이 아니라 서로 분리된 존재임을 분명하게 알게 된다. 재접근 단계의 위기를 잘 극복한 유아는 (엄마의 도움으로 된 것이지만) 자기의 욕구를 온전히 충족시켜 주는 좋은 엄마 표상과 자신이 원하는 대로 움직여주지 않는 나쁜 엄마 표상을 통합하기 시작한다.

그러면서 동시에 자신에 대해서도 좋고 나쁜 표상을 통합하면서 대상에 대한 정체성과 자신에 대한 정체성을 형성하게 된다. 이때 필요한 것이 정서적 대상항상성, 즉 엄마에 대한 긍정적인 상을 내면에 유지할 수 있는 능력이다. 자신을 정서적으로 위로해주고 지지해 줄 것이라는 정서적 항상성이 내면에 자리 잡게 되면 유아는 엄마가 없는 동안에도 자신을 위로할 수 있는 내적 심리기제를 발동하게 된다. 그 결과 힘들거나 좌절이 될 때 자기 스스로를 심리적으로 위로하면서 한동안 엄마와 떨어져 기능할 수 있는 능력이 키워진다(자기 위로 기능).

대상항상성(후에 자기항상성 생김)은 일생동안 대단히 중요한 기능을 한다. 대상항상성이 형성되어 있으면 타인에 대해 극단적이거나 부분적으로 자각하지 않고, 타인에 대해 부정적인 감정이 느껴지는 상황에서도 긍정적인 측면과 관련된 긍정적인 정서를 기억하고 발동시킬 수 있다. 또한 대상항상성은 자신을 신뢰하고 믿어주는 자기항상성으로 이어지게 하므로 건강한 정신 및 관계 형성에 있어 중요한 요소다.

4) 발달 단계의 부적응에 따른 상담

말러는 각각의 발달 단계마다 일정한 과제와 위험이 있다고 하였는데, 외상을 입거나 어떤 과제들을 해결하지 못하게 되면 심각한 심리적 장애가 초래될 수 있다고 하였다. 초기의 발달 실패, 즉 자폐기나 공생기의 외상은 정신병을 유발할 수 있다. 유아 정신병을 보면 공생 경험이 왜곡되어 있거나 상실되어 있는 경우가 많다. 공생기에 유아가 심리 내적으로 엄마를 사용하는 데 있어 결핍이 있거나 결함이 존재할 때 정신병이 유발될 가능성이 있는 것이다. 따라서 부모로부터 충분한 공생의 경험이 상실되었거나, 부모와 개별화가 잘못되었거나 실패하여 정신적으로 문제가 있는 유아들은 개인적 정체성이 없거나 희미하다(Mahler & Furer, 1968).

말러는 자폐기나 공생기의 과제를 달성한 다음, 연습기와 재접근기 단계 때 필요한 과제를 획득하지 못하면 심각한 병리는 아니지만 심리적으로 유약해진다고 하였다. 연습기의 정점에서 유아는 자신이 전능성을 가졌다는 망상의 최고점에 오르며, 이때, 정상적 자기애가 풍선에 바람이 빠지는 듯한 경험을 하게 되면 극도로 상처받기 쉽다.

재접근기때 유아는 점차적으로 자신이 엄마와 분리된 존재임을 알게 되는데, 이러한 분리됨을 부인하기 위해 여러 다양한 심리적 기제를 사용하여 자신의 불안을 없애려고 한다. 분리불안을 없애기 위해 유아는 자신에 대하여 과대망상을 가지면서 부모에 대해서는 전능하다는 믿음을 포기해야만 한다. 이 시기에 유아의 자아는 분리를 알아차릴 정도까지 급속도로 성장하지만 아직 자기는 충분히 힘이 없어서 홀로 지낼 만한 능력이 형성되지는 않는다.

말러는 발달 단계에서 생긴 장애를 치료하기 위해서는 그 대상이 유아든 성인이든 간에 발달상의 실패나 결핍을 교정할 기회를 제공해야 한다고 했다. 상담자는 부모의 대리자 혹은 보조 자아가 되어 발달이 정지된 그 시기에 획득해야 하는 것의 성취를 도와야 한다. 유아인 경우, 상담자가 대리 엄마 역할을 해줄 때 발달 과정 중 상실한 기간들을 재통과하여 앞으로 나아갈 수 있게 된다.

또한 상담자는 유아가 아직 갖지 못한 자아 기능들을 제공해 주는 보조 자아가 되어 주어야 한다. 그러한 기능들은 내부 또는 외부의 과도한 자극으로부터 유아를 보호하는 방파제가 되어 줄 수 있다. 이 과정에서 초기 과정의 경험들을 말로 표현해주는 것이 치료에 도움이 되기도 하는데 초기 경험을 교정하는 데에 많은 시간이 걸리므로 상담자가 인내심을 갖고 있지 않으면 상담의 목표를 달성하기 어려울 수 있다.

3. 위니컷: 모성적 돌봄 환경 제공

대상관계이론가인 위니컷(Donald W. Winnicott: 1896~1971)은 생애 초기인 유아기에 특별한 관심을 기울였다. 그는 출생 후, 유아가 절대적 의존기와 상대적 의존기를 지나 독립에 이르는 여정을 거치는 동안 자아통합 및 인격형성에 중요한 기초가 되는 것이 유아기의 모성적 돌봄 환경이라고 하면서 아이를 돌보는 어머니의 양육태도를 중요시 여겼다. 그리고 유아기에 필요한 어머니의 자질에 대해 '신뢰롭게 안아주기, 적절하게 다루기, 대상제공 및 전능체험, 반영하기'라고 하였다. 이 세 가지 요소가 강조하는 것은 "어머니의 품이 유아가 느끼기에 편안하면서도 안전감을 느낄 수 있으며 이러한 조건이 충족이 될 때 유아는 타고난 잠재력을 발달시키고, 안정된 능력을 갖게 된다."라는 것이다.

대상관계이론은 어머니와 유아의 관계는 어린 시절 뿐 아니라 이후 성인이 될 때까지 중요하다고 강조하였는데, 이것은 그 당시의 어머니들에게 적지 않은 부담을 안겨주었다. 어머니가 유아를 어떻게 돌보고, 유아에게 어떻게 반응했는가에 따라 유아는 자신뿐 아니라 타인, 그리고 더 나아가 세상에 대한 이미지를 가지게 된다. 어린 시절 어머니와의 관계에서 긍정적인 자기표상과 대상표상을 형성한 유아는 이후의 다른 사람들(친구나 교사나 그 외의 사람들)과의 관계에서도 긍정적인 표상을 중심으로 관계할 가능성이 높다.

아이에게 가장 중요한 환경 요인이 바로 엄마인데, 엄마가 자녀와 어떻게 상호작용하는 가에 따라 아이의 성격은 달라진다. 따라서 엄마는 한 사람이지만 아이와 관계하는 엄마는 아이의 수 만큼이다. 큰 아이에게는 엄격하고 기대를 많이 하는 엄마, 둘째 아이에게는 무관심하고 자기가 알아서 자라주기를 바라는 엄마, 셋째 아이는 과잉보호하면서 웬만한 실수는 눈감아 주는 엄마, 이렇게 엄마의 반응이 다르므로 자녀들의 성격이 다르게 나타나게 된다. 문제는 누가 양육하느냐가 중요한 것이 아니라 어떤 상호작용을 통해 성장하느냐 하는 것이다.

자아구조의 형성에 중요한 영향을 미치는 환경은 바로 유아를 돌보는 사람들이다. 충분한 공감과 지지를 받는 돌봄 속에서 유아는 자유롭게 자신을 탐색하며 자신을 돌보는 대상과의 관계를 적극적으로 맺어가게 된다. 유아의 경험들과 엄마와 맺었던 관계들은 유아의 자아구조에 자연스럽게 통합을 이루게 된다. 유아를 돌보는 사람에 따라서 유아는 안정된 자아 구조를 발달시킬 수도 있고, 불안정한 자아구조를 발달시킬 수도 있다. 또한 유아의 성격에 영향을 미치는 것은 유아에 대한 엄마의 반응 뿐 아니라 엄마와의 관계에서 유아가 인지한 것, 즉 표상이 어떻게 내재화되어 있는가도 중요하다. 이 점에서 위니컷은 엄마-유아 관계의 적합성에 초점을 맞추고 유아의 발달에 있어서 엄마-유아의 상호관계가 중요하다고 하였다.

위니컷은 '아이의 흐름을 깨지 않으면서 편안하고 신뢰롭게 안아주는 것'의 중요성을 강조하면서 유아의 모든 신체부분들이 유아를 안아주는 엄마에 의해 모아질 때 아이는 신체가 통합되는 느낌을 갖게 된다고 하였다. 여기서 중요한 것은 '유아의 흐름을 깨지 않는 것'이어야 하는데 이를 위해 필요한 것이 엄마의 민감성과 모성성이다. 안아주기는 '태아기 상태의 생리적인 제공'에서부터 출발하여 생리적인 것과 심리적인 것이 아직 구별되지 않거나 구별되어 가는 과정의 초기에 '사랑의 한 형태로서 육체적으로 유아를 안아주는 모든 것'을 포함한다.

4. 대상관계(표상)가 성격에 미치는 요소

어린 시절에 자신과 대상에 대하여 형성된 부정적 표상이 성인이 된 이후 어떤 영향을 미치는지에 대한 근거와 연구는 수없이 많다. 여기에서는 저자의 경험을 근거로 대상관계가 인간의 성격 형성에 어떤 영향을 미치는지 설명하고자 한다.

　나는 어린 시절 사랑이 무엇인지 모르고 자라났다. 나의 아버지는 알코올 중독과 도박 중독으로 가장으로서의 책임과 아버지로서의 역할이 무엇인지 보여주지 못했으며, 굉장히 자기중심적이며 독선적인 성격이어서 자신 외에 다른 사람을 품지 못하는 이기적인 삶을 사셨다. 남편으로서 경제적인 짐도 지지 않은 채 아내에게 거의 모든 짐을 떠맡기고도 양심의 가책을 느끼지 않고 사셨다. 자신이 하고 싶은 것(술, 도박, 여자, 무위도식, 신경질, 폭발적 다혈질 등)은 다 하고 사신 전형적인 자기애성 성격을 가지신 분이다. 그런데도 그런 자신에 대해서 전혀 양심의 가책을 느끼지 않으시고 떳떳하고도 행복한 삶을 살다 가셨으니 참으로 놀라울 뿐이다. '한 평생 어찌 그렇게 자기만 생각하며 사셨나'하는 생각이 들 때면 한편으론 측은한 마음이 들기도 하였다.
　나의 어머니는 자기 자신만을 사랑하는 아버지와 살면서 사랑받는 아내로서의 삶을 살지 못한 채 다섯 자녀와 가정 경제를 책임지느라 온갖 고생을 다 하셨다. 특히 시장에서 닭 장사를 하시느라 성격이 거칠어지셔서 여성적인 모습은 찾아보기 힘들었다. 자녀들을 키우기 위해서 힘든 생존경쟁에서 살아남은 그 저력과 성실함은 어머니의 위대한 자산이라는 생각이 들고, 여성으로서 그 힘든 삶을 잘 이겨내신 것에 존경심이 생긴다. 그러나 생존을 위해 살고, 남편의 사랑을 받지 못한 엄마는 자녀에게도 따뜻한 사랑을 줄 수 있는 에너지가 없었다.
　부모님의 성격과 두 분의 관계 패턴, 삶의 태도는 나의 내면 심리에 부정적으로 자리잡게 되었다. 내면에 형성된 표상 중에서 주된 감정은 '쓸쓸함과 외로움, 혼자 있는 슬픔'이었다. 그리고 '이 세상에 나의 마음을 알아주거나 이해할 사람은 한 명도 없구나. 믿을 사람이 없으니 홀로 외롭게 살아야 하며, 어려운 세상도 엄마(또는 큰 언니)처럼 혼자 견디며 살아가야 되는 거구나'하는 생각에 매여 살아갔다. 이런 내면을 가진 내가 어떻게 살아갔을지 상상해보라! 힘들고 어려운 것을 겉으로 표현해 본 적이 거의 없었고, 배고프고 아파도 도움을 구하지 않고(홍역이나 심하게 아플 때는 어쩔 수 없이 티가 났지만, 웬만해서는 혼자 약 먹고 혼자 견디며) 살았다. 이런 표상을 내면에 가지고 있던 나는 다른 사람과의 관계에서도 철저히 고립된 삶을 살아가곤 하였다. 그리고 '외로운 것이 인생이며, 인생무상'이라는 신념을 가지며, 중학교 때 이미 인생을 달관한 사람처럼 살았다.

여기서 대상관계적 관점에서의 표상에 대해 설명하고자 한다. 사람은 어린 시절 중요한 사람과 이 모양 저 모양으로 관계를 맺으며 살아간다. 그리고 그 과정에서 중요한 대상에 대한 이미지를 형성하고 그 이미지를 바탕으로 심리적이면서도 정신적인 틀을 형성하게 된다. 나의 경우, 엄마와의 관계에서 형성된 이미지는 심한 부정이라기보다는 무심 또는 무관심의 이미지였다. 엄마는 '내가 필요로 할 때 없는 존재'였으며 '돈을 벌기 위해 항상 바깥에 있는 사람'이었다. 부정이라기보다는 무심의 표상이 내재화된 것은 엄마와 따뜻한 만남을 한 기억도 없지만, 엄마와 갈등을 일으키거나 다툼을 한 기억도 없기에 그렇다. 나에게 엄마는 아침 일찍 일어나 시장에 돈 벌러 가서 밤늦게 들어오는 분이었기에 싸울 시간과 여건조차 없었다. 그래서 긍정의 감정도, 부정의 감정도 쌓일 것이 없는 그런 관계였다.
이러한 내적 대상표상은 자기표상에도 영향을 준다. 그리고 이러한 표상을 근거로 자기 자신뿐 아니라 다른 사람과 관계를 맺으며 살아간다. 그리고 성장하면서 이러한 표상이 변하지 않는 한 표상이 건강하거나 바람직하지도 않은 데도 그것이 잘못인지도 모른 채 어린 시절에 이미 형성된 자기만의 자기표상과 대상표상을 가지고 이 세상을 살아간다.

과거에 형성된 대상 이미지를 바탕으로 자신이나 대상에 대해 갖는 생각이나 관계 양상, 환상이나 기대 등이 바로 표상(representation)인데 엄마와의 관계 속에서 나의 내면에 형성된 대상-자기표상의 내용은 대략 다음과 같았다.

'(대상) 엄마는 항상 바쁘구나. 그런데 엄마가 바쁜 이유는 돈을 벌어야 되기 때문이구나. (나는) 바쁜 엄마에게는 기대를 하면 안 되겠네. (나는) 엄마가 나를 사랑하거나 안아주는 것은 꿈도 꾸지 말자.' 이런 표상이 내면에 형성되어 자리 잡고 있었다.

위의 내용을 자세히 살펴보면 어린 아이가 자기도 모르게 엄마에 대해서, 그리고 자신에 대해서 어떤 관계를 해야 하는지 마음속에 생각이나 결심을 하는 것을 볼 수 있다. 이렇게 형성된 표상은 이후의 다른 사람과 관계를 맺는 방식에 지대한 영향을 주게 된다.

나의 경우, 엄마에 대한 기대를 전혀 하지 않으면서 마음속에는 그리움과 외로움을 가지고 살아갔다. 그리고 철저히 고립된 삶을 살아가곤 하였다. 학교에 다닐 때도 친구들과 친하게 지내거나 어울리는 것을 좋아하지 않으면서 속으로는 외로움을 느끼며 살아갔다. 점점 커가면서 인간은 원래 외로운 존재라고 생각했고 즐겁게 지내거나 행복한 사람들을 보면 한편으로는 부러워하면서도 '외로움을 감추기 위해 저렇게 애를 쓴다'라고 생각하였다. 좋아하는 친구나 선생님이 있어도 나의 마음을 표현하지도 않고 표현하는 방법도 모른 채 살아갔다. 그렇게 여전히 인간은 원래 외로운 존재라는 마음(표상)을 가지고 살면서 다른 사람과 거리 두기를 하였다.

이러한 방식이 굳어지게 되면 대부분의 모든 사람과 이런 관계를 형성하면서 살아가고, 인생은 원래 이런 것이라고 생각하며 자신 만의 틀을 가지게 된다. 이것이 대부분의 사람들이 무의식적으로 내면에 형성된 표상을 바탕으로 다른 사람과 관계하는 방식이다. 내적인 표상 또는 내재화된 표상의 변화가 없다면 사람은 과거의 방식을 재현하며 살아가게 된다.

나는 엄마와의 관계는 미약했지만 3명의 언니들로부터 받은 사랑과 돌봄, 그리고 학교와 교회에서 좋은 선생님을 만나 사람에 대해 어느 정도의 신뢰를 갖게 되었다. 그러나 심층 무의식에 형성되어 있던 외로움의 표상에는 변화가 일어나지 않았다. 그래서 사랑하는 가족이나 지인들과 친밀하게 지내면서도 한편으로는 어느 정도 거리두기를 하며 부정적인 감정이나 마음은 꽁꽁 숨겨두고 살았다.

그러나 20세에 예수님을 인격적으로 만나고, 좋은 교회 공동체와 인격적인 영적 지도자의 도움을 받고, 상담 공부와 훈련을 한 경험과 자기중심적인 면이 있기는 하지만 순하고 부드러운 남편의 사랑을 통해 나의 내면에 형성된 표상이 왜곡과 투사로 점철된 것임을 알게 되었다. 하나님과 사람과의 관계에서 사랑을 경험하고 상담 훈련을 통해 무의식적으로 내재화된 부정적 표상이 변화되어 나의 모습 그대로, 긍정이든 부정이든, 수용하게 되었고 그 결과 부정적인 표상이 긍정적인 표상으로 변하게 되었다.

저자의 경우와 다르게 중요대상인 부모님과 좋은 관계를 형성했던 사람은 다른 사람과의 관계에서 긍정적이며 행복한 관계를 기대하며 실제로 좋은 관계를 형성하며 살아갈 것이다. 그런데 긍정적인 표상을 가지고 있는 사람은 부정적인 표상을 가지고 있는 사람을 잘 이해하지 못할 수 있다. 상대방이 내면에 이미 부정적인 표상을 가지고 있어서 관계를 잘 하지 못하고, 사랑을 주거나 따뜻한 눈길을 줄 수 없다는 사실을 그들은 잘 이해하지 못한다. 이것 또한 인간관계에서는 문제로 작용할 수 있다.

그러므로 대상관계적 관점에서 아이를 건강하게 키우려면 초기 유아기, 즉 2세 이전에 아이의 전체 자기(self)가 힘을 갖도록 중요 대상이 충분한 사랑을 주어 자신과 대상에 대하여 긍정적인 표상을 갖게 해 주어야 한다. 그리고 3세에서 5세 사이에는 적절한 좌절을 경험하게 하여 이 세상이 내 뜻대로 되지 않기에 스스로 노력해서 무엇인가 성취해야 한다는 것과 대상이 내 마음대로 되지 않지만, 그래도 '충분히(웬만큼) 좋은 엄마(good enough mother)'임을 알게 해야 한다. 위니컷이 말하는 '충분히 좋은 엄마'는 유아를 먹이고 재우며, 유아가 필요로 할 때 정서적으로 위로와 공감을 해주는 엄마다. 그리고 유아의 욕구에 거의 완전하게 적응하는 것에서 시작하여, 시간이 지나면서 유아에게 좌절을 주는 엄마여야 한다. 만약 모든 것이 유아가 원하는 대로 순조롭게 된다면 유아는 좌절 경험으로부터 배울 수 있는 기회가 박탈되며, 모든 것이 충족되는 경험에 의해 장애를 입을 수도 있다(Winnicott, 1965, 1980, 1984). 유아는 엄마가 욕구를 충족시켜주지 않는 좌절 경험을 통해 역설적으로 좌절을 견딜 수 있는 능력이 형성된다(유근준, 2014).

3장

성격 발달에 따른 건강한 아동

    인격적이며 건강하고 성숙한 부모 밑에서 자라난 아동이라 하더라도 크고 작은 문제는 생기게 마련이다. 왜냐하면 아동은 느끼고 생각하고 행위하는 주체자이기 때문에 상황에 따라 나름의 고민을 안고 살아갈 수밖에 없는 것이다. 이 장에서는 유아, 유치, 아동의 성격발달을 에릭슨의 이론에 따라 설명하고자 한다.

1. 유아기의 성격 발달

1) 자율성 확립

영아기보다 신체를 좀 더 자유롭게 사용할 수 있게 된 유아기(16개월 ~36개월)의 아이들은 자신의 손과 발로 움직이면서 외부 세계를 경험하기 시작한다. 두 발로 일어나 걷기 시작하는 이때는 스스로 무엇을 할 수 있음을 보여 주려고 한다(Capps, 2001). 특히 이들이 사용하는 언어에서 자율성에 대한 표현이 아주 분명하게 나타난다. "내가 할 거야", "안 해"라는 말을 사용함으로써 자신의 욕구를 강하게 주장하고, 다른 사람들이 자신을 마음대로 할 수 없도록 행동한다(심수명, 2010).

유아들의 발달적 특징은 고집이 세고 부정적이며, 자신의 의견을 강하게 주장하는 것이다. 이 시기에는 배변 훈련을 시작하고, 혼자서 먹는 법을 배우고, 미움과 사랑을 극단적으로 표현한다. 유아들은 강렬하고 저항적이며 반작용적인 방식으로 세상과 부모에게 반응한다. 공격적인 충동 또한 이 시기의 발달과제를 수행하느라 나타나는 특징이다. 충동성을 표현하고 조절하는 과정에서 유아는 자율성이라고 하는 중요한 과제를 조금씩 연습해간다. 자율성은 스스로의 의지에 따라 자기 발로 서거나, 손을 사용하거나, 대소변을 통제하는 것 등을 통해 발달하는데, 이 시기의 부모는 아이들이 부모 말을 듣지 않고 자신의 욕구를 강하게 주장할 때 아이와 심한 갈등을 겪는다. '미운 세 살'의 주인공과 싸우는 시기가 바로 이 시기다. 자기 멋대로 행동하려고 하는 유아의 자기 주장성, 그리고 이 사회에서 살아가기 위해 필요한 올바른 행동을 가르치려고 하는 부모와의 전쟁이 시작되는 것이다.

이러한 차이 때문에 이 시기는 필연적으로 아동과 부모 사이에 갈등이 일어나게 된다. 그것은 '자기 스스로 하려는 욕구'와 '부모의 요구에 따라야 하는 것' 사이의 갈등이다. 다행히도 유아기에 자율성 과제를 성공적으로 수행한 아이들은 자기 자신의 생각, 감정, 의견을 가질 수 있게 되면서도 다른 사람의 생각과 감정을 허용할 수 있게 된다. 이것이 사회화의 첫 걸음이다.

자율이란 스스로 자신을 통제할 수 있는 능력을 의미한다. 그래서 자율성을 확립한 아이는 '스스로 하려는 의지'와 '할 수 있는 능력에 대해 신뢰'를 가지게 된다. 이 과정에서 부모의 기준이 아이가 감당할 수 있는 수준보다 너무 높거나 낮으면 아이의 자율성은 확립되지 못한다. 부모의 지나친 통제는 순응하는 아이에게는 욕구를 억압하게 하고 좌절감을 느끼게 한다. 순응적이지 않은 아이는 부모에게 공격적으로 행동하면서 사회화에 저항한다. 반대로 부모의 지나친 자유는 아이에게 불안정감과 사랑받지 못할 것이라는 느낌을 갖게 만든다. 지나친 방임 속에 자란 아이는 자신이 사랑스럽지 않거나 가치 없다고 느낀다.

그래서 이 단계에 조심해야 할 것은 '안 돼'라는 말을 과다하게 사용하는 것과 지나치게 자유를 허용하는 것이다. 지나친 통제나 방임은 아이들이 건강하게 부모로부터 분리되고, 자신의 개별성을 찾아가는 데 있어서 혼동을 초래할 수 있기 때문에 부모는 자유와 한계 사이에서 지혜로운 균형을 이루도록 최선을 다해야 한다.

자율성 확립에 실패한 유아는 자신에 대하여 수치심을 느끼는데, 수치심은 다른 사람의 눈에 자신이 좋게 보이지 않는다는 느낌이다. 수치심이 생기면 자신의 행동에 대해서 잘못하지 않았는지 의심하고 두려워하고 다른 사람에게 욕을 먹을 것 같아서 불안하다. 다른 사람들이 자기를 통제하고, 그들이 자기보다 더 나은 행동을 할 수 있다고 느낄 때 회의감을 느끼고 자신의 능력에 대해서 의문을 가진다.

아이가 어떤 수치심을 계속 느끼게 되면 의지가 약해지고 그렇게 되면 자율성이 발달하지 못한다. 자율성이 발달하지 못한 아이는 다시 의지력이 약해지고 수치심과 회의에 사로잡히는 악순환의 늪에 빠진다. 수치심을 가진 아이는 자신이 스스로 결정하지 못하고 남이 시키는 대로 따라가는 수동성을 갖고 살아가는데 이때 속으로는 자신에 대한 실망과 분노가 쌓이게 된다. 분노는 자신의 존엄성에 대한 공격, 자존감에 대한 위협, 또는 지위 상실에 대한 반응이며, 자기 보호를 위한 감정이다. 분노는 오랫동안 지속될 수 있고 나중에 반항으로 폭발할 수도 있다.

2) 부모의 역할

이 시기는 사회화의 첫 과정으로서 유치원이나 어린이집에 다니면서 또래와 놀며 게임 규칙을 배우면서 함께 하는 법을 터득해야 하는 시기다. 그래서 유아가 사회의 규칙을 따르도록 훈련시켜야 한다. 친사회적인 행동을 하도록 자녀의 인격을 존중해주고 다른 사람에게 피해가 되는 말이나 행동은 하지 않도록 설명해주고 도와주어야 한다.

'해도 되는 것'과 '해서는 안 되는 것'을 유아들이 분명히 알 수 있도록 가르치되 긍정적인 말과 태도로 해야 한다. 메시지가 분명하지 않으면 혼란을 겪을 수 있으므로 유아가 할 수 있는 것이 무엇인지 한계를 명확히 정해주고 안내를 분명히 하는 것이 필요하다. 의사소통이 미숙하기 때문에 한 번에 이해하고 반응하기를 기대하지 말고 아이가 이해하고 받아들일 때까지 인내하면서 부드럽게 알려주는 것이 필요하다.

아직 미성숙하기에 실수가 많다. 실수하고 미숙하더라도 유아가 해야 할 일을 대신 해주지 말아야 한다. 그렇게 되면 자율성이 생기지 않는다. 이 시기에는 적절한 도움을 주면서도 아이가 스스로 문제를 해결해 나가도록 돕는 '안내해 주되 스스로 알게 하기(guided discovery learning)' 전략을 사용하는 것이 좋다. 또한 유아의 지적 호기심을 채워주고 어휘력도 향상시켜 주는 것이 필요하다.

이 시기는 아이의 욕구를 충분히 충족시켜주면서도 의존욕구를 일정 부분 좌절시켜주어야 한다. 이를 '적절한 좌절'이라고 부른다. 충분한 사랑을 주면서 동시에 충분한 사랑 속에서 좌절을 주어야 한다. 충족(애착 형성)과 거절(욕구 거절)이 모두 사랑의 행동임을 납득시키는 것은 매우 어려운 일이다. 이를 위해 좌절했을 때 상처를 위로하며 만져주어야 한다. 대상관계에서는 아이의 욕구를 충족시켜 주되 적절하게 좌절을 주는 엄마를 '충분히 좋은 엄마(good enough mother)'라고 한다. 아이는 적절한 좌절을 통해서 성숙한다. 적절한 사랑과 적절한 좌절을 주기 위해서는 엄마에게 민감성이 필요하다.

2. 유치기의 성격 발달

1) 건강한 주도성 확립

유치기는 대략 4~6세의 시기로, 자신과 타인의 성기에 관심을 갖게 되고 성인의 역할을 상상하고 한쪽 부모와 경쟁관계를 느끼는 오이디푸스 콤플렉스 시기에 해당한다. 이 시기의 특징은 능동성과 주도성, 공격성이다. 남아의 경우는 공격적이며, 여아의 경우는 물건을 낚아채서 꼭 잡거나 사랑스럽거나 매력적인 태도를 통해서 자신의 공격적인 태도를 은밀히 나타내려고 한다(심수명, 2010).

이 단계는 인간관계가 부모와 더불어 다른 식구들에게까지 확대된 상태이기 때문에, 호기심이나 공격적 행위를 적절하게 제한하지 못하고, 주도성이 너무 지나치면 타인을 간섭하고 침입하는 특성이 나타나기도 한다. 신체적으로 다른 아이들을 밀거나, 물거나, 때리며, 넘치는 에너지로 다른 사람들이나 친구들에게 좋지 않은 언행을 함으로써 상처를 주기도 한다.

이 시기의 아이들의 행동은 목표 지향적이고 경쟁적이며 상상력이 풍부하다. 이때 자신이 계획했던 목표, 그리고 자신이 속으로 꿈꾸어 왔던 환상이 무너지면 의욕이 사라지면서 억압을 하게 된다. 즉 주도성이 꺾이게 된다. 주도성은 '계획을 세우고, 목표를 설정하며 그것을 달성하게 하는 것'인데 이것을 잃어버리게 되는 것이다.

주도성이 있으면 목적의식이 뚜렷해진다. 목적의식이란 자신이 가치가 있다고 하는 것을 설정하고 추구해 나가는 것이다. 목적을 달성하기 위해 필요한 것은 자신을 조절하고 통제할 수 있는 능력이다. 그러므로 주도성은 통제능력이 있을 때 획득할 수 있는 덕목이다. 주도성이 없는 아이는 목적의식을 가지지 못하며, 목적의식을 가지지 못하면 도전적으로 새로운 일을 하지도 못한다. 여기에서 주의해야 할 것은 자기가 원하는 대로 다 하는 것이 주도성이 아니라는 것이다. 자녀의 기를 살린다고 자녀들의 잘못된 행동을 방관하는 경우가 있다. 건강한 주도성은 남에게 피해를 주지 않으면서 자신이 원하는 목적을 가지고, 계획을 세우며, 행동하는 것임을 이 시기에 분명히 알려주고 훈련시켜야 한다.

2) 부모의 역할

아동이 지나치게 죄의식을 느끼게 되면 주도성이 약해진다. 그러므로 부모(교사)들은 자신의 권위를 다소 완화하고 아동들이 부모와 동등한 자격을 갖고 자신의 의견을 이야기할 수 있는 분위기를 조성해 주어 주도성을 키워나가도록 해 주어야 한다.

아동이 주도성이 지나쳐서 남에게 피해를 입혔을 때, 피해를 끼쳤다는 사실을 가르쳐줘야 한다. 건강한 주도성이란 자신이 원하는 것을 할 수는 있으나 타인에게 피해를 주어서는 안 된다는 것을 분명히 가르쳐주어야 한다. 위의 경우와 반대로 자신이 해를 입었을 때는 적절하게 자신을 보호하는 것도 알려주어야 한다. 이 시기에 어린이집이나 유치원에서 울고 오거나 위축되는 경우가 있는데 이때 자신을 보호하는 법을 구체적으로 알려주어야 한다. 그래야 외부 활동에 적극적이 될 수 있다.

3. 아동기의 성격 발달

1) 근면성 확립

이 단계는 초등학생 시기로 성적 충동이 잠복기로 들어가며, 인간관계도 가족에서 학교라는 사회로 넓어진다. 이 시기에 사회에서 성인과 같은 기능을 감당할 수 있도록 기술을 습득하고 일을 하도록 요구받는다. 따라서 이 시기에는 근면성을 획득해야 한다. 근면이란 학업을 시작하면서 작업의 원칙을 익히고 기술을 습득하는 것이며, 이런 과정에서 쾌락이나 보람을 느끼고 성취감을 얻는다. 노는 것만을 즐기는 어린이가 아니라 무엇을 만듦으로써 인정을 받고 스스로도 뭔가 생산적이라는 느낌을 갖도록 해야 한다(심수명, 2010).

이런 사회적인 기능을 배우는 것은 건강한 자존감 형성에 있어서 중요하다. 근면을 통하여 아이들은 자신이 어떠한 실적을 만들어서 인정받는 법을 알게 된다. 학령기 아이들은 학교에서 하는 모든 일에서 친구, 부모, 그리고 선생님으로부터 인정받고 싶어 한다. 그래서 근면한 태도를 가지고 꾸준하게 지속적으로 열심히 해야 인정받을 수 있음을 배우고 습득해야 한다. 근면해서 교사의 집중을 받고, 친구들의 집중을 받고 인정을 받는 경험이 계속되면 유능감(자신감)이 생긴다. 유능감이 있으면 어떤 일을 시작하기 전에 실패에 대한 두려움이 적다.

그런데 근면성이 발달되지 않으면 열등감에 빠진다. 도구를 다루는 기술이 친구들에 비해 뒤떨어져서 바람직한 결과를 나타내지 못한 결과 열등감이 생기는 것이다. 열등감은 친구들 사이에서 사회적 신분이 낮아진 것을 의미하며 교사의 관심을 끌지 못하는 처지를 의미한다. 열등감에 빠진 아이들은 학교생활보다는 집안에서의 생활을 더 좋아하기도 하는데 이것은 소극적 의미에서는 그 소속집단에 대한 무관심이고, 적극적으로는 소속집단으로부터 이탈을 원하는 것이다. 이렇게 되면 낮은 자존감을 가지고 자신의 과거, 현재, 그리고 미래를 결정하는 위험에 빠진다.

열등감이 있으면 실패에 대한 두려움이 생기면서 '못하겠다'라는 생각이 들고 실제로 "못해"라는 말을 많이 한다. 그 결과 창조성이 떨어지고 틀에 박힌 대로 하거나 일을 완수해 내지 못한다. 유능한 아이는 일을 창조적으로 하기 때문에 질투를 하지 않지만, 유능감이 부족하면 나보다 잘하는 사람에 대해 질투심이 생긴다. 질투심이 생기면 질투하느라 다른 곳에 사용해야 할 에너지를 질투하는데 소비하기 때문에 부정적인 결과를 초래하게 된다.

2) 부모의 역할

가정과 학교에서 인정받지 못할 때 아이는 '나는 부적절한 아이'라고 생각하며 자신을 극도로 제한하게 된다. 이때 '못해도 괜찮다거나 못해도 상관없이 예쁘다.'라고 말하는 것은 적절하지 않다. 학업 성취감을 키워 지적 발달을 촉진하고, 학교 과제를 근면하게 수행할 수 있는 실력을 키우도록 해야 한다. 실력이 없는데 괜찮다고 하는 말은 아동에게 아무 도움이 되지 않는다.

열등감을 전혀 느끼지 않는 아이는 없다. 그러나 열등감이 지나치면 부정적인 생각, 사람과 세상에 대한 불신, 그리고 질투가 생길 수 있다. 그러므로 '과제를 완수함에 있어서 솜씨와 지성을 자유롭게 발휘하도록' 돕고 적절한 실력을 개발함으로써 자신에 대하여 보람을 느끼고 자신에 대한 자존감이 높아지도록 도와야 한다.

4. 건강한 발달을 위해 아동에게 필요한 것

1) 좋은 부모와 좋은 가정환경

발달심리학자들에 의하면 아동이 건강하게 자라기 위해서는 따뜻하고 사랑이 넘치고 안정된 가정환경이 중요하다고 한다. 그런데 현재의 아버지들은 좋은 가정환경을 제공하기 위해서 돈을 벌기 위해 일하고, 밤에는 취미활동이나 쉬는 시간을 가지는 것에 할애한다. 어머니들도 직장생활을 하고, 퇴근 후에는 식사, 설거지, 청소 등 밀린 집안일을 하느라(이것도 다 아동과 가정을 위한 일이지만), 정작 아동에게 신경을 쓸 여력은 없다. 아이러니하게도 부모 모두 아이를 위해 자신의 역할을 감당하느라 아동과 함께 하는 시간을 내지 못한다. 아동은 그들이 필요로 하는 보살핌과 지도를 부모로부터 충분히 제공받지 못하고 충분히 대화할 시간도 갖지 못하고 있다. 이러는 사이에 아동의 문제는 곪아 터지거나 아예 억압한 채 아무렇지 않은 듯 살아가고 있는 경우가 점차 많아지고 있다.

드라이커스(Rudolf Dreikurs, 1964)는 가장 이상적인 부모와 자녀 관계는 민주적인 관계라고 보고 부모와 교사는 아이의 행동을 이해하고 효과적으로 행동할 수 있어야 한다고 했다. 그는 아이의 잘못된 행동을 때리거나 야단쳐서 고치려 하지 말고 민주적인 방식을 써야 한다고 했다. 또한 다른 사람들과의 관계에서 아이가 어떻게 행동하는지 관찰해야 한다고 했다. 서로 존중하는 민주적이고 인격적인 분위기에서 성장한 아이들은 자신감과 책임감을 갖게 되기 때문에 독립적이면서도 바른 아이로 자랄 수 있다.

그렇다면 민주적인 부모의 행동원칙은 무엇인지 살펴보자.

- 자신의 위치를 찾으려는 아이의 마음 이해하기
- 아이의 행동 뒤에 숨겨진 잘못된 것을 찾아 바르게 바꾸도록 돕기
- 일관성 있게 행동하기
- 아이의 말에 귀 기울이기
- 아이들 간의 싸움에 간섭하지 말고 관찰하다가 필요할 때 개입하기
- 질서의 필요성을 경험으로 깨닫게 하기
- 아이의 부당한 요구에 '안 돼'라고 말하기
- 아이들에게 하는 말투와 표정에 신경 쓰기
- 힘겨루기를 초래하는 권위적인 명령 피하기
- 상황에 알맞은 칭찬, 인정, 격려로 아이를 격려하기
- 상과 벌을 남발하지 않기

- 과잉보호로 아이를 무기력하게 키우지 않기
- 아이의 올바른 행동에는 칭찬을, 잘못된 행동에는 자연적, 논리적 귀결의 원칙 경험하게 하기
- 민주적이며 건강하고 상보적인 의사소통 훈련하기

드라이커스는 어른이든 아이든 인간은 모두 동등한 권리를 갖고 있다고 보았다. 따라서 부모와 자녀가 상호 존중하는 법을 배워야 하는데, 자녀를 존중하여 부모와 동등한 권리를 갖는 것을 지나치게 허용하는 것과 혼동해서는 안 된다고 하였다. 부모와 자녀는 인간적인 가치에 있어서 동등하지만 사회질서 유지라는 측면에서 아이는 부모의 권위를 따라야 한다. 그리고 다른 사람에게 폐를 끼치지 않는 법도 배워야 한다. 아이들은 주어진 한계 내에서 자유를 누리도록 하고, 부모는 민주적인 양육태도로 아이를 대하고 이해하고 격려하면 아이들은 자발적으로 행동을 조절할 수 있는 능력을 갖게 된다.

아동은 인격적이고 민주적인 부모를 원하지만 가족에 대해서도 다음과 같이 되기를 바란다(Humphreys, 2004).

첫째, 가족 분위기가 긍정적이기를 바란다. 어느 집이든 그 집의 분위기가 있다. 팽팽한 긴장감이 감도는 집, 엄숙한 집, 일부러 꾸민 듯한 집, 격식을 중시하는 집, 서로 경쟁하는 집, 웃음이 넘치는 집, 배려하는 집, 격식을 차리지 않는 집도 있다. 아동은 조건 없는 사랑, 배려, 지지, 이해를 받을 수 있는 가족, 즐겁고, 빨리 돌아가고 싶고, 친구들을 초대하고 싶은 가족을 원한다.

둘째, 물질적 욕구를 충족하고 싶어 한다. 아동은 안정된 가족과 함께

물질적 욕구를 충족시켜줄 수 있는 부모를 원한다. 기본적인 물질적 욕구가 가족 내에서 충족되지 않으면 정서적, 사교적 욕구 또한 충족되지 않는 경우가 많다.

셋째, 가족이 화목하고 질서가 있기를 바란다. 부모가 리더십을 가지고 가족 안에서 질서를 만들어주기를 바란다. 문제가 생겼을 때 인격적이고 민주적인 부모가 문제를 해결해주는 것을 보고 싶어 하며 자기도 따라 하고 싶은 욕구가 있다. 또한 화목한 가족 안에 외부인들(조부모, 친척, 친구, 이웃 등)이 끼어들지 않기를 바라며, 힘이 있는 부모가 가족의 울타리를 든든히 유지해주기를 바란다. 믿음직하고 든든한 부모를 둔 아이는 높은 자존감을 가지고 살아갈 수 있다.

넷째, 감정과 기분을 마음껏 드러내고 싶어 한다. 감정을 참고 억누르는 것은 결국 나중에 더 큰 문제로 발전하게 된다. 가족 내에서는 어떤 이야기를 해도 안전하다는 느낌이 들도록 해야 한다. 가정에서는 가족구성원들이 다른 사람에게 피해를 주지 않는 선에서 자신들의 감정과 욕구를 마음껏 드러낼 수 있도록 보호해주어야 한다.

다섯째, 가족 모임에 참여하기를 바란다. 가족의 분위기는 그 구성원들이 접촉하는 횟수가 많을수록 좋아진다고 한다. 가족이 긍정적인 상호작용을 많이 할수록 '한 가족'이라는 느낌은 더욱 커진다. 함께 밥을 먹거나 여가시간을 보내는 것은 가족이 함께 뭉칠 수 있는 좋은 기회다. 이런 모임을 통해 가족으로서 핵심적인 가치와 기대, 책임을 공유할 수 있다.

여섯째, 집안일을 나누고 싶어 한다. 집안일을 책임지는 것은 부모만의 책임이 아니라 가족 모두의 책임임을 알려줘야 한다. 아이에게 집안일을 시킬 때는 일을 한 것에 대해 물질적으로 보상해서는 안 된다. 집안일을 함께 나누는 것은 가족의 일원이라는 데 의미가 있기 때문이다. 집안일 분담은 무엇보다 공평해야 하며, 일을 맡길 때 부정적으로 표현하지 않도록 주의해야 한다.

일곱째, 영적 감각을 계발하고 싶은 욕구가 있다. 하나님께서는 인간을 하나님의 형상을 닮은 존재로 만드셨기에 인간에게는 하나님에 대해 알고 싶고 하나님을 만나고 싶은 욕구가 내재되어 있다. 그러므로 가정에서 하나님, 말씀, 교회, 비전, 기도와 찬양 등에 대한 이야기와 만남의 시간이 있도록 분위기를 조성할 필요가 있다. 가정에서 영적인 면을 발견할 수 있도록 도와줄 때 아동의 전인은 행복하다.

2) 개인적 욕구 충족

아동을 잘 돕기 위해서는 무엇보다도 아동의 개인적 욕구는 무엇인지 알고 그것을 건강하게 충족시켜 줄 수 있어야 한다. 인간의 욕구에 관심을 가진 심리학자들은 저마다 인간의 욕구에 대하여 다양한 의견을 내놓고 있는데 그 중에서도 아동에게 가장 필요한 것은 식욕, 갈증, 호흡, 수면, 휴식, 배설, 고통회피 등과 같은 생명 유지에 필요한 기본적인 생리적 욕구 충족이다. 또한 아동은 누구보다도 인정받고 싶은 욕구를 가지고 있다. 그래서 인정받지 못하는 아동은 심리적으로 위축이 되며, 자신감이 떨어진다. 아동은 자신에 대하여 자신감을 가지고 싶어 한다. 그리고 부모, 교사, 친구와 좋은 관계를 맺고 싶은 욕구가 있다.

토니 험프리스(Humphreys, 2004)는 아동의 욕구를 다음과 같이 열거하면서 이러한 욕구는 부모의 욕구도 된다고 하였다. 인간이라면 가지고 있는 다양한 욕구는 무엇일지 살펴보자.

사랑과 애정을 받고 싶은 욕구, 필요한 존재라고 느끼고 싶은 욕구,

버림받지 않을 거라 확신하고 싶은 욕구, 긍정적 경험을 하고 싶은 욕구, 남에게 존중받고 싶은 욕구, 위험으로부터 보호받고 싶은 욕구, 한계를 두지 않으려는 욕구, 안정을 느끼고 싶은 욕구, 서로의 능력을 믿고 싶은 욕구, 새로운 것에 도전하고 싶은 욕구, 상담하고 인도받고 싶은 욕구, 스스로 결정하고 싶은 욕구, 자유로워지고 싶은 욕구, 자신감을 갖고 싶은 욕구, 유머감각을 갖고 싶은 욕구 등이다.

따라서 부모는 아이들이 어릴 때부터 다양한 욕구에 반응하면서 스스로 책임지는 법을 익혀가도록 하나씩 가르쳐야 한다. 부모가 자신의 욕구를 어떻게 채우는지, 또 아이들의 욕구를 어떻게 채워주는지, 아이들은 그대로 보고 배운다. 아이의 욕구를 부모가 채워주지 않을 경우, 자신의 욕구와 다른 사람의 욕구를 무시하는 행동을 익힌다. 그런 행동패턴은 사춘기는 물론 어른이 되어도 그대로 나타난다. 반대로 부모가 아이의 욕구를 무조건 들어주거나 너무 떠받들면 아이는 스스로 돌볼 능력을 잃게 된다. 그러면 커서도 자신을 책임져줄 다른 사람을 찾고 의존하게 된다. 이 양극단 사이에 건강한 중간 영역이 있다. 먼저 부모는 아이의 욕구뿐만 아니라 자신의 기본적인 욕구가 무엇인지 분명히 알아야 한다. 그래야 자신의 책임을 다 할 수 있다.

정신분석학자인 시몬(Simon, 1988)은 아동에게 자존감과 정신 건강이 중요하다고 하였다. 자존감은 생산적인 활동과 관계들의 산물이며, 정신 건강의 열쇠는 가족, 그리고 학교에서의 학업과 또래 및 다른 사람과의 관계에 있다. 시몬은 아동에게 다음의 조건들이 충족되었을 때 건강한 자존감과 정신 건강이 유지된다고 하였다.

- 소속감: 아동은 자신의 가족이나 공동체(학교, 교회, 학원 등)에 소속되어 있고 연관되어 있다는 느낌이 필요하다. 특히 아동이 성장함에 따라 또래 집단에서의 소속감은 정말 중요하다.
- 아동의 지지자: 아동은 자신을 도울 수 있다고 믿을 만한 옹호자가 적어도 한 사람 이상 필요하다.
- 위험 관리 및 도전 정신: 아동이 위험을 무릅쓰고 도전 과제를 완수할 수 있을 때 자존감은 커진다.
- 책임감: 아동은 성장함에 따라 자신의 삶을 자신이 적절하게 통제할 수 있도록 연습할 필요가 있다.
- 독특성: 아동은 자신이 특별하다고 느낄 필요가 있다.
- 생산성(성취감): 아동은 자신이 한 일에 대해 결과가 있을 때 자존감이 높아진다. 생산적인 활동에 대한 지지와 격려는 아동의 자신감을 키워준다.

3) 부정적인 요인 해결

정상 아동의 발달과제는 독립 성취, 또래와의 관계 맺기, 자기 가치감과 자신감 획득, 소속감 발달, 변화하는 신체에 대처하기, 새로운 사고방식과 정보 습득이다. 이러한 과제가 성취되지 못하면 가정이나 학교에서 주어지는 일을 주도적으로 감당하지 못하며, 외부에서 일어나는 변화에 적응하지 못하는 어려움에 직면하게 되므로 부모와 교사의 역할이 무엇보다 중요하다.

아동기의 건강한 발달은 청소년기와 성인기의 사회적 적응이나 성격 발달에 중요한 지표로 작용한다. 아동의 문제 행동은 청소년기와 성인기의 문제를 예견해주고 있으므로 아동의 문제의 원인과 해결 방안을 찾으려는 노력은 중요하다. 아동기에 발생한 학습문제, 사회적 문제, 행동문제를 간과할 경우, 청소년기가 되었을 때 약물남용, 가출, 학교 중도탈락, 성매매, 자살, 학교폭력, 집단따돌림 등 심각성이 증폭되어 사회적 문제로 발전하게 된다. 따라서 아동 문제의 예방과 해결뿐만 아니라 이들의 건전한 성장과 발달을 도모하기 위해서는 아동 발달에 부정적인 영향을 미치는 요인이 무엇인지 파악하여 가능한 조기에 적절한 개입이 이루어져야 한다.

아동발달에 부정적인 영향을 미치는 요인은 다음과 같이 크게 4가지로 살펴볼 수 있다(이향숙 외, 2011).

첫째, 가족 기능의 약화는 아동 문제를 야기하는 중요한 요인으로 작용한다. 현대 사회는 과거와는 비교할 수 없을 정도로 속도와 내용 면에서 크게 변화하고 있으며, 우리는 이러한 새로운 환경에 적응해야만 한다. 전통적인 가족의 순기능인 돌봄과 정서적 기능의 약화는 아이들이 가족 안에서 충족되어야 하는 심리적이고 정서적인 돌봄의 약화를 불러왔다. 특히 부모와 아동 간의 질적인 상호작용 양이 줄어들게 됨으로써 다양한 심리적 문제를 야기하기도 한다.

둘째, 학교 폭력 및 학교 왕따 문화는 아동의 문제를 심각하게 만드는 중요한 사회 환경으로 작용한다. 이러한 현상은 아동의 문제가 단순히 발달상의 문제가 아닌, 심각한 수준임을 반영하는 지표로 작용하고, 아동기 문제가 그 골이 깊어지고 문제의 심각성이 더 깊어진다는 것을 반영하는 것이라 할 수 있다.

셋째, 인터넷과 스마트폰의 영향은 아동에게 현실 세계에서의 접촉과 상호작용의 경험을 줄어들게 만들고, 가상현실 속에서 부적절한 방식으로 문제를 해결하려는 심리적 요인을 야기하는 요인으로 작용하게 된다. 이러한 영향을 많이 받으면 받을수록 아동은 점차 현실과 비현실의 구별이 모호하고 사람과 상호작용하는 방법을 알지 못하게 된다. 그리고 건강한 성인 문화를 접하는 기회를 잃어버리고, 폭력적인 화면에 노출되면서 더욱 폭력적인 성향이 늘어나게 된다. 이러한 문화는 아동의 심리를 어지럽게 만들고 실제적으로 필요한 인내력과 자기 통제력을 상실하게 하는 부정적인 요인으로 작용하고 있다.

넷째, 경쟁적인 사회 분위기와 교육 문화는 아동의 스트레스를 가중시키는 중요한 요인으로 작용한다. 사회가 복잡해지고 성공지상주의와 학벌지상주의가 팽배해지면서 아직 어린 아동들에게까지 학업과 성공에 대한 스트레스가 가해지고 있다. 아동들에게 "앞으로 커서 뭐가 되고 싶냐?"고 물으면 많은 아동들이 '돈을 많이 버는 것'이라고 대답하는 현실이 아동의 건강한 발달을 저해하고 있음을 알 수 있다. 경쟁적이고 성공에 대한 목표를 강조하는 사회 분위기와 양육은 아동에게 감당하기 어려운 수준의 긴장과 불안, 그리고 무기력감과 열등감을 유발하여 아동에게 우울과 같은 만성적인 질병을 유발하는 요인으로 작용한다.

아동의 문제 행동은 다양한 의미를 포함하고 있고 도움을 요청하는 신호로 작용하기 때문에 보다 어린 나이에 아동이 더 심각한 수준으로 문제가 발전하기 전에 아동을 도울 수 있는 전문적이고 적극적인 노력과 개입이 필요하다. 여기에 아동상담과 부모교육의 자리가 있다.

인지 발달

장 피아제(Jean Piaget)와 인헬더(Inhelder, 1969)는 5~12세 아동은 적어도 인지발달의 두 번째나 세 번째 단계라고 하였다. 5, 6세의 아동은 전조작기에서 인지발달의 구체적 조작기로 막 이동하기 시작하고, 11세 아동은 형식적 조작기로 이동한다. 아동의 인지발달 수준을 아는 것은 아동상담의 성공을 위해 중요하다.

1. 아동의 인지 장애

구체적인 인지적 사고의 초기단계에서, 아동은 그들의 사고 과정에서 더 깊은 발달을 하지 못하는 네 가지 장애에 직면하는데, 그것은 자아중심성(egocentrism) 장애, 중심성 장애, 가역성 장애, 변환 장애다(Thompson & Rudolph, 2001). 여기에서는 자아중심성 장애와 중심성 장애를 자아중심성 장애로, 가역성 장애와 변환 장애를 가역성 장애로 묶어서 설명하고자 한다. 상담자나 부모는 아동이 인지 수준에서 이러한 장애가 있다는 것을 알고 이것을 극복할 수 있도록 충분한 시간을 가지고 도와주어야 한다.

1) 자아중심성 장애

아동의 자아중심적인 특징은 자신이 생각하는 것이 맞고, 한번 생각을 하면 그 생각만 고집하고 다른 관점으로 변화하기가 힘들다는 것이다. 아동은 모든 사람이 자기와 똑같이 생각하고, 자기와 똑같이 행동할 것이라고 믿는다. 자아중심성이 있는 아이는 다른 사람이 자기와 다르다는 것을 모를뿐더러, 심지어 다르다는 증거가 있어도 자신의 생각이 잘못되었다고 생각하지 못한다. 다르다는 증거가 있어도 남들이 자기와 똑같을 것이라는 인지 장애를 가지고 있어서 나와 다른 사람이 다르다는 것을 받아들이지 못하는 특성이 있다.

아동은 다섯 개의 동전이 여섯 개의 동전보다 더 길게 나열되어 있으면 다섯 개의 동전이 더 많다고 지각한다. 아동의 인지가 동전의 개수보다 배열의 길이에 초점이 맞추어진 경우, 그 아동에게 한두 번 가르쳐도 쉽게 생각을 바꾸지 못한다. '왜 이것도 모르냐'고 다그치지 말고 아이가 받아들일 때까지 (아이에 따라 그 기간이 다름) 인내심을 가지고 편안한 마음과 어조로 알려주어야 한다.

2) 가역성 장애

가역성(reversibility)은 '반대로 생각할 수 있는 사고 능력'을 의미한다. 가역성이 안 되는 아동은 문제를 풀 때, 앞에서 뒤로 풀 수는 있어도, 똑같은 문제를 뒤에서 앞으로 풀 수는 없다. 예를 들어 17-8=(   ) 과 같은 문제는 어려워하지 않고 쉽게 푸는 아동이, 17-(   )=8과 같은 산수 문제를 풀지 못하고 어려워하는 것은 아직 가역성이 안 되고 있다는 의미다.

저자의 경우, 첫 아이 4세 무렵에 1, 2, 3 이라는 숫자(기수)를 가르치면서 동시에 하나, 둘, 셋이라는 서수를 가르친 적이 있었다. 잘 따라하기에 욕심을 부려서 거꾸로 10부터 1까지 기수와 서수를 가르쳤다. 그런데 잘 따라하던 아이가 다섯 부터는 모르겠다고 해서 고집피우는 줄 알고 혼을 냈더니 아이가 너무 억울해 하면서 "차라리 나를 치과에 보내라(그 당시에 치과에 다니면서 힘들었기에 그 말의 의미는 날 죽여라, 난 모르겠다는 것으로 추측이 되었음)"라며 진짜 슬프게 울었다. 나중에 같이 목욕하면서 "그렇게 힘들었어?"하고 물어보았더니 "진짜 몰라! 흑흑흑"하고 대성통곡을 하여 내가 여러 번 사과를 하고 달래주었다. 이처럼 아동은 가역적 사고 능력이 아직 형성되기도 전에 그것을 받아들이라고 하면 받아들이지도 못할뿐더러 굉장한 좌절감과 고통을 느낀다.

아동은 종종 물질의 형태가 바뀔 때, 양의 추적에도 실패한다. 예를 들면, 납작하게 편 진흙덩이가 길쭉하게 만든 진흙덩이보다 더 많다고 믿는다. 아동은 보통 7세 이전에는 불가역성 개념만을 가지고 있어서 가역성을 이해하지 못한다. 그래서 만 7세 이전의 아동이 가역성을 이해하지 못할 때, 억지로 그것을 이해시키려 하는 것은 바람직하지 않다. 그리고 이 시기에 가역성이 되지 않는 아동은 상실이나 죽음에 대하여 부적절한 태도를 보인다. 부모가 죽으면 안 된다고 하면서 몇 주 동안 울거나, 자기가 죽으면 어떻게 하냐고 울면서 슬퍼하기도 한다. 이때는 나중에 자연스럽게 이해할 때까지 아동의 입장에서 "엄마, 아빠는 죽지 않을 거야. 너도 죽지 않아."라고 아동의 입장에서 말해주는 것이 도움이 된다. 아동의 인지로 이해할 수 없는 현실을 알려줄 때 아이는 이해가 안 되는 고통과 함께 죽음에 대한 불안에 사로잡혀서 그것에서 헤어나오지 못하고 힘들어 한다는 사실을 염두에 두어야 한다.

가역성 장애와 비슷하게 변환(transformation)에 어려움을 겪는 아동은 사건들을 적당한 순서나 차례로 배열하지 못한다. 아동은 사건들의 관계가 무엇인지 자세히 가르쳐 주어도 이해하지 못하거나, 인과를 이해하거나, 행동 결과를 예측하거나, 자신과 타인들에게 미치는 행동의 결과와 그 영향을 평가하지 못한다. 이것은 아직 변환하는 능력을 형성하지 못해서 그런 것이다. 아직 변환할 수 있는 사고 능력이 안 된 아동은 중간 과정을 이해하지 못한다.

그래서 아동은 사건들을 상황에 관계없이 흑백 또는 옳고 그름으로 보며 자기는 잘못한 것이 없다고 우긴다. 친구와 형제간에 다툼이 일어났을 때 그 과정을 설명해주면서 시시비비를 따져서 알려주면 듣는 그 당시에는 고개를 끄덕이며 듣고 있어도, 다시 물어보면 나는 잘못한 것이 없고 다른 사람(형이나 오빠, 누나 등)이 잘못했다고 결과적으로만 받아들이곤 한다. 이것이 바로 변환 장애를 가지고 있는 아동의 특징이다.

2. 아동의 인지 발달

1) 인지 발달 개념

(1) 동화와 조절

피아제(Jean Piaget)는 인간이 태어날 때는 원초적인 지적 구조(유전)만 가지고 태어난다고 하였다. 그리고 나이가 들면서 환경에 적응해 가기 위해 상호작용하면서 자신의 인지구조를 변형시키고 정교해진다고 말했다. 인지발달은 유기체가 환경과의 상호작용에서 사고와 행위를 재구성하는 적응과정이다. 이 적응과정은 두 개의 하위 과정으로 이루어지는데, 그것이 곧 동화와 조절이다.

'동화(assimilation)'란 새로운 것을 인식할 때 이미 가지고 있는 인지구조에 맞추어 해석하는 것이다. 피아제는 생물학적 지식으로서 동화를 이렇게 설명한다. 예컨대 사람이 음식물을 먹는 것을 보면 음식물을 자기 입의 크기에 알맞게 넣어서 삼키기에 좋도록 씹어 먹는다. 음식물이 위에 들어가면 이것을 소화시킬 수 있는 효소가 분비되어서 음식물은 마침내 소화가 된다. 그래서 유기체의 일부로 흡수가 된다. 이처럼 외부 물질인 음식물을 자신의 입 크기나 치아·위장, 그리고 내분비 체계와 같은 기존의 체제에 맞도록 받아들이는 것을 동화라고 한다.

'조절(accommodation)'은 유기체가 새로운 대상을 기존 체계로는 받아들일 수 없는 경우, 기존 체제를 변형시켜 가는 과정이다. 예컨대 입의 크기보다 더 크거나 치아로 깨물기에 너무 딱딱한 음식물을 먹어야 될 때가 있다. 이런 때는 전보다 입을 더 크게 벌려야 되고, 더 세게 씹거나, 입속에 넣어 침으로 불려서 좀 물렁하게 만들어서 씹어야 한다.

이때 조절 기능을 가진 아이는 기존의 방식과 다른 방식으로 딱딱한 음식을 먹는다. 이것이 조절이다.

동화와 조절은 유기체의 음식물 섭취뿐만 아니라 모든 인지 과정에서 일어난다. 예컨대 '새끼를 낳는 동물은 젖먹이동물'이라고 배운 아동은 자기 나름대로 기존의 '포유동물이라는 이해의 체제'를 갖고 있다. 그 아동에게 '고래는 알을 낳지 않고 새끼를 낳는 동물'이라고 알려주면 그 아동은 고래를 '포유동물'로 인지한다. 외부의 사물에 기존의 체계(틀)를 적용시켜 이해할 때, 이것을 '인지적 동화(cognitive assimilation)'라고 한다.

그러나 새로운 대상이나 사물 위에 기존의 체제, 즉 이해의 틀을 적용시킬 수 없을 때, 아동은 자신의 기존 틀을 변경시키지 않으면 이해가 안 된다. 복숭아를 알고 있는 아동이 살구를 보고 복숭아가 아니라는 것을 알려면, 자신이 가진 복숭아에 대한 기존체제를 바꾸어야 한다. 이런 과정을 '인지적 조절(cognitive accommodation)'이라고 한다. 그리고 '여자는 엄마다.'라고 알고 있었는데 또 다른 새로운 대상이 여자라는 사실을 알게 되면 조절 과정을 통하여 '여자는 엄마뿐만 아니라 누나, 이모, 할머니도 있다'라고 말할 수 있다.

피아제는 이 같은 동화와 조절이 지능발달의 모든 단계에서 나타난다고 보았다. 출생 후 유아기에서 노년기에 이르기까지 계속되는 과정으로 보았다. 이런 측면을 피아제는 기능적 측면이라 했고 기능적 불변성(functional invariant)이라 불렀다. 적응이란 동화와 조절 중 어느 한쪽에 치우치지 않도록 평형을 이루는 것이며, 이것이 곧 살아있는 유기체와 환경간의 상호작용이다.

(2) 도식

'도식(Scheme)'이란 주어진 자극에 대해 적합한 반응을 하는 반응체계를 말한다. 구조(Structure)는 유기체가 생태적으로 가지고 태어나는 것이 아니라, 환경과의 접촉에서 되풀이되는 행동과 경험으로 형성되는 것이다. 도식이 형성되면 비슷한 행동 계열은 이 도식 속에 묶여져 이해된다. 그러므로 도식은 '범주' 또는 '개념'과 비슷하다. 피아제의 도식은 '개념'이란 용어와 동일한 것은 아니지만 유사하다. 그에게 도식은 일종의 감각 운동적 개념(sensorimotor concept)을 형성하는데, 보다 넓은 의미로서는 하나의 체계에 속하는 많은 관계(relation)와 유목(classes)들에 대한 운동의 대응체(motor equivalent)를 형성하는 것이다. 즉 유기체가 사물을 인지하고 대응하는데 사용하는 '지각의 틀'이나 '반응의 틀'이다. 사람들은 도식을 이용해서 세상을 이해한다.

어린 아이는 세상에 태어났을 때 세상에 대한 도식이 없다. 도식보다는 반사 행동을 가지고 있다. 빨기 반사, 파악(쥐는) 반사, (깜짝 놀라는) 모로 반사, (발바닥을 간질이면 발바닥을 펴는) 바빈스키 반사 등이 그것이다. 세상에 대한 경험이 쌓이면 도식이 발달하게 된다. 경험을 하면 할수록 도식이 세분화되고, 세분화되면 될수록 세상을 더 잘 이해하게 된다.

2) 인지 발달 단계

인지가 발달하는 기준은 조작(operation)이 되는가, 되지 않는가로 구분한다. 정신활동이란 머릿속으로 그려 내는 것을 말하는데, 조작은 가역적 정신활동, 즉 다시 되돌이킬 수 있는, 반대로 생각할 수 있는 정신 능력이다. 정신활동의 능력에 따라 세상에 대한 이해가 달라진다. 인지

발달 단계에서 가장 중요한 것은 '조작'이 일어나느냐, 일어나지 않느냐다. 도식의 발달에 따라 인지 발달을 다음의 4단계로 나눈다.

(1) 감각 운동기(출생~2세)

신생아는 출생하여 환경에서 받는 자극에 적응하도록 반응할 수 있는 내적 체계를 형성한다. 이것이 곧 도식이다. 보기, 쥐기, 치기, 때리기 등의 행동모형에 모두 포함되는데 이런 최초의 도식도 타고난 반사 (reflex)로 이루어진다. 피아제는 이 시기에 하는 행동수준의 지능을 '감각적 지능'이라 부르며, 이후에 발달하는 인지의 기초가 된다고 보았다.

신생아나 유아는 몸으로 하는 동작을 통해서 세상을 이해하며 도식을 만들어 나간다. 이들은 눈에 보이지 않는 것은 인식하지 못한다. 정신적인 표식이 없기 때문이다. 예를 들어, 시계를 아기의 앞에 놓고 수건으로 가리면 이 아이에게 시계는 없는 것이다. 그러나 조금 성장한 후, 정신활동이 발달하게 되면 수건으로 시계를 가려도 시계가 수건 아래 있다는 것을 안다. 아이들은 성장함에 따라 점점 정신적으로 사고하며 이미지를 그려 나갈 수 있게 된다.

(2) 전조작기(2세~7세)

전조작기 단계에 해당하는 유치기 아이들에게 집에서 유치원까지 가는 길을 물으면 정상적으로 대답할 수 있지만, 유치원에서 집으로 오는 길을 설명하라고 하면 잘 하지 못한다. 이것은 아직 조작이 이루어지지 않은 증거다. 반대로 유치원에서 집으로 가는 길을 말하라고 하면 말할 수 있지만, 집에서 유치원으로 오는 길을 말하라고 하면 잘 못한다. 집에서 유치원으로 가는 길과 유치원에서 집으로 오는 길을 모두 머릿속에 떠올려서 설명할 수 있는 정신 활동이 가능해야 조작이 이루어진다.

이것이 피아제의 인지 발달에서 가장 중요한 이론이다.8)

감각 운동기에서 전조작기로 넘어갈 때는 언어를 사용하게 된다. 언어는 상징이고, 언어를 구사한다는 것은 실제로 물건이 없어도 그 물건을 머릿속에서 표상할 수 있다. 펜을 가져오라고 하면 그때 머릿속에 펜이 그려져야 한다. 머릿속에 상상이 되어야 가져올 수 있는 것이다. 이것은 1~2세경에 발달하게 된다.

이 시기에 가장 중요한 발달은 대상영속성 개념이 생기는 것이다. 눈에 보이지 않아도 존재한다는 것을 아는 능력이 대상영속성 개념인데 대상영속성 개념을 통해서 아이들은 대상과 자신을 분리하여 인지할 수 있게 된다. 자기에게 보이지 않아도 대상이 존재한다는 것을 알게 되는 것이다.

불행한 사건이나 충격적인 사건을 볼 때 눈을 감고 부정하면 그런 것이 존재하지 않는다고 생각하는 것은 아직 전조작기 단계의 사고를 한다는 증거다. 그러나 보지 않고도 사라지지 않는다는 것을 안다면 대상영속성 개념이 생긴 것이다. 대상영속성 개념이 생겼다는 것은 조작이 가능한 정신활동을 하기 시작했다는 증거다.

이 시기는 아동의 정신적 표상에 의한 사고가 가능하지만, 아직 개념적인 조직능력이 충분히 발달되지 못한 시기로 언어의 발달과 직관적 행동이 나타나는 시기라서 전조작기라 부른다. 조작이란 실재적인 사상을 심상에 내면화하여 그것을 변형시켜 조직하고, 문제해결을 위해서 선택적으로 사용하는 것을 말한다. 전조작 사고기에는 상징적 활동의

---

8) 전조작기 수준에 있는 사람은 어른이 되어서도 다른 사람의 입장에서 생각을 하지 못한다(공감능력 없음). 원칙을 깨닫고 조작이 일어나야 인지 능력이 발달한 것인데 조작능력이 없으면(가역적 정신활동) 대인 관계에 문제가 생긴다. 산술적인 조작은 하더라도, 타인의 정서를 공감하고 배려하지 못한다면 대인 관계에서의 조작은 일어나지 않은 것이다.

증가, 직관적 사고, 자아중심성, 물활론적 사고, 도덕적 실재론, 꿈의 실재론 등이 그 특징으로 나타난다.

(3) 구체적 조작기(7세~11세)

구체적 조작기에 들어선 아동은 사고가 급속히 진전되어 지각적으로 두드러진 대상에게만 자신의 관점을 한정시키지 않고 일반적인 것에까지 관점을 넓힌다. 그래서 일반적인 것으로 관점이 확대되고, 내적인 표상을 갖게 되며, 그 내적 표상을 여러 방식으로 조정할 수 있다. 전 단계의 아동들은 사물의 절대적 속성에 얽매어 사물간의 관계성을 이해하지 못했으나, 이 시기에 이르면 구체적 조작에 의해 사물의 속성을 다룰 수 있고, 사물과의 관계성도 고려할 수 있다.

전조작기에는 하나의 대상에 대한 판단(희다 혹은 검다)만 하는 반면에 구체적 조작기에는 상대적 비교가 가능하다(이것보다 저것이 검다). 또한 실재하는 구체적 사물에 한정하여 논리적 사고가 가능하다. 보존개념에서도 지각 우위 현상을 벗어나 담긴 그릇의 크기가 달라져도 그 속의 양은 일정하여 변동이 없음을 알아챈다. 이때 다른 모양의 그릇에 물을 옮길 때 더하거나 뺀 일이 없으므로 양에는 변동이 없다고 말하면 일치율 혹은 동일성(identity)의 단계에 도달한 것이다. 반면에 수면이 높고, 다른 것은 너비가 넓어서 양의 변동이 없다는 것을 이해한다면 상보율(compensation)을 이해한 것이다. 그리고 원래 있던 그릇에 다시 옮겨 부으면 먼저 것과 똑같아진다고 말하면 역률(inversion)을 이해하게 된 것이다. 아동기에 이르면 이런 것들을 이해할 수 있다.

구체적 조작적 사고가 가능해진 아동은 자아중심성에서 벗어나는 탈중심성이 나타난다. 아동은 양의 차원, 즉 크기, 밝기, 색도에 따라 서열화의 능력을 갖추게 된다. 장난감을 크기가 큰 것에서 작은 것으로,

색도가 짙은 것에서 옅은 것으로 또는 그 반대로 서열화할 수 있다. 즉 사물간의 관계성을 이해할 수 있어 여러 대상과 한 대상을 서로 비교할 수 있게 된다. 그러나 이 시기의 구체적인 사고는 현재 여기에서 일어나는 구체적인 사실에만 한정되기 때문에 구체적 조작기라 부른다. 이 시기 아동의 사고는 가능성의 세계나 가상적 세계는 생각할 수 없다. 그렇지만 아동의 사고는 전 단계에 비추어 괄목할만한 발달을 하고 있다.

탈중심화 능력이 획득되면 귀납적 사고가 가능해진다. 그러나 이때의 사고는 보이는 대상에 한해 국한되어 눈에 보이지 않는 추상적인 문제에 대한 체계적인 사고는 불가능하지만, 과정을 거꾸로 되밟아 나갈 수 있는 가역적 사고능력은 가능하다. 또한 언어의 사회화가 나타난다. 사물을 여러 가지 차원에서 분류할 수 있으며 위치를 바꾸어 놓아도 동일한 것을 이해할 수 있다. 예를 들면, A가 B보다 크고, B가 C보다 크면 결국 A가 C보다 크다는 것도 이해한다.

자기가 알고 있는 부분에 한해서는 조작이 이루어지는 단계로서 보존이란 개념이 중요하다. 보존 개념이 없는 아이들은 큰 컵에 있는 콜라를 아이들이 보는 앞에서 작은 컵에 부어서 어느 컵에 있는 콜라가 더 많은지에 대해서 물어보면 작은 컵의 것이 더 많다고 말한다. 이것은 보존 개념이 없기 때문이다. 부모는 어린아이에게 두 컵에 있는 콜라의 양이 같다는 것을 가르치기 위해 당황하면서 강요하듯이 "똑같잖아."라고 말한다. 아이들은 부모의 분위기를 보면서 콜라가 같다고 말은 하지만 이것은 부모가 원하는 정답이라고 생각했기 때문에 그렇게 말한 것이다.

(4) 형식적 조작기(12세 이상)

형식적 조작단계는 문제해결을 위해 모든 가능한 해결책을 논리적으로 연구해서 문제해결에 이르는 시기를 말한다. 구체적 조작기의 아동들이 시간적·공간적으로 현재, 여기에서 진행되고 있는 사실에 대해 논리적 사고를 하는 반면에, 형식적 조작기의 청소년들은 현실세계를 넘어 추상적으로 사고할 수 있다. 추상적 사고가 가능하면 가설을 세우고, 체계적인 검증 하에 하나의 법칙과 원리를 표출하고 추상적인 개념을 사용하며 여러 가지 사태에도 일반화할 수 있다. 또한 연역적 사고가 가능하고 복합적 사고가 나타나며 사물의 인과관계를 터득한다. 대표적인 행동은 조합적 사고를 하는 것이다.

'조합적 사고(combinational thinking)'란 하나의 문제를 해결하기 위해 여러 가지 가능한 해결책을 논리적으로 궁리하여 결국 몇 가지 해결책을 조합하여 문제해결에 이르는 것을 말한다. 피아제는 다음의 실험을 통해 조합적 사고를 발견했다. 청소년들을 대상으로 무색투명한 네가지 액체를 1, 2, 3, 4의 번호를 붙인 그릇에 넣고, 또 하나의 작은 그릇에 g라는 이름을 붙인 무색투명한 액체를 넣었다. 그리고 피험자들에게 이들 액체를 마음대로 섞어서 노란색이 나오도록 해보라고 하였다. 노란색은 1액체와 3액체, g액체를 섞어야 나타나게 되어 있다.

이 실험에서 전조작기 아동은 사전에 아무 체계도 없이 마구 섞지만, 구체적 조작기 아동은 어느 정도 체계성을 보인다. g그릇의 액체를 그릇 1에 부어본 다음 노란색이 안 나오자, 차례로 그릇 4까지 부어본 것이다. 그래도 노란색이 나오지 않자 포기한다. 이때 3가지 액체를 섞어보라고 힌트를 주면 전조작기 아동은 체계적으로 조합하여 생각하지 못하고 이리저리 시행착오만 반복한다. 그러나 형식적 조작기의 청소년들은 사전에 체계적으로 모든 가능성을 생각한 다음에 섞었기 때문에 결국 노란색을 만들었다. 이처럼 형식적 조작기 단계에서는 조합적 사고와 함께 연역적 사고(deductive thinking)도 할 수 있다.

청소년기에 이르면 미래에 대해, 자신이 나아갈 사회에 대해서도 사고하게 되는데, 이런 과정 속에서 새로운 인지적 능력을 갖추는 것이며,

이 능력으로 이상향의 개념도 갖게 된다. 자유, 정의, 박애 등 추상적 이념에 대해 자기의 생각을 집중시키게 되고 현실과는 다른 가상적 사회를 꿈꾸고 구상한다. 어른이 되어간다는 것은 추상적인 사고를 할 수 있는 능력이 발달하게 된다는 것이다. 어릴 때는 구체적인 사례를 보여주어야 원리를 이해할 수 있다. 기독교 교육도 어릴 때는 구체적인 사례를 들어가며 성경을 가르치지만 성숙해지면 원칙과 의미를 알려주면 된다.

<표 4-1> 피아제의 인지발달 단계

단계	유형	나이	인지적 특징
영유아기	감각 운동기	0~2	· 만지고, 때리고, 물고, 맛보고, 냄새 맡고, 보고, 듣기 등 감각을 통해 학습 · 언어 형성, 습관 형성, 상징적인 의사소통 시작 · 자기와 다른 대상 구별 가능 · 목적이 있는 행동에 참여 · 대상영속성 획득 · 시행착오적 문제 해결 시작
유치기	전 조작기	2~7	· 세상을 직관적으로 이해하고 자아중심적으로 사고 · 이미지, 상상, 상징적 사고 가능하나 논리적이지 못함 · 상당한 수준의 언어 발달, 시행착오적 문제 해결 · 대상을 한 가지 이상으로 분류(예: 모양, 색깔, 크기) · 가역적 사고가 힘듦 · 내림차순보다 오름차순으로 사물을 학습하기 좋아함
아동기	구체적 조작기	7~12	· 가역적 사고가 가능하나 추상적 추론은 힘듦 · 타인의 관점을 이해할 수 있고 자아중심성이 줄어듦 · 구체적인 도움이 있어야 학습이 가능 · 논리적 사고 가능하나 현재 존재하는 것에 가능 · 현실을 환상과 구별할 수 있음 · 집중, 주의, 기억 능력의 향상
청소년 이후	형식적 조작기	12세 이상	· 문제 해결을 위해 대상을 조작할 필요가 없음 · 추상적 사고와 과학적 실험 가능하며 가상적인 상황에 대해서도 논리적, 상대적, 다차원적 사고 가능 · 윤리적, 도덕적 원칙을 이해하고 적용 가능 · 자기 반성적 사고와 높은 수준의 공감적 이해 가능

3. 인지수준에 따른 아동상담

자아중심성이 가장 큰 특징인 전조작기 단계에 있는 아동은 다른 사람의 상황을 공감하는데 어려움이 있다. 피아제는 전조작기 아동의 행동과 사고가 자아 중심적이라고 특징지었다. 아동은 다른 사람의 관점에서 보거나 그 역할을 취할 수 없다. 전조작기 아동은 다른 사람이 자신과 같은 식으로 생각하고, 자신과 같은 것을 한다고 믿고 있다. 그런 점에서 이들의 사고는 아직 자아중심적이다. 이런 아동에게 다른 사람의 입장을 생각해보고 이해해보라고 말하면 효과가 없다.

자아중심성이 강한 전조작기 아동은 그들 자신의 사고에 대해 결코 의문을 가지지 않는다. 그들은 자신의 사고가 유일한 사고라고 생각한다. 그러므로 아동의 인지적 특징을 이해하고 새로운 관점에 대해 설명하면서 아동이 받아들이고 있는지 확인하며, 사고를 확장시키도록 도와주어야 한다. 이때 어른이 '바람직성'을 근거로 올바른 사고를 주입하거나 강요하면 아동은 이해하지 못한다. 높은 수준의 사고를 일찍 받아들인 아이는 오히려 수동적이고 의존적인 성격이 될 수 있으므로 조심해야 한다. 아동의 입장에서 봤을 때 그들의 생각은 항상 논리적이고 정확하다. 아동의 사고의 자아중심성은 의도적인 자아중심성이 아니다. 그들은 자아중심적이지 않은 사고를 할 줄 모르기 때문에 문제를 자아중심적으로 생각하는 것뿐이다.

워즈워스(Wadsworth, 1989)는 아동의 생각과 또래들의 생각이 충돌하는 만 6~7세가 되어서야 타인들과 자아중심적 사고를 조절하기 시작하고 사회적 압력에 굴복하기 시작한다고 하였다. 또래 집단의 사회적 상호작용과 함께 자기 생각이 타인의 생각과 지속적으로 충돌하는 경험은 결국 아동이 자신의 생각에 의문을 품고 증거를 찾도록 한다. 사회적 상호작용에서의 갈등은 아동이 새로운 것을 받아들이는 근원이 된다. 그래서 또래와의 다양한 사회적 상호작용은 인지적 자아중심성을 해체시키는 주요한 요인이 된다. 그러므로 이 시기에 친구와 교사, 부모와 갈등이 일어나는 것을 자연스럽게 받아들이고 갈등 시에 자기중심적 사고가 아니라 새로운 시각을 받아들이도록 도와야 한다. 그리고 타인(부모, 교사, 친구 등)의 새로운 의견을 받아들였을 때 적절한 칭찬을 해주어야 한다.

아동의 인지발달 수준에 따라 교육을 하기 위해서 상담자(또는 부모나 교사)는 각 단계의 특징에 대해 정확하고 구체적으로 알고 있어야 한다. 그리고 같은 연령이라 하더라도 아동마다 인지 수준과 능력이 다르므로 아동의 수준에 맞게 알려주고 설명해주어야 한다. 아직 구체적 사고의 추론을 할 수 없는 아동에게 어렵게 설명해봐야 아이만 혼란스러울 뿐이다. 성급한 마음과 조바심을 갖게 되면 인지 발달의 장애를 극복하지 못할 뿐 아니라 자존감도 낮아질 수 있으므로 아이의 수준에 맞춰주면서 이끌어 주어야 한다.

구체적 사고 단계의 아동은 눈에 보이는 분명한 예를 보여줄 학습 보조기구나 구체적인 지시들이 필요하다(Thompson & Rudolph, 2001). 학습 외에도 태도에 있어 좋은 행동을 강화시키려면 부모가 먼저 삶으로 모범을 보여주어야 효과가 있다. 예를 들어, 부모가 잘못했을 때 사과하는 모습을 보여주면, 본대로 학습하는 시기이므로, 아동은 부모가 보여준 대로 자신도 잘못을 하면 사과를 쉽게 할 수 있다. 그러나 부모가 고집이 세고 완고하며 자기중심적이라면 그 자녀도 자기중심적 특성을 가질 가능성이 높아진다. 이때는 상담자와 교사의 도움이 필요하다. 상담이나 교육이 효과가 있으려면, 아동의 인지 능력 수준에 따라서 알려주어야 한다는 것을 항상 기억하고 있어야 한다.

2부 아동상담과 상담자의 역할

5장

아동상담의 과정

　아동상담의 과정은 내담자인 아동의 성격과 문제 상황, 상담자의 이론적 배경, 상담자와 내담자의 욕구나 가치관에 따라 다양하게 이루어지는 상담 과정을 의미하는데 대부분의 상담 과정에서 먼저 접수면접을 한 다음에 초기, 중기, 말기로 진행한다.

1. 상담실의 물리적 환경 구성

상담을 시작하기 전에 우선 준비해야 하는 것은 시설과 비품 마련이다. 내부 시설과 비품, 실내 디자인 등 물리적 환경을 치료적 효과가 나타날 수 있도록 철저하게 준비해야 한다. 특히 아동상담은 아동이 어리기 때문에 모든 환경이 안전해야 하며, 아동이 머무르고 싶은 장소가 되도록 준비해야 한다. 그래서 물리적 환경과 치료 도구 등도 안전한 것인지 반드시 신경을 써야 한다.

1) 상담실의 물리적 구성

상담실은 안전과 사생활 보호가 되도록 해야 하며, 편안함과 편리함도 있어야 한다. 안전감이 없으면 상담이 불가능하며, 상담소를 방문했을 때 안전한 느낌이 들도록 다른 사람들에게 개방되지 않는 구조가 되도록 동선에도 세심한 배려를 해야 한다. 아동이 상담실을 방문했을 때 철저히 보호받는 느낌이 들어야 아동뿐 아니라 부모도 안전감을 느낄 수 있다. 또한 아동상담은 화장실이 구비되어 있어야 하며, 가구도 아동의 신체적 조건에 맞추어야 한다(김춘경, 2004). 집과 같이 편안하고 아늑한 느낌을 주는 공간이라면 처음 상담실에 온 아동이 마음 편히 활동하고 놀면서 자신을 개방할 수 있을 것이다. 상담실의 공간 크기는 최소 11~14㎡(3~4평) 정도 되는 것이 좋고, 집단 상담실은 23~28㎡(7~8평)가 적당하다(Brems, 1993).

대기실은 아동을 환영하는 분위기가 되어야 하고, 방음도 잘 되어야 한다. 장난감과 비품은 깨끗하면서도 간단한 것이 좋으며, 테이블과 의자도 필요하다. 3~5단짜리 치료도구 정리장에 장난감을 진열하고, 선반은 낮아야 안전하다. 바닥은 세균방지 카펫이나 부드럽고 두꺼운 매트나 장판으로 청소가 가능하며 자주 할 수 있는 소재가 좋다. 아동상담은 활동이 많고 제멋대로인 아이들을 고려하여 벽은 부딪쳐도 다치지 않도록 충돌방지 매트 같은 것으로 둘레를 쳐두는 것이 안전에 도움이 되며 색상은 밝은 색이 좋다. 손을 씻을 수 있는 설비를 해두어 미술활동이나 모래놀이를 쉽게 할 수 있도록 해야 한다. 더러운 것을 싫어하는 아동은 손을 씻을 수 없을 때 각종 활동에 참여하기를 거부할 수도 있다.

2) 치료 도구 준비

아동상담에서는 아동과의 관계를 촉진시키고, 생각과 감정을 표현하도록 하고, 통찰을 얻게 하며, 현실검증의 기회를 제공하고, 아동의 생각과 감정을 표현할 수 있는 치료도구를 사용한다. 도구 선택에 대해 정형화된 지침은 없지만 치료적 관계를 촉진시킬 수 있는 장난감, 카타르시스를 고려한 장난감, 통찰력 발달을 위한 장난감, 방어를 염두에 둔 도구들과 특히 승화를 위한 장난감이 필요하다.

아동이 사용할 도구나 장난감들은 정서적이며 창조적인 표현을 하는 데 도움이 되는 것이어야 하고, 호기심과 탐구심을 자극하도록 흥미로운 것이 좋다. 비언어적 방식을 통해 아동의 심리(마음)를 표현할 수 있게 해 주며, 비구조화된 활동 즉 자유로운 활동을 마음껏 할 수 있도록 고려하고, 다치지 않도록 위험하지 않은 것이어야 한다. 장난감은 아동이 자신의 상태를 편안하면서도 마음껏 표현하기 쉽도록 하는 도구임을 생각하고 선택을 해야 한다. 즉 장난감이 아이의 마음과 심상이 드러나도록 하는 특성이 있는지 고려하여 선택해야 한다. 장난감이나 치료 도구의 선택은 상담자가 하며, 다른 상담자나 전문가의 다양한 의견들을 수렴하여 선택하되, 치료도구 선택의 지침에 대해 미리 알아보고 구입을 해야 실수가 없다.

장난감은 현실생활 장난감, 공격적 장난감, 무서운 장난감, 창의적이고 표현적인 장난감 등을 범주별로 선반에 정리해두고 아이들의 연령과 키에 맞게 비치해두는 것이 좋다. 즉 어리거나 키가 작은 아이들이 사용할 수 있는 것들은 가능한 아래에 두고, 키가 크고 고학년들이 사용할 만한 것들은 좀 더 위에 두는 것이 좋다. 그리고 손쉽게 꺼내 쓰고 다시 제자리에 정리할 수 있는 장이나 선반에 보관할 필요가 있다.

2. 접수면접(초기면접)

1) 접수면접 실시 방법

본격적인 상담을 실시하기에 앞서 아동과 부모, 그리고 아동을 돕기 위해 필요한 정보들을 수집하는 시간을 갖는 것이 좋다. 그래서 아동과 그의 가족들과 함께 면담을 실시하는 시간을 갖는데 이것을 접수면접 또는 초기면접이라고 한다. 접수면접은 아동에 대해 기본적인 정보를 얻을 수 있지만 가족과의 관계 및 역동을 알아볼 수 있는 기회가 되기도 한다. 또한 아동의 대인관계가 어떠한지 평가하고 관찰할 수 있는 시간이 되기도 한다.

접수면접은 아동을 상담할 상담자가 실시하기도 하지만 레지턴트 상담자나 초보 상담자가 진행하기도 하는데 이때 아동을 상담할 상담자는 접수면접 실시 방법 등에 대해 자세히 구조화하여 알려주고 교육해야 한다. 준비되지 않은 상담자가 접수면접을 하게 되면 내담자와 그 가족들의 신뢰가 깨질 수 있다. 그렇게 되면 신뢰감 형성이 어렵거나 신뢰감이 깨질 수 있으므로 접수면접을 경솔히 생각하면 안 된다.

접수면접에서 얻을 정보에 대해서는 면접 전에 어떻게 구조화할지 미리 정해두는 것이 좋다. 상담자는 아동과 가장 중요한 사람들과 만나서 대화하고 상호작용하는 것이므로 면접 시간동안 질문할 것과 해야 할 것에 대해 계획하고 만나야 한다. 일반적으로 초기 접수면접 시간은 1시간 30분 정도지만, 내담아동의 전체 가족과 각 하위체계를 모두 포함한 면접을 할 경우, 3시간 이상이 걸릴 수도 있다. 2시간 이상 소요될 것이 예상되는 경우에는 미리 고지하여 접수면접 시간이 길어짐으로 인해 당황하거나 다음 일정에 차질이 없도록 배려해야 한다. 면접의 구성과 내용은 아동과 가족의 상황에 맞추어 융통성있게 조절할 수 있다.

초기면접에서 얻어야 할 정보는 중요하며 부모에게 면접 양식을 작성하게 하여 증상 아동뿐 아니라 가족의 모든 것에 대한 구체적인 정보를 수집한다. 접수면접 동안 얻어야 할 주제는 ① 현재 문제 ② 가족 관계 ③ 학교 또는 유치원 문제 ④ 사회적 관계 또는 또래 관계 ⑤ 사회문화적인 요소 ⑥ 오락, 흥미, 취미 ⑦ 발달과 건강 문제 ⑧ 미래의 계획 ⑨ 행동 관찰 등이 있다.

초기면접은 다양하게 구조화될 수 있다. 내원한 부모 중 한쪽 부모만 만나거나, 부모를 다 만나거나, 내담 아동만 만나거나 할 수 있다. 내담 아동과 부모를 만나는 것이 가장 일반적인 초기면접 대상자다. 이 외에도 전체 가족을 만나되 한 명씩 만날 수도 있고, 가족 전체를 한꺼번에 만날 수도 있다. 초기면접 또는 접수면접의 방법은 상담자마다 다 다르게 진행할 수 있다. 상담자마다 자신만의 독특한 면접을 실시하고 구조화 할 수 있다. 초기면접에 전체 가족이 모두 협력하는 것은 어렵지만, 최대한 많은 가족이 참여할 때, 내담 아동의 문제를 정확히 진단하고 적절한 치료 계획을 세울 수 있다.

세부적으로 다양한 면접 구조를 형성할 수 있지만, 기본적인 면접 대상을 정리하면, ① 아동과 부모 ② 부모 외의 가족 ③ 그 외 관련된 다른 사람들(교사나 교회지도자, 이웃 등) 순이다. 위의 순서로 면접을 진행한 다음, 접수면접에서 발견한 점을 나누는 피드백 회기로 구성한다.

<표 5-1> 접수면접 항목의 개요(Brems, 1993)

항목	가족구성원	목표
가족 면접	오기를 원하는 가족구성원	1. 현존하는 문제에 관한 정보를 수집 2. 가족 저항 극복하기 3. 모든 가족구성원과 라포 형성하기 4. 가족구조 평가 5. 가족능력 평가 6. 가족과정 평가 7. 가족과 관련된 것 평가
부모 면접	부모역할을 하는 성인	1. 현존하는 문제에 대해 구체적인 것 수집 2. 증세가 있는 아동에 관해 배경이 되는 정보 수집 3. 부모 스타일과 훈육전략 평가 4. 부모의 원가족의 정보 수집 5. 배우자 관계에 대한 정보 수집
형제 면접	면접에 참석한 모든 형제	1. 현존하는 문제에 대한 새로운 견해 2. 가족 내에서 형제의 역할 평가
내담자 면접	증상 아동	1. 라포 형성 2. 정보 수집 3. 치료적 개입단계 설정
피드백	모든 가족구성원	1. 피드백 제공 2. 구체적인 치료 제안하기 3. 치료목표 설정 4. 치료에 대한 가족 준비

2) 아동과 초기면접할 때 주의점

상담자가 아동과 면접을 시작할 때, 아동이 그의 부모와 어떻게 분리하는지, 상담실에 들어가서 현재 상황에 잘 적응하는지, 무엇을 선택했는지, 흥미가 있었는지 등 아동의 모든 행동에 대해서 세심하게 관찰하고 기록할 필요가 있다.

아동과 초기면접을 실시할 때 다음과 같은 목적을 염두에 두고 실시하는 것이 도움이 된다(김춘경, 2004).

- 라포를 형성한다.
- 가능한 많은 정보를 수집하되 평가하거나 단정하지 않는다. 비지시적(nondirective)으로 시행함으로 아동이 자발적으로 선택하게 하고 그것에서 역동적인 암시와 상징을 발견한다.
- 허용적(permissive)인 태도를 가짐으로 감정을 자유롭게 표현하도록 한다.
- 아동을 공감하고, 거울이 되고, 이해하는 느낌을 갖도록 한다.
- 아동과 의사소통할 때 간단한 언어 사용으로 아동이 자신의 생각과 감정을 더 많이 표현하게 하고 은유와 개성적 표현을 이해하도록 한다.
- 아동을 존중하여, 아동이 이끄는 대로, 아동이 표현한 주제에 수동적으로 따라간다.

접수면접 상담자는 초기면접에서 많은 부가적인 정보를 얻기 위해 아동에게 다양한 투사적인 기법을 사용할 수 있다. 주로 사용하는 투사적인 기법은 무의식적인 정보를 얻을 수 있는 것이 유용하다. 보편적으로 사용하는 것은 '세 가지 소망', '무인도에 함께 가고 싶은 사람', '되고 싶은 동물', '아이가 선택한 나이', '좋아하는 색과 숫자' 등이다.

내담자로서 온 아동은 자신의 감정, 행동, 문제를 가지고 상담실에 오며 처음 보는 상담자는 어떤 사람인지 기대를 가지고 온다. 아동은 미지의 장소, 미지의 사람, 미지의 세계에 대한 두려움을 가지고 온다. 또한 왜 상담실에 와야 하는지 모르고 온다. 그래서 아동은 여러 가지 의문과 함께 다음과 같은 다양한 질문을 할 수 있다(Thompson & Rudolph, 2001).

- 상담이 무엇이고, 내가 왜 여기에 와야 하나요?
- 내가 잘못한 것이 있나요? 내가 벌을 받고 있나요?
- 나에게 뭔가 이상이 있나요?
- 엄마와 아빠는 내가 뭔가 이상하다고 생각하나요? 그들은 나를 사랑하나요?
- 선생님은 내가 이상하다고 생각하나요? 친구는 이 사실을 알면 나를 싫어하고 놀리겠죠?
- 얼마나 오래 걸리나요? 언제 집에 가게 되나요?
- 내가 상담받기 싫어하면 바로 집에 갈 수 있나요?
- 내가 무슨 말을 해야 하고, 할 말이 없거나, 잘못 말하면 어쩌죠?
- 가족에 관한 나쁜 말을 해도 되나요?
- 상담자는 내가 말한 내용을 다른 사람(부모나 선생님)에게 이야기하나요?

유능한 상담자라면 아동이 처음 상담실을 방문할 때 갖는 두려움, 걱정 및 질문 등을 이해하고 있어야 하며, 먼저 "이런 두려움이 있지?"라고 말하는 것도 도움이 된다. 아동은 어떤 것을 하도록 강요받을 때 화를 내거나 저항하며 반항하게 된다. 또 상담실을 가는 것에 대해 부당하게 생각하기 때문에 화를 낼 수도 있으며, 가족에 대해 나쁜 이야기를 하는 것에 대해 불편해 할 수도 있다.

상담 시 아동은 어른과 마찬가지로 다음과 같이 저항한다(Thompson & Rudolph, 2001).

- 말하기를 거부하고 중요한 것을 공감하기를 거부하며, 문제가 있다는 것을 부정하며, 관련되지 않은 주제를 말한다.
- 눈을 마주치지 않는다.
- 약속 시간에 늦게 오거나 약속을 어긴다.
- 부정적인 몸짓이나 표정을 지으며 적대적인 불평을 한다.
- 협력하지 않는다(예: 책상 뒤에 숨거나 책상 아래로 숨기).

이런 저런 이유 때문에 아동은 의욕을 가지고 상담에 임하지 않는다. 그래서 가능한 한 아동의 유쾌한 사고, 감정 및 행동을 이끌어내고 부정적인 사고, 감정 및 행동은 피해야 한다. 상담자와의 관계가 편하다고 느낄 때 아동은 자신을 맡기고 편안하게 마음을 열 수 있을 것이다.

3. 상담의 과정

상담의 과정은 크게 초기, 중기, 말기 단계로 나눌 수 있다(김춘경, 2004). 각 과정에서 실시해야 할 것과 상담 기술은 무엇인지 정리해 보고자 한다.

1) 초기 상담

(1) 치료적 환경 및 치료 관계 형성

상담에서 치료적 환경이란 아동의 감정을 자유롭게 표현할 수 있고 강요받지 않는다고 느끼며 신비롭고 비밀이 보장된다는 확신이 드는 환경을 의미한다. 이런 환경이 조성되면 아동은 안정감을 느끼고 자기개방과 감정표현을 할 수 있게 된다. 상담 초기에는 신체적인 안정을 확인하는 규칙들을 아동에게 명확하게 설명하며 무엇보다 신체적인 공격, 장난감이나 가구를 부수는 파괴적 행동은 해서는 안 된다는 것을 알려주어야 한다.

심리적인 안정을 위한 규칙들 즉 회기의 길이, 시작 시간과 끝나는 시간 등 회기의 일반적인 구조, 그리고 회기 간의 간격에 대한 정보를 아동에게 알려주어야 한다. 상담실에 있는 장난감은 상담 시간에는 이용할 수 있지만 항상 그 방에 놔두어야 하는 것도 강조해서 알려주어야 한다. 상담할 때는 상담자가 항상 아동을 위해 대기하고 있다는 사실을 알려주는 것은 아동에게 안정감과 신뢰감을 줄 수 있다.

치료적 관계를 형성하기 위해 상담자는 아동의 사고와 문제를 주의 깊게 듣고 자유롭게 얘기할 수 있는 분위기를 마련해 주어야 한다. 또한 아동이 존중받고 있다고 느끼고 처벌이나 보복의 두려움 없이 마음을 충분히 표현할 수 있도록 도와야 한다. 그래야만 아동은 상담에 대한 거부감 없이 자기인식, 자기탐색, 자기개방을 할 수 있는 용기를 내게 된다.

또한 앞의 초기면접에서도 설명한 바와 같이 아동은 상담에 비협조적일 수 있다. 상담자는 까다로운 아동을 만날 때 상당한 인내가 필요하고 좌절을 잘 견뎌야 한다. 상담자의 주요 업무는 아동과 함께 같은 팀

이 되어 아동이 원하고 요구하는 것을 얻을 수 있는 더 좋은 방법을 찾도록 도와주는 일이다. 저항하는 아동이라도 자기를 변화시키려고 노력하는 사람에게는 정상적으로 반응한다는 사실을 기억하고 있어야 한다.

상담을 성공적으로 진행하기 위해서 첫 번째 단계는 좋은 상담관계, 즉 상담자와 내담자 간의 치료적 협조 관계를 맺는 일이다. 성공적인 상담자를 정의할 때 사용하는 핵심 단어는 '우호적이다, 따뜻하다, 관심이 있다, 진솔하다, 공감을 잘한다, 뭔가 실력이 있어 보인다, 친근감이 느껴진다.' 등이다. 아동은 상담자가 자기를 돌보고, 보호하고, 안전하게 하며, 자기편이라 생각할 때 좋은 상담자라고 생각한다. 이때 '아동의 편'이라는 말은 아동의 가장 좋은 친구보다는 옹호자를 뜻한다. 아동의 옹호자가 된다고 해서 성공적인 상담에 필수적인 공감과 객관성을 유지하지 말라는 것은 아니다(Thompson & Rudolph, 2001).

신체적 접촉이 남용되어서는 안 되지만 적절한 때에 상담자의 진실하고 긍정적인 감정을 표현하는 방법으로 사용하는 것은 아동과의 관계 형성에 도움이 된다. 아주 어린 아동을 제외하고 거의 모든 아이들이 은유를 통해 의사소통하므로 상담자는 이러한 은유와 은유 속에 내포된 상징을 이해할 수 있어야 한다.

(2) 상담 목표 설정

상담 초기에 상담자는 보다 효율적인 상담을 위하여 아동과 함께 서로 수용할 수 있는 상담목표를 결정해야 한다. 아동상담에서 상담의 목표는 대부분 부모가 의뢰해서 이루어지기 때문에 부모가 원하는 상담목표를 상담자가 협의하여 세우기도 한다. 그러나 상담을 받아야 하는 주체가 아동이기 때문에 상담자는 부모가 원하는 목표가 무엇인지 듣고, 아동을 직접적으로 만난 후에 상담목표를 아동과 함께 협의해서 세워야 한다. 이를 위해서는 아동상담의 기본 목표를 알고, 이것을 기본으로 하여 부모의 목표, 상담자에 의해 설정된 목표, 그리고 아동의 목표를 종합적으로 하여 설정하는 것이 좋다.

다음은 모든 아동상담에 적용할 수 있는 기본 목표다(김순혜, 2007).

- 아동이 고통스러운 정서 문제를 다룰 수 있게 한다.
- 아동이 생각, 감정, 행동에서 어느 정도의 일치를 할 수 있게 한다.
- 아동이 자신의 장점은 장점대로, 단점은 단점대로 수용하여 자신을 긍정적으로 느끼게 한다.
- 아동이 부정적 결과를 가져왔던 행동을 변화시킬 수 있게 한다.
- 아동이 환경(예: 학교, 가정) 안에서 편안하게 행동할 수 있게 한다.
- 아동이 발달적 과제를 성공적으로 수행할 수 있는 기회를 최대로 극대화한다.

상담자는 아동과 부모와 협의하여 설정한 상담의 목표에 맞추어 상담을 시작하되 아동의 수준을 고려하여 짧지만 분명하게 이야기하고, 아동이 중요하게 생각하는 이야기로 상담을 진행하는 것이 바람직하다. 상담 목표를 구체적으로 설정한 후, 상담의 전체 계획을 구조화 할 때(사례개념화 설정) 상담자가 여러 가지 이론 및 기법을 절충적으로 접근하면 아동을 보다 더 효과적으로 도울 수 있다. 한 가지 접근법만으로는 효과적인 상담이 이루어질 수 없다. 라자러스(Lazarus, 1981, 1990)는 각 아동의 요구를 충족시키기 위해서는 중다양식적 혹은 포괄적, 절충적 상담을 선택하라고 권고하면서 다음의 'BASIC ID 모델'을 권면하였다.

B(Behavior 행동): 싸움, 파괴, 수다, 절도, 지연 등

A(Affect 정서): 분노 표현, 불안, 공포증, 우울, 의욕상실 등

S(Sensation/School 감각/학교): 두통, 요통, 위통, 신체적 고통/학업, 태만, 지각이나 운동 문제 등

I(Imagery 심상): 악몽, 낮은 자존감, 거부, 공포, 백일몽 및 환상 등

C(Cognition 인지): 비합리적 사고, 목표 설정 곤란, 의사결정 문제, 문제해결 곤란 등

I(Interpersonal Relationships 대인관계): 타인과의 위축(수줍음), 관계적인 문제, 어른과의 갈등, 또래와의 갈등, 가족 문제 등

D(Drugs/Diet 약물/식이요법): 과잉행동, 체중조절 문제, 약물남용, 중독 등

라자러스의 모델은 상담자가 아동과 청소년상담 뿐 아니라 성인을 상담할 때도 적용할 수 있는 모델이다.

(3) 주요 상담 기술

상담 장면에서 상담자는 아동을 돕기 위해 다양한 기술을 사용할 수 있어야 한다. 여기에서는 상담 초기에 사용하면 좋은 기술을 간략하게 설명하고자 하는데 이 기술은 필요에 따라 중기와 말기에도 사용할 수 있다. 다만 초기에 사용하면 좀 더 효과적인 기술이다(김춘경, 2004).

수용

수용(acceptance)이란 내담자의 감정, 행동, 의견이 어떠하든지 간에 그 행동을 판단하거나 진단하지 않고, 칭찬하거나 평가하지 않고 있는 그대로 받아들이는 것이다. 수용은 내담자의 성장, 발전, 건설적 변화를

기대하고 심리적으로 건강한 방향으로 나아가고, 보다 생산적이고 창조적으로 되며 자신의 가능성을 최대한 실현할 수 있도록 관계를 촉진시키는 힘이다. 상담자로부터 수용 받는 경험은 내담자가 자신을 수용할 수 있게 만드는데 이러한 선순환은 상담자와의 관계 뿐 아니라 내담자가 자신에 대해서도 신뢰하게 되며, 더 나아가 다른 사람도 수용할 수 있는 과정으로 이어질 수 있다(심수명, 유근준, 2020).

반영

반영(reflection)은 아동이 상담자에게 말한 것 중에서 메시지 속에 담겨진 감정 혹은 정서를 되돌려 주는 것으로 아동이 말한 것보다는 그 이면에 숨겨진 감정을 파악하여 아동에게 다시 알게 해주는 것이다. 반영(mirroring) 기법은 감정 반영이라고도 하는데 이것은 내담자의 언어적, 비언어적 반응에서 보이는 감정을 상담자가 내담자에게 거울을 비추듯 표현해 주는 것이다. 감정 반영의 목적은 첫째, 말하고 있는 내담자로 하여금 지금 자신이 하고 있는 말을 좀 더 잘 인식하도록 하기 위하여, 둘째, 내담자가 느끼고 있는 느낌을 상담자가 알고 있다는 사실을 그에게 의사소통해 주기 위해서다(이형득 외, 2002).

공감

공감(empathy)은 상담자가 아동이 생각하고 경험한 것을 아동이 느끼고 생각한대로 같이 경험하는 것을 의미한다. 공감이란 '즐거워하는 자들과 함께 즐거워하고 우는 자들과 함께 울라(롬 12:15)'는 것으로, 말하는 사람과 듣는 사람이 같은 수준에서 느끼는 것을 의미한다. 상대방의 눈으로 보고, 그가 느끼는 대로 느끼며, 그 사람 속으로 들어가 그의 생각이나 말하는 구조로 세계를 보는 것이다. 뿐만 아니라 그가 깨달은 대로 이해할 수 있는 의사소통 방법이며 그의 감정과 행동을 알게 되는 능력이다(심수명, 2018a).

침묵

침묵(silence)은 상담자의 침묵과 내담자의 침묵이 있는데, 상담에서 여러 가지 기능으로 쓰일 수 있다. 침묵에는 의도적이고 의미있는 침묵이 있다. 이것은 말을 하지 않음으로써 의사소통의 주도권을 상대방에게 넘겨주는 적극적인 침묵으로 내담자에게 그들이 더 깊이 생각하고 느낄 수 있는 기회를 제공하는 것이다. 수동적 침묵은 대화 중 어색한 상황이나 무슨 말을 해야 할지 모를 때 중단을 메우기 위한 임시적인 침묵으로, 상대방의 말을 방해하지 않으면서도 대화의 연결을 유지하는 역할을 한다. 두 유형 모두 의사소통의 흐름과 내담자의 안정감 형성에 다양한 방식으로 기여한다.

내담자의 침묵은 때로 상담자를 힘들게 하곤 한다. 그러나 침묵은 생각과 감정을 정리하기 위하여, 상담 중에 할 말이 없을 때, 아동이 상담자에 의해 위협받았다고 느낄 때, 처벌받고 비난받는다고 느낄 때 침묵할 수 있다. 이때 상담자는 "만약 네가 좋다면 여기서 말을 안 하고 있어도 괜찮아"라고 말해 줄 수 있다. 침묵은 상담에 저항하는 것일 수도 있으므로 저항의 표시로 침묵하는 것이라면 주의해서 살펴보고 기다려 주면서도 준비되었을 때 말하면 좋겠다고 알려줌으로써 침묵을 깨고 나오도록 도와줄 필요가 있다.

명료화

명료화(clarification)는 내담자의 문제를 거울에 비춰보듯이 분명하게 하는 작업을 말한다. 명료화는 내담자의 말과 반응에서 불분명한 것을 분명하게 해주고, 내담자의 감정이나 생각 속에 암시되어 있는 의미를 보다 분명하게 설명해주는 대화기술이다. 아동이 말한 것이 이해가 안 될 때는 상담자가 자기가 이해한 대로 부가적인 의미를 덧붙이지 말고 다시 물어봄으로 명확하게 이해하는 것이 좋다.

명료화는 대개 다음과 같이 표현할 수 있다(심수명, 2010).

" **가 말하고 싶은 내용이 이것이지? 이런 느낌을 말하고 싶었구나."

"지금 말한 내용을 정리해보면 ……지. 지금 말한 내용은 바로 ……인 것 같은데(또는 정리할 수 있을 것 같은데) 맞니?"

질문

질문(question)하는 것은 상담자가 아동과의 관계를 형성하고 아동의 입장을 이해하기 시작할 때 필요한 정보를 얻는 가장 효과적인 방법이다. 질문은 내담자의 말을 잘못 들었거나, 생각이나 감정을 보다 명확하게 탐색하도록 촉진할 때, 내담자에 관한 추가 정보가 필요할 때, 소극적으로 참여하는 내담자를 격려할 때 등 다양하게 사용할 수 있다. 질문할 때는 갑작스럽게 해서는 안 되고 자연스럽게 질문해야 한다. 초기 상담 과정에서는 주로 개방식 질문을 사용해야 하는데 아동에게 "왜?"라는 이유를 묻는 질문을 피해야 한다. 아동들은 "왜?"라는 질문을 받으면 책망받는다고 느낄 수 있다. 그래서 "왜"라는 질문보다는 "어떤"이라는 말로 질문을 하는 것이 더 바람직하다. "어떤"이라는 질문은 무의식적 동기나 욕망을 다루지 않고 현재 행동에 초점을 두고, 현재 어떤 일이 일어나고 있는지 그리고 어떻게 될 것인지 알아볼 수 있다(김춘경, 2004).

질문할 때 주의해야 하는 것으로는 어렵거나 심각한 질문으로 아동을 압도하지 말아야 하며, 질문에 대답하기 싫으면 하지 않을 권리가 있음을 알려 주는 것이다. 그리고 질문하기 전에 질문이 아동의 문제를 치료하는 데 도움이 될 것인지 방해가 되지는 않을지 반문할 필요가 있다.

비언어적 단서의 활용

상담자는 아동의 비언어 즉 신체언어를 지속적으로 탐색하고 아동의 세계에서 일어나고 있는 일에 관심을 가져야 한다. 아동의 긴장, 지루함, 분노, 무기력, 그리고 저항 등을 드러내는 얼굴 붉힘이나 그 외의 다른 신체언어와 같은 정서적 암시를 찾아야 한다. 예를 들어, 아동이 팔짱을 끼고 다리를 꼬고 있으면 그 아동은 현재 상담에서 일어나고 있는 일에 흥미가 없거나 반항을 보이고 있는 것이다.

2) 중기 상담

아동이 초기상담에서 상담자와 신뢰 관계를 확립하고 상담 목표에 동의하는데 성공했다면 상담은 중기 단계로 넘어가게 된다. 중기 단계에서는 아동이 세상을 보는 관점, 가치, 생활양식이 다루어져야 한다(김춘경, 2004).

(1) 탐색과 분석

중기 단계에서 상담자는 목표 달성을 위해 깊이 있는 탐색과 분석을 보다 구체적으로 실시한다. 이 단계에서 아동은 자신에 대해서, 그리고 자신의 관점이나 태도가 자신의 문제와 어떤 관계가 있는지에 대해서도 더 잘 이해하게 된다. 상담자는 중기과정에서 아동이 자신들에게 중요하다고 느끼는 것, 아동의 가치 등을 다루면서 지속적으로 자기 탐색을 계속하고 자기 이해를 발전시켜 나갈 수 있도록 도와주어야 한다.

(2) 아동의 세계와 생활양식 이해

아동과 상호작용함에 따라 상담자는 아동의 자아상이 상담목표와 문제의 본질에 어떻게 관련되는가에 대해 더 많이 이해하게 된다. 상담자는 아동이 이야기하는 것 모두에 대해 특히 아동이 하는 불평과 잘하지 못하는 이유에 대해 말하는 것을 주의 깊게 경청해야 한다. 많은 경우 아동들은 자신이 상담을 하게 된 원인이 자신에게도 있을 수 있다는 것과 자신의 행동과 태도가 자신의 문제와 어떤 연관성이 있는지 이해하지 못한다. 대신 아동은 교사, 부모, 형제, 친구 또는 다른 또래나 성인의 잘못에 대해 말하곤 한다.

(3) 상담목표 확인 및 상담목표에 도달하도록 돕기

상담 중기에 들어서게 되면 상담자는 아동의 관심사 및 생활사, 그리고 가치관들을 더 많이 알게 된다. 이 과정에서 상담자는 아동이 자신의 삶을 이해하고 해석하도록 돕고 변화하려는 마음을 가지도록 도와야 한다. 그리고 상담자는 아동이 표현한 내용을 가지고 초기에 설정한 목표를 충족시키기 위해 그들이 무엇을 해야 할 것인지에 대해 의사결정을 하도록 도울 수 있어야 한다. 그리고 중기에 와서 상담자는 아동의 긍정적인 면들을 많이 찾아내고 알려주어 아동이 긍정적인 자존감과 자신감을 키워나가도록 도와야 한다. 또한 상담을 진행해나가면서 초기의 상담 목표를 수정하거나 더 확장시켜야 할 때도 있으므로 중장기적인 상담 목표를 새롭게 수립하기도 해야 한다.

(4) 주요 상담기술

중기 상담과정에서는 초기 상담 기술을 계속 사용하면서 다음의 기술도 추가적으로 사용한다(김춘경, 2004).

정보 제공하기

정보 제공하기(information-giving)는 아동이 상담자에게 어떤 정보를 제공해달라는 메시지가 있을 때 필요한 기술이다. 상담자는 여러 가지 지식, 경향, 흥미 등에 대한 정보를 제공해달라는 요청을 받을 때가 있다. 상담자가 정보를 제공할 때 유의해야 할 점은 정보 그 자체보다 아동이 정보를 어떻게 인식하고 어떻게 사용하는가를 이해하는 것이며 많은 양의 정보를 제공하지 않도록 주의를 기울여야 한다. 상담자는 정보에 대한 요구에 직접적으로 반응할 때와 아동이 더 심각한 문제를 숨기기 위해 정보를 요구할 때를 분별하여 적절한 반응을 보여야 한다.

해석하기

해석(interpretation)은 아동이 어떤 특정한 방식으로 행동하는 이유를 파악하는 것으로 아동이 자기 자신의 감정과 행동, 자신의 문제에 대한 통찰력을 발달시키고, 새로운 관점을 생각하고 개발하고 폭넓은 대안을 조사할 수 있도록 돕기 위해 사용되는 기법이다. 해석은 내담자가 그것을 수용해서 이해하고 활용할 수 있을 때에만 효과적이다. 해석은 아동의 말을 새로운 관점으로 바꾸는 것이기 때문에 해석이 잘못될 가능성이 항상 존재한다. 저항을 최소화시키기 위해 "이것은 ……라는 뜻이니?" 혹은 "……라고 볼 수 있니?"라는 가설적인 형식으로 제시되어야 한다.

미완성된 생각

상담자가 아동의 생각이나 다른 여러 가지 주제에 대해 알고 싶을 때 사용할 수 있다. 그리고 상담에서 말하지 않은 것들에 대해서도 논의가 필요하거나 아동이 말하기 힘들지만 꼭 알고 싶은 내용이 있을 때 사용할 수 있다. 문장완성검사를 통해 아동 개인의 욕구 상태, 부모 및 교사, 동성, 이성 친구들에 대한 태도 파악과 성격역동, 그리고 개인의 갈등이나 병리적 내용에 관한 정보를 얻을 수 있다. 상담을 할 때 자신의 이야기를 끌어낼 수 있는 용도로 사용할 수 있다.(아동용 문장완성 검사는 부록을 참조하기 바란다.)

역할놀이

역할놀이(role-play)는 자기 자신과 다른 사람에 대해 이해의 폭을 넓히는 기회가 된다. 아동은 역할놀이를 통해 그들 자신의 선택과 오류적 행동을 탐색할 수 있으며, 새로운 생각을 받아들이는 기회가 될 수 있다. 치료적 관계 형성에 도움을 주고 아동과 적극적으로 상호작용하는 데 도움이 된다.

자기개방

자기개방(self-disclosure)은 상담 중기에 치료를 긍정적인 방향으로 전개시켜 나가게 하는 유용한 기법이다. 자기개방은 자신의 생각, 감정, 욕구, 그리고 비밀 등에 대하여 타인에게 자발적이고 솔직하게 이야기하는 것이다. 상담자의 자기개방은 아동에게 모델이 되어 아동의 자기개방을 증가시킬 수 있다. 내담자를 격려하게 되고, 깊은 수준에 머무르면서 계속 자기개방을 하도록 내담자를 강화하며 치료적 관계와 변화하고자 하는 내담자의 몰입을 견고하게 하는 이점이 있다. 상담자의 자기개방이 치료적 효과가 있지만 너무 많은 자기개방은 역효과를 가져올 수 있으므로 상담자는 조심해서 사용해야 한다(심수명, 유근준, 2020).

3) 말기 상담

말기 단계는 행동을 통하여 처음에 계획한 상담 목표를 성취하는 단계로 아동들이 그들 자신과 다른 사람에게 건설적인 방법으로 행동하는 것을 배우고 익힐 수 있도록 돕는다. 또한 상담을 종결해야 하는 단계로 종결의 좋은 방법은 아동들로 하여금 회기 중에 논의했던 것을 요약하도록 하는 것이 좋다. 요약하는 시간은 아동의 특성을 고려하여 2~4분 정도로 제한해야 하는데, 그 이유는 이 과정 자체가 새로운 사고를 강요하는 것처럼 비칠 수 있기 때문이다.

(1) 주요 상담목표 평가하기

말기 단계에서는 지금까지 목표에 도달하기 위해서 작업해 온 결과와 성취들이 요약되고 평가되어야 한다. 이때 상담자는 반드시 아동이 자신의 문제와 관련된 능력을 이해하는 수준을 평가하여야 하며 아동이 수행할 수 있는 행동 방침을 아동과 합의하여야 한다. 또한 상담 말기에는 아동이 원하면 언제든지 다시 도움을 받을 수 있다는 것을 알려주는 것도 필요하다(추후상담의 필요성 제시).

(2) 주요 상담기술

문제해결능력 키우기

상담자는 아동의 문제를 해결해주는 것이 아니라 아동 스스로 자신의 문제 해결에 책임이 있음을 깨우치게 하고 문제해결 능력을 신장시켜 주어야 한다. 상담자의 일방적인 해결책 제시는 섣부르고 잘못되기 쉽다. 상담자와 아동은 상담기간 동안 새로운 행동을 시험할 수 있는 계획에 동의하고 어떤 진보를 평가하기 위해서 문제해결과 결정 내리기 과정을 거쳐야 한다.

격려

격려(encourage)의 목적은 아동의 행동을 적극적으로 지지해주고 강화해주어서 아동으로 하여금 용기와 책임감을 가지고 자신의 문제에 당당히 직면하여 자신의 문제를 해결할 수 있도록 돕는 것이다. 격려받은 아동은 자신이 가치 있고 힘이 있고 스스로를 잘 통제하며 잘 행동하고 있다는 느낌을 갖게 된다. 상담자는 치료과정을 통하여 성공적 경험을 계속 할 수 있도록 도와서 아동의 용기와 관심을 확대시켜 주어야 한다. 격려는 칭찬과 인정을 원하는 아동상담에서 특히 중요하다.

자율성 확립

상담자는 상담 관계에서 아동을 도와주는 입장에 있기 때문에 잘못하면 주도성이 너무 지나쳐서 아동의 자율성을 해칠 수 있는 위험성이 있다. 상담에서 도움을 받고 있는 사람은 아동이라 하더라도 그 삶의 주인도 아동이다. 아동이 내담자로 있지만 자신의 행동에 대한 선택과 책임을 져야 함을 일깨워 주어야 한다. 이 말은 아동에게 도움이 되는 어떤 결정이라 하더라도 아동이 스스로 사고하고 판단하고 결정하도록 도와야지, 상담자가 너무 주도권을 가지지 않도록 하는 것을 말한다. 상담을 종결하기에 앞서 아동이 어떤 일을 스스로 할 수 있는 힘을 길러주어야 한다. 아동은 자기 문제를 스스로 해결하지 못하는 경우가 많기 때문에 상담자가 아동이 문제를 해결하도록 돕고 그 이후에는 받은 도움을 가지고 스스로 해결할 수 있도록 독립심을 길러주어야 한다.

톰슨과 루돌프(Thompson & Rudolph, 2001)는 『아동상담의 이론과 실제(Counseling Children)』에서 아동상담을 다음과 같이 6단계로 진행할 수 있다고 제안하였다.

- 1단계: 적극적인 경청을 통한 문제 정의하기
- 2단계: 아동의 기대를 명료화하기
- 3단계: 문제해결을 위해 어떤 일을 해 왔는지 탐색하기
- 4단계: 문제해결을 위해 앞으로 해야 할 새로운 일 탐색하기
- 5단계: 문제해결을 위한 아이디어 중 하나를 결단하고 실행하기
- 6단계: 상담을 종결하기

각 단계가 어렵지 않고 구체적이면서도 명료하게 정의되어 있기 때문에 위의 6단계 모델을 가지고 상담을 진행하는 것도 도움이 된다.

4) 상담에 대한 저항처리

상담을 진행하다 보면 여러 가지 저항을 직면하게 되는데 다음의 경우를 보며 상담에 협조적이지 않은 아동은 어떻게 해야 하는지 생각해 보기 바란다. 저항에 대한 해결책은 아동의 내면에 따라 다르게 적용하는 것이 좋으나 일반적으로 따뜻함, 수용적 태도, 일관성과 단호한 태도로 처리하는 것이 바람직하다(김춘경, 2004).

상담을 거부하고 집에 가려는 아동이 있다. 이런 경우, 아동이 왜 떠나기를 원하는지 알아낸 다음, 요청을 받아줄 것인지 아닌지 결정해야 한다(Spiegel, 1989). 할 말을 다 했으니 더 할 말이 없어서 떠나겠다고 요구하는 아동이 있다면 이것을 기회로 삼아 왜 그런 마음이 드는지, 적극적으로 탐색하는 것이 도움이 된다. '상담 끝나고 가야지. 지금 가

면 안된다.'라고 말하는 것은 전혀 도움이 되지 않는다. 오히려 떠나겠다고 하는 아동의 생각과 감정을 말하도록 돕는 것이 어려운 상황을 적합한 방법으로 다루기 위한 모델이 될 수 있다.

상담자의 개인적인 정보를 묻는 아동도 있다. 상담자는 아동의 질문에 대답하기 전에 그 질문의 숨은 의미가 무엇인지 파악하기 위해 노력하는 것이 더 바람직하다. 만약 그 질문에 대답하려고 하면 매우 간결하게 말하고 '왜 그런 질문을 했는지 알고 싶다.'고 반응하는 것도 함께 고려되어야 한다.

먹을 것이나 자기가 갖고 싶은 것을 사 달라고 하는 아동이 있다면 아동에게 선물을 하는 것이 왜 좋은지에 대한 상담자 자신의 분명한 치료적 이유와 역전이에 의한 행동이 아니라는 확신이 있어야 한다.

갑자기 화장실에 가려는 아동이 있다면 생리적인 것으로만 생각하기보다는 어려운 감정을 표현해야 될 때, 매우 난처한 기분이 들어서 이것을 벗어나기 위한 의도인지 점검해보아야 한다. 실제로 화장실을 가야 하는 경우도 있으므로 무조건 탐색의 기회로 사용하는 것도 위험하므로 민감하게 반응해주어야 한다. 그리고 다음에는 미리 화장실에 다녀와야 된다고 알려주어야 한다.

6장

아동 심리검사와 평가

　아동상담에서 심리검사는 주로 상담 초기에 실시한다. 대부분의 경우 심리검사를 상담 초기에 실시하는 이유는 아동이 보이는 문제의 상태와 원인, 현재의 심리상태를 좀 더 정확하면서도 빠르게 발견하기 위해서다.

1. 심리검사의 역할과 목적

아동을 이해하기 위한 심리검사에는 어떤 것들이 있는지 살펴보고 평가 방법은 어떠해야 하는지 살펴보자.

1) 심리검사 평가 과정

아동의 심리검사를 평가하는 과정으로 다음의 5단계(Kaufman, 1979)가 있는데 상담자는 이 과정을 염두에 두면서 심리검사를 실시할 때 보다 효과적인 결과를 얻어낼 수 있다.

- 1단계: 욕구의 평가 단계

부모 혹은 아동의 주변 사람들이 제공한 정보를 기초로 하여, 아동의 발달 상태나 심리상태를 파악하여 잠재력을 확인한다.

- 2단계: 검사 단계

여러 가지 심리검사를 종합적으로 실시하는 것이 좋으며, 부모나 교사를 대상으로 행동평정척도나 관찰평가 등을 실시한다.

- 3단계: 분석 단계

면담내용, 관찰된 행동, 심리검사의 결과를 분석하여 아동의 현재 발달 상태 등의 결함이나 문제를 돕기 위해 치료적 제안을 계획한다.

- 4단계: 검사결과의 해석과 활용

심리검사 분석결과를 부모에게 효과적으로 전달하기 위하여 명료하고 구체적으로 작성한다.

2) 심리검사 선택 시 고려사항

심리검사의 종류는 굉장히 다양하다. 그러므로 상담자는 심리검사를 선택할 때 원칙을 가지고 선택할 필요가 있는데 다음의 사항을 염두에 두면 도움이 될 것이다.

① 아동이 지닌 문제와의 관련성: 선택할 검사가 검사 실시의 목적에 부합하는지, 아동의 문제를 이해하기 위한 정보를 제공할 수 있는가 하는 것이다.
② 표준화, 타당도, 신뢰도: 검사의 표준화, 타당도, 신뢰도가 우수한 검사를 선택해야 검사의 목적에 따른 결과를 얻어낼 수 있다.
③ 심리검사의 실용성: 검사와 채점이 간편하고, 비용부담이 적은 검사를 선정하는 것이 좋다.

심리검사는 크게 검사의 문항 구성양식과 검사의 제작방법에 따라 객관적 검사와 투사적 검사로 나눌 수 있다. 그리고 측정하고자 하는 구성 개념에 따라 능력검사, 성격검사로 분류할 수 있다. 여기서는 어떤 심리검사가 아동에 적합한지 객관적 검사와 투사적 검사의 장단점을 살펴보고자 한다.

(1) 객관적 검사

객관적 검사(Objective Test)는 평가의 내용이 일정하게 제시되고, 일정한 형식에 따라 반응하게 되므로, 개인들을 상대적으로 비교하려는 목적을 지닌 구조화된 검사다. 객관적 검사는 개인의 독특성보다 개인마다 공통적으로 지니고 있는 특성이나 차원을 기준으로 비교·평가하는 구조적 검사라고 할 수 있다. 대표적인 객관적 검사로는 웩슬러지능검사(성인용, 아동용, 유아용), 다면적 인성검사(MMPI), 직업흥미검사, 학습흥미검사, 적성검사 등이 있다.

객관적 검사의 장점은 다음과 같다.

- 검사 실시의 간편성: 시행과 채점, 해석의 간편성으로 평가자들이 선호한다.
- 검사의 신뢰도 및 타당도: 투사검사에 비해 신뢰도와 타당도가 높다.
- 객관적인 제시: 투사검사에 비해 개인 간 비교가 객관적으로 제시될 수 있다.

객관적 검사의 단점은 다음과 같다.

- 사회적 바람직성: 문항 내용이 사회적으로 바람직한가에 따라 응답 결과에 영향을 받는다.
- 반응 경향성: 개인의 응답 방식에 일정한 흐름이 있어서 결과에 영향을 받는다.
- 문항 내용의 제한성: 문항이 특성 중심적 문항이어서 특정 상황에서의 상호작용 내용이 밝혀지기 어렵다.

(2) 투사적 검사(주관적 검사)

투사적 검사(Projective Test)는 투사(Projection)라는 개념에서 파생된 것으로 개인의 무의식적인 요구들(무의식적 충동, 감정, 생각 및 태도)을 외부로 전가함으로 자기 자신의 긴장을 해소한다는 투사 과정에서 나온 개념이다. 그래서 투사적 검사는 독특한 심리적 특성에 관심을 가지며, 개인의 독특성을 측정하기 위해 실시하는 비구조적 검사다. 대표적인 투사 검사로는 로샤 검사(Rorschach test), 주제통각검사(TAT), 벤더 게슈탈트검사(BGT), 문장완성검사(SCT), 각종 그림검사 등이 있다.

투사검사의 장점은 다음과 같다(Kline, 1993).

- 반응의 독특성: 개인을 이해하는데 매우 유용하다.
- 방어의 어려움: 반응 과정에서 불분명한 검사 자극으로 방어하기가 어렵다.
- 반응의 풍부함: 검사 자극이 모호하고, 지시 방법이 제한되어 있지 않기 때문에 개인의 반응이 다양하게 표현되어 독특한 심리 특성을 반영해 준다.
- 무의식적 내용의 반응: 자극적 성질이 강하여 평소에는 의식화되지 않던 사고나 감정이 자극되어 전의식적이거나 무의식적인 심리적 특성이 반영될 수 있다.

투사검사가 지닌 문제점과 단점은 검사의 낮은 신뢰도, 검사의 빈약한 타당도, 그리고 반응에 대한 상황적 요인에 영향을 받는 것이다.

이처럼 어떤 심리검사도 완벽하지 않고 각각의 장·단점을 지니고 있으므로 상담자가 이러한 점을 인식하고 검사를 실시할 때 전체를 고려하여 선택하는 것이 좋다.

2. 검사의 종류

1) 행동평가척도

행동평가척도는 아동 행동에 관한 표준화된 형식을 사용함으로써, 체계적이고 포괄적인 이해를 가능하게 하며, 비교적 쉽고 경제적이며 효율성이 높은 평가방법이다. 종류로는 다음과 같은 것이 있다.

(1) 한국판 아동행동척도(K-CBCL)

한국판 아동행동척도(Korea-Child Behavior Checklist)는 양육자를 통해 만 6~18세 아동 및 청소년기의 문제 행동을 평가하는 검사로 아동 및 청소년의 생활을 관찰할 수 있는 사람이라면 누구나 작성 가능하다. 대부분 아동 및 청소년을 가장 잘 아는 부모가 작성한다. 가정 외 기관에서 아동 및 청소년을 지도하는 교사라면 다른 검사를 함께 실시할 것을 권한다. 만약 작성자가 본인인 경우, 자기 자신에게 해당한다고 생각하는 정도대로 보고한다. 검사는 평균 15~25분 소요된다. 검사는 문제행동 척도(문제행동 증후군 척도, DSM 진단 척도, 문제행동 특수 척도)와 적응척도(대인관계 및 학업 영역 전반을 평가하는 내용)로 구성되어 있다.

(2) 코너스 평정척도(CRS)

코너스 평정척도(Conners Rating Scales) 6~14세의 아동 및 청소년의 과잉행동(ADHD)을 진단하기 위해 코너스(Conners, 1969)가 개발한 질문지다. 이 척도는 코너스 부모평정척도와 코너스 교사 평정척도, 코너스 단축평정척도가 있다. 1997년 개정된 코너스 평정척도는 청소년용 자기보고 척도를 포함하여 6개의 주요 척도와 5개의 보조 척도로 구성되어 있다.[9] 이 검사지는 ADHD 진단 외에도 가족문제, 정서문제, 분노조절문제, 불안문제 등을 평가할 수 있다. 우리나라의 경우, ADHD 아동의 부모 및 교사용으로 10개 문항으로 구성된 단축평정척도를 주로 사용하고 있다. 단축형 기준으로 부모형은 16점 이상, 교사용은 17점 이상일 때 ADHD로 진단할 수 있다.

---

9) 부모용 척도가 총 80문항, 단축형은 27문항이며, 교사용 척도는 총 59문항, 단축형은 28문항이다.

2) 지능검사

(1) 한국 웩슬러 아동지능검사(K-WISC)

한국 웩슬러 아동지능검사(Korean Wechsler Intelligence Scale for Children)는 학업수행을 예언하는 인지능력평가 검사로써 만 6세~16세된 아동의 지능을 임상적으로 평가할 수 있는 검사로 현재 5판이 사용되고 있다. 5판은 전반적인 지적 능력(전체 IQ)은 물론, 특정 인지 영역(예: 언어 이해, 시공간, 유동추론 등)의 지적 기능을 나타내는 소검사 및 지표점수를 제공한다. 또한 추가적인 임상적 활용을 위한 여러 점수들(예: 처리점수)을 제시한다.[10] 이 검사는 전반적인 인지적 기능 평가 외에도 영재, 지적장애, 인지적 강점과 약점을 확인하기 위해서도 사용할수 있다. 내용으로는 전체 IQ(FSIQ)와 5가지 기본지표점수(언어이해, 시공간, 유동 추론, 작업기억, 처리속도), 5가지 추가지표점수(양적추론, 청각작업기억, 비언어, 일반능력, 인지효율)로 이루어져 있다.

<표 6-1> K-WISC-Ⅴ 지표점수

범주	이름	측정내용
기본 지표	언어이해 (Verbal Comprehension)	언어적 추론, 이해, 개념화, 단어 지식 등을 이용하는 언어 능력 측정
	시공간(Visual Spatial)	시공간 조직화능력, 전체-부분 관계성의 통합 및 종합 능력, 시각적 세부사항에 대한 주의력, 시각-운동 협응능력 측정

---

10) K-WISC-Ⅳ와 달리 소검사가 7개로 수정되면서 전체 IQ를 산출하는데 소요 시간이 단축되었다. 구조적으로 변화한 전체 IQ(FSIQ)와 5가지 기본지표점수와 5가지 추가지표점수를 제공한다. K-WISC Ⅳ에서 13개의 소검사(토막짜기, 공통성, 행렬추론, 숫자, 기호쓰기, 어휘, 동형 찾기, 상식, 공통그림찾기, 순차연결, 선택, 이해, 산수)가 유지되었지만 소검사의 실시 및 채점 절차가 수정되었다.

	유동추론 (Fluid Reasoning)	귀납적 추론, 양적 추론능력, 전반적인 시각 지능, 동시처리, 개념적 사고, 추상적 사고 능력 측정
	작업기억 (Working Memory)	주의력, 집중력, 작업기억 측정
	처리속도 (Processing Speed)	간단한 시각적 정보를 빠르고 정확하게 탐색하고 변별하는 능력, 정신 속도와 소근육 처리 속도 측정
추가 지표	양적추론 (Quantitative Reasoning)	암산능력, 양적 관계를 이해하고 적용하는 능력, 언어적 문제해결 능력 측정
	청각작업기억 (Auditory Working Memory)	청각단기기억, 작업기억, 청각적 순차처리 능력, 정신적 조작 능력 측정
	비언어 지표 (Nonverbal Index)	언어적 요구를 최소화하여 아동의 전반적인 지능 측정
	일반능력 (General Ability)	작업기억과 처리속도 요구를 최소화하여 아동의 전반적인 지능 측정
	인지효율 (Cognitive Proficiency)	학습, 문제해결, 고차원적인 추론 과정에서 이루어지는 정보 처리의 효율성 측정

<표 6-2> K-WISC-V 점수 분포

조합점수 범위	기술적 분류	백분율(%)	
		이론적 정상분포	실제 표본
130이상	최우수 (very superior)	2.5	2.3
120~129	우수(superior)	7.2	6.8
110~119	평균상(high average)	16.6	17.1
90~109	평균(average)	49.5	50.2
80~89	평균하(low average)	15.6	15.0
70~79	경계선(borderline)	6.5	6.1
69이하	지적장애(intellectual disability)	2.1	2.5

검사를 위한 기본 지침

- 검사를 통해 타당한 결과를 산출하기 위해서는 표준화된 실시를 따라야 한다.
- 검사자는 검사도구와 실시 절차에 익숙해져 있어야 하며 검사에 필요한 준비물을 꼼꼼히 챙겨야 한다.
- 검사는 주의가 산만하거나 방해되지 않는 장소에서 실시해야 하며 조용한 실내에서 조명도 밝은 곳에서 실시해야 한다. 가구도 편안하고 아동에게 맞는 크기여야 한다.
- 검사를 실시하는 동안 아동의 협조를 끌어내기 위해서는 라포 형성에 신경을 쓰도록 하며, 아동의 연령 및 여러 상황 등을 고려하여 아동이 친밀하게 느낄 수 있도록 아동에게 접근해야 한다.

이 외에도 만 30개월~12세 5개월까지의 정상 및 특수아동을 대상으로 실시하는 카우프만 아동용 지능검사(Kaufman Assessment Battery for Children)가 있다. 아동의 문제해결능력과 이를 통한 학습의 정도를 비교하며, 아동이 선호하는 정보처리 패턴이 좌뇌 지향적인지 우뇌 지향적인지 비교할 수 있다. 16개의 하위검사로 구성되어 있으며, 연령에 따라 적용되는 검사의 종류 및 수가 달라진다. 장애아나 학습부진아의 진단에 효과적이다. 아동용 외에 청소년 및 성인용도 있다.

3) 성격검사

아동의 성격을 측정하며 그 종류가 다양하다. 객관적 성격검사로는 한국판 아동용 성격검사가 있고, 투사 성격검사로는 한국판 아동용주제통각검사, 장면구성검사, 그림검사 등이 있다.

(1) 한국판 아동용 성격검사(K-PIC)

한국판 아동용 성격검사(The Personality Inventory for Children)의 목적은 아동의 정신과적 문제를 선별·진단하고 학교장면에서 심리적인 도움을 필요로 하는 아동들을 조기에 발견하는 것이다. 만 3~16세 아동과 청소년을 대상으로 행동, 정서, 인지력 그리고 가족관계 등에 대해 알아본다. 검사의 구성은 원래 600문항으로 되어 있고 아동이 응답하는 것이 아니라 부모가 아동의 성격에 대해서 응답하도록 되어 있는 검사로 1부, 2부, 3부로 나누어져 있고, 1부(문항 1-131)에는 응답자의 방어성(L척도)과 4개의 광역요인(요인I 척도: 훈육문제/자기통제력 부족, 요인 II 척도: 사회성의 결손, 요인III 척도: 내재화, 신체적 증후, 요인IV 척도: 인지발달)을 측정할 수 있다. 1부와 2부(문항 1-280)를 완성하면 부정척도(L), 발달척도(Development: DVL), 14개의 임상척도의 축소판을 측정할 수 있다. 3부(문항 1-420)까지 완성하면 4개의 광역요인척도, 12개의 하위척도를 모두 측정할 수 있다.

(2) NEO 성격검사 아동용

NEO 성격검사 아동용(NEO Children Personality Assessment System)은 5요인의 성격특성 이론에 근거한 성격검사로 초등학교 4~6학년 아동을 대상으로 실시한다. 성격 5요인은 사람들이 가지고 있는 5가지 기질적인 특징으로 외향성(Extraversion), 개방성(Openness to new experience), 친화성(Agreeableness), 성실성(Conscientiousness), 신경증(Neuroticism)을 뜻한다. 이 검사는 5요인과 이에 속한 18개의 하위척도를 측정하여 기질적 성격구조와 신경증적 취약성을 함께 측정한다. 각 내용을 표로 정리하면 다음과 같다.

<표 6-3> NEO 성격검사 아동용-5 요인과 하위 척도

5요인	하위척도	설명
외향성 (E)	사회성	사람들을 만나고 함께 하는 것을 좋아하며, 사람들과 잘 어울리는 정도
	지배성	다른 사람들보다 우월한 위치에서 지도력을 발휘하고 싶어 하고, 자기주장을 잘 하는 정도
	자극추구	밝고 화려한 색깔이나 활기찬 환경을 좋아하며, 즐거움과 흥분을 주는 자극적인 것을 원하는 성향
개방성 (O)	창의성	독특한 생각을 하는 것을 즐기며, 상상력이 풍부해 창의성이 높은 정도
	정서성	음악, 미술 등 예술 분야를 좋아하고, 섬세하고 깊은 감정을 풍부하게 느낄 수 있는 정도
	사고 유연성	호기심이 많고 배우고자 하는 마음이 강하며, 논리적, 분석적인 사고와 깊이 생각 할 수 있는 능력을 나타내는 정도
친화성 (A)	온정성	사람들에게 자상하고, 따뜻하고, 친절해 사람들을 순수하게 좋아하고 친밀한 관계를 유지하려는 성향
	신뢰성	사람들이 정직하고 착하다고 보고 다른 사람들을 있는 그대로 믿고 잘 받아들이는 성향
	관용성	다른 사람들의 잘못에 너그럽고, 쉽게 용서하며 갈등적인 관계를 피하려는 성향
성실성 (C)	유능감	자기 스스로 능력이 있고 현명하며, 신중하고 잘 적응하는 사람으로 평가되는 정도
	조직성	정리 정돈된 생활을 잘 유지하며, 일을 규칙적이고 조직적으로 처리하는 성향
	책임감	자신의 엄격한 행동기준이나 의무에 충실하며 책임감을 나타내는 정도
신경증 (N)	불안	늘 불안하고 초조하며, 긴장돼 있으며, 두려움과 걱정이 많은 정도
	적대감	다른 사람을 적으로 보고 화를 내거나 복수하고 공격하고 싶은 정도
	우울	매사에 의욕이 없거나 슬픔, 죄책감, 우울한 감정이 자주 들고 외로움을 느끼며 쉽게 포기하는 성향
	충동성	주의산만하고 한곳에 조용하게 집중을 못하며, 자신을 통제하는 힘이 부족해 한 일에 대해 후회하는 정도
	사회적 위축	사회적 불안 경향으로 타인에게 대해 불편해하며, 쉽게 거북하고 어색하게 느끼게 돼 당황해하는 정도
	정서적 충격	어릴 때 또는 현재 겪고 있는 심리적 충격과 상처를 느끼는 정도

(3) 한국판 아동용 주제통각검사(K-CAT)

　한국판 아동용주제통각검사(Child Apperception Test)는 투사검사로서 대상은 만 3~10세. 이 검사 제작에 벨락(Bellak, 1975)이 동물을 사용한 것은, 아동은 사람보다 동물과 더 동일시하며 아동 특유의 투사를 한다는 생각 때문이었다. 동물은 아동의 의식 수준에서는 친구로, 꿈에서는 동일시 대상으로 중요한 역할을 하며, 사람보다는 아동에게 더 친근한 존재일 수 있다. 국내에서는 김태련과 서봉연(1976)이 벨락의 아동용 주제통각검사를 우리 문화에 맞게 수정·보완하여 한국판을 개발하였다. 검사 도판은 9개의 표준 도판과 보충도판 9장으로 구성되어 있다. 각 그림 도판에는 의인화된 동물들이 등장하며 일상생활에서 흔히 접할 수 있는 장면들로 이루어져 있다. 아동에게 표준 도판을 정해진 순서대로 한 장씩 보여주면서 "지금부터 그림을 가지고 이야기하는 놀이를 해봐요. 내가 그림들을 보여주면 그림들을 보고 거기에 어떤 일이 일어나고 있는지를 말하면 돼요. 이 그림의 동물은 지금 무엇을 하고 있나요? 여기서 지금 무슨 일이 일어나고 있는지 말해보세요."등의 질문을 한다. 아동의 반응을 기록하면서 필요한 경우 추가 질문을 한다. 보충 도판은 다 사용할 필요는 없다.

　해석은 아동이 이야기를 구성하는 과정에서 반복되는 주제를 통한 아동의 심리를 알아내고, 아동의 동일시 대상, 주요 욕구, 주요 갈등, 불안의 성질, 초자아의 적절성과 자아 강도를 평가할 수 있다.

4) 벤더-게슈탈트 검사(BGT)

　벤더-게슈탈트 검사(Bender Gestalt Test: BGT)는 기질적 뇌손상이나 시각-운동 협응에 대한 발달적 평가, 그리고 성격 평가를 위한 투사

기법이다. 5~11세 아동의 시각운동 통합과 기능을 평가할 수 있으며, 충동성, 불안 등의 성격 특성도 알 수 있다. 간단한 도형이 그려진 9장의 카드를 보고 기억하여 다시 그리게 하면서 나온 정보를 통해 인지, 정서, 성격을 파악한다. 그리고 뇌기능 장애가 있는지 검사한다. 도형의 회전, 중복 곤란, 단순화, 파편화, 충돌, 폐쇄 곤란, 운동 협응 곤란, 각도 곤란, 응집성 등을 뇌 손상의 징후로 해석할 수 있다.

5) 그림검사

아동의 그림은 방어나 꾸미기가 거의 없다는 점 때문에 아동을 이해할 수 있는 의미있는 자료로 사용되고 있다. 미술치료기법은 크게 진단용과 치료적 목적으로 나누고 있는데 그 내용이 매우 다양하다. 먼저 진단 목적으로 사용되는 미술치료기법으로는 자유화법, 상상화 그리기, 나무 그리기, 집-나무-사람검사, 인물화 검사, 가족화, 동적가족화, 학교생활화, 풍경구성, 협동화, 난화게임 등이 있다. 치료 목적으로 쓰이는 것은 테두리그리기, 난화이야기, 콜라주, 역할 교환, 색채선택, 그림완성, 이미지 묘화, 감정차트 만들기, 과거·현재·미래 나타내기, 잡지 및 난화 콜라주, 만다라 그리기, 핑거페인팅, 조소활동, 동물가족화, 동물자화상, 협동화 등이 있다.

주로 사용하고 있는 그림 검사와 해석 방법, 그리고 그림에 나타난 것들이 상징하는 것을 아래에 제시하였다. 그림 검사 해석 시 주의해야 할 점은, 그림을 공식처럼 해석하는 것과 몇 가지만을 보고 성급하게 해석을 해서는 안 된다는 점이다. 그림 검사는 다른 검사들(성격검사, 문장완성검사, 다면적 인성검사 등)과 함께 종합적으로 실시하여 해석함으로써 해석의 오류를 가능한 최소화하도록 노력해야 한다. 그리고 해석도 단정적으로 하지 말고, 가급적 가설적으로 하는 것이 좋다.

(1) 인물화 검사

인물화(DAP: Drawing A Person)는 남녀 인물을 그리게 하여 그림에 나타난 정보를 통하여 성격을 파악하는 성격진단검사다. 이 검사는 다른 투사검사보다 더 깊은 무의식적 심리를 알 수 있는 가장 기본 그림 검사다. 대부분의 경우, 인물을 그릴 때 자신과 밀접한 관계에 있는 사람을 그리거나 자기를 표현하는 경우가 많다.

그림검사에서 사람에 대한 해석과 상징은 다음과 같다.

머리와 얼굴

머리는 지적, 공상적 활동, 충동과 정서의 통제, 사회적 의사소통 등의 중추이며, 얼굴은 세상과 상호작용하면서 소통할 수 있는 통로다. 정상인은 대개 신체의 다른 부위보다 머리와 얼굴에 중심을 두어서 그린다. 머리 모양이나 머리 스타일은 그 사람의 외모에 대한 이미지를 좌우한다. 머리카락을 그리는 방식은 자신의 모습을 타인에게 어떻게 보이고 싶은지, 즉 관계에 대한 욕구와 관련이 있으며, 간접적으로는 성적인 에너지를 나타낸다.

- 머리를 작게 그리는 것은 지적 능력이 부족하거나 그에 상응하는 감정 표현의 미숙을 의미.
- 얼굴을 그리지 않은 경우: 자신의 외모에 대한 불만족을 갖고 있거나, 억압적인 태도, 사회적 접촉을 회피하는 경향성을 나타냄.
- 얼굴을 그리지 않고 뒤통수를 그린 경우: 세상과 직면하기를 원하지 않거나 어려워하는 것으로 해석 가능.
- 얼굴 표정: 얼굴에 나타나는 표정은 표정을 통해 직접적인 감정을 나타내는 것이기 때문에 해석에 있어 확실한 지표를 나타냄.

눈

눈은 외부환경과 접촉하는 가장 기본적인 기관이다. '세상을 바라보는 창'의 의미로 외부 세계를 어떻게 인식하고 있는지 알 수 있다. 눈을 통해 외부환경의 정보를 받아들이며, 자신의 감정을 다른 사람에게 전달할 수 있고 교감할 수 있는 중요한 매체가 된다.

- 생략: 지나친 자기애, 극심한 불안 회피, 사고 장애 검토.
- 큰 눈: 상호작용의 위축과 회피.
- 가린 눈: 안경이나 모자 등으로 가린 것은 외부 자극을 피하고 싶거나 시기심과 관련되어 있음.
- 속눈썹: 타인의 관심과 욕구를 상징.

코

코는 후각을 통해 외부세계를 받아들이는 통로 역할을 하며, 얼굴 중앙의 가장 눈에 띄는 위치에 있어서 외부환경으로부터 오는 자극을 어떻게 받아들이며 어떻게 반응하는지에 대해 매우 중요한 정보를 주고 있다. 성적 상징으로 생각되기도 한다.

- 생략: 사회적인 위축.
- 큰 코: 성적 열등감, 약한 성의 보상심리.

입

입은 타인과 의사소통하는 것을 상징하며, 음식물 섭취와 관련되어 있으며, 정서적인 만족감을 표현할 수 있다. 입은 사랑하고 사랑받는 것을 느끼게 해주며 자신의 존재감과 가치감을 얻게 하는 중요한 기관이다.

- 생략: 사회적 관계를 꺼림 또는 애정 결핍(애착관계의 좌절감 시사).
- 큰 입: 공격성, 충동성, 불안의 보상심리.

귀

귀는 눈과 마찬가지로 타인으로부터 정보를 받아들이는 기관으로 귀를 어떻게 그렸느냐에 따라 외부에서 들어오는 자극을 수용하고 반응하는 방식을 알 수 있다. 귀는 비교적 수동적인 기관으로 해석한다.

- 귀를 세부적으로 묘사한 경우: 수동성과 관련이 있으므로 타인이 자신의 말을 잘 들어주기를 암시. 또는 의사소통의 어려움 시사함.
- 귀의 형태 왜곡이나, 잘못된 위치에 그리는 것, 세밀한 묘사 등: 병리성을 의심해볼 수 있음.

턱과 목

턱은 힘과 결단력을 상징하며, 턱선은 그 사람의 인상이 부드러운 느낌이 드는지, 차가운 느낌이 드는지 알 수 있다. 목은 신체와 머리의 연결 부위로서 머리에서 일어나고 있는 인지적인 활동, 즉 사고, 공상, 감정과 몸에서 일어나고 있는 신체적 반응을 연결하는 통로로서 중요한 의미가 있다.

- 턱의 강조: 지배욕구와 공격성향, 자기주장성 암시.
- 너무 두꺼운 목: 통제욕구와 관련됨 반대로 얇은 목은 자기주장이 약함을 상징.
- 목의 생략: 충동성과 미성숙과 관련됨.
- 긴 목: 과도한 도덕의식, 충동조절의 자신감 부족.
- 짧은 목: 지성보다는 충동적인 감정 표현과 행동화 가능성.

팔과 손

팔은 우리가 무엇을 하고자 하는지에 대한 수행과 관련이 있다. 팔 모양은 외부환경과 어떻게 상호작용하며 대처하고 있는지에 대한 중요한 단서가 되며, 자신의 욕구를 어떻게 충족시키고 있는지, 자아발달과 환경과의 접촉, 대인관계나 사회적 적응을 나타낸다. 손은 자신의 욕구 충족을 위하여 외부환경에 직접적인 접촉을 하는 중요한 신체 부분이며, 조작의 도구다. 외부환경에 대한 통제능력 및 반응 양식을 통해 건설, 파괴, 공격에의 잠재력 등의 정보를 얻을 수 있다.

- 팔 길이: 짧은 팔은 세상과 관계를 맺는 데 있어서의 어려움을 표현하며, 긴 팔은 공격적 욕구를 나타낸다.
- 잘린 팔: 죄책감이나 부족감을 나타낸다.
- 꼬아서 그린 팔: 성적 문제를 나타내고, 욕구를 조절하려는 시도거나 성적 상처의 경험을 나타낸다.

발과 다리

발은 자신이 원하는 곳으로 자유롭게 이동할 수 있는 것을 의미한다. 발의 기능은 자율성, 독립성에 대한 욕구를 충족하고 성취할 수 있는 기능과 연관이 있다. 자신이 원하는 목표를 위해 움직일 수 있는 것과 연관성이 있으며, 외부환경의 위험으로부터 보호하기 위해 도피할 수 있도록 해주는 부분이다. 다리는 현실 상황을 지탱하는 안정감 또는 불안정감, 또한 신체적·심리적 이동성과 관련이 있다.

- 발의 생략: 독립에 대한 부정적 의미 시사. 현실왜곡 가능성.
- 큰 발: 독립성에 대한 강조를 통해 부적절감 보상.
- 발의 방향: 발의 자세가 반대방향인 경우는 우유부단한 성격 의미.
- 사지의 불균형: 충족되지 않은 충동성의 표현, 공격적인 아동에게서 발견됨.
- 다리길이 : 긴 다리는 심리적 안정 욕구와 자립욕구, 현실대처에 대한 부적절한 것에 대한 보상욕구 반영하며 짧은 다리는 억제, 수동적 태도를 의미함.

이 외에 그림에 나타난 것들의 기본적인 해석 자료는 다음과 같다.

- 신체 부분이나 얼굴 부분의 명암: 명암 부위에 불안이 있음을 나타냄.

- 매우 작은 그림: 극도의 불안을 표현하며, 매우 큰 상은 비유적으로 큰 흔적을 나타냄.

- 음영이나 갈기기: 신체 부분에 음영이 그려질 경우 그 신체 부분에의 몰두, 고착 불안을 시사한다. 또한 아직 해결되지 않고 갈등이 있는 부분을 시사.

- 윤곽선 형태: 강박적 사고와 관련이 있음.

- 신체 부분의 과장: 신체 부분의 확대, 혹은 과장은 그 부분의 기능에 대한 집착을 나타냄.

- 신체 부분의 생략: 신체 부분의 생략은 종종 그 신체 부위의 기능의 거부와 그 부분에 집착된 불안 또는 죄의식을 의미.

- 의복의 장식: 의복의 단추 모양이나 액세서리의 강조는 의존성 또는 애정욕구의 불만을 의미.

- 회전된 인물(인물이 기울기도 하고 옆으로 누워 있는 경우): 가족에 대한 인식기능이 상실되었을 때, 거절 및 다른 가족구성원과의 분리 감정을 나타냄.

- 정교한 묘사: 그림이 극히 정교하고 정확하며 질서가 있을 경우, 환경구성에 대한 관심이나 욕구를 반영.

- 필압: 선이 굵고 강하게 나타날 때 충동이 밖으로 향하고 공격적이고 활동적. 반대로 약하고 가는 선은 우울하고 소극적인 사람에게서 나타남.

(2) 나무 그림검사

나무그림을 처음으로 심리검사의 보조도구로 생각하여 적용한 사람은 스위스의 직업상담가인 주커(Jucker)로서 그는 나무가 특정 인물을 상징하며 그 사람에 대하여 갖고 있는 감정과 욕구를 나타낸다고 가정했으며, 특히 자기상을 직접적으로 나타내며 무의식적으로 느끼고 있는 자기 자신의 모습을 나타낸다는 가정에서 출발하였다.

나무그림검사에서 나타나는 상징은 다음과 같이 해석할 수 있다.

- 사과나무를 성인이 그린 경우: 미성숙, 애정욕구, 의존욕구, 퇴행, 임신한 여자(출산에 대한 기대욕구). 아동이 사과나무를 그린 경우도 의존욕구, 애정욕구를 나타내며, 종종 (사별이나 이혼한) 가정의 아동이 벌레 먹은 사과나 땅에 떨어져 있는 사과를 그리는데, 이는 거절감, 좌절감, 상실감 등 정서적으로 어려움을 반영.
- 떨어지는 열매: 체념, 희생, 상실, 산만, 위축.
- 나무기둥(둥치, Trunk): 튼튼해 보이는지, 약해 보이는지는 자아강도와 관련 있음. 심리적 힘, 내면화된 자기대상의 힘이 얼마나 안정적인지 등 심리적 발달에 대한 지표 제공.
- 수관(crown): 나뭇가지에서 뻗어나가는 수관, 구름 같은 모양의 수관은 적극적 공상(현실 부정) 및 낮은 에너지 수준 의미. 아무렇게나 그린 선으로 엉켜 있듯이 뒤범벅된 수관은 혼란, 흥분을 잘하고, 충동적이며, 정서적으로 매우 불안정함을 의미. 수관이 짓눌린 형태는 외부로부터 심한 압박을 받고 있음.
- 팔을 벌린 모양: 무언가를 구하고 있는 형상.
- 그늘지거나 음영이 있는 관: 공상적, 불안정한, 결단력이 없는 쾌락추구형, 성격의 상실.

- 혼잡한 선으로 된 관: 안정성의 결여, 흥분, 난폭, 혼란, 의지박약, 집중력의 결여.
- 뿌리: 나무가 땅에 든든한 기반을 두고 서 있을 수 있도록 해주는 것을 상징하여 내적으로 느끼는 자기 자신에 대한 안정성, 안전에 대한 욕구, 현실과의 접촉 정도를 알려줌.
- 잎: 생산적이고 외적인 부분을 나타냄. 잎이 풍성한 것은 자신을 좋게 보이고 싶어 하는 욕구를 반영. 너무 자세하게 그린 것은 강박증적인 경향성. 잎을 생략하고 나뭇가지만 앙상하게 그린 것은 내적 황폐함과 자아통합의 어려움을 의미.
- 나무에서 좌측을 강조: 내향적, 거부, 억제 성향.
- 나무에서 우측을 강조: 외향적, 자아확대, 반항, 허세.
- 나무 그림자를 강조할 경우: 부모의 문제, 친구 간의 트러블, 형제 간의 갈등에서 고통 받고 있음을 나타냄.
- 나뭇가지가 아래로 향하는 경우: 우울, 무기력, 피로, 복종을 상징.
- 나뭇가지가 위로 향하는 경우: 열심, 활동성, 의기양양, 현실감 결여.
- 톱으로 잘린 것 같은 가지: 억제된 경향, 박탈, 외부세계와의 관계가 원만하지 않음.
- 가지의 묘사: 대인관계의 증가와 일치.
- 꽃: 자기 존경, 가면적인, 장식하는, 사랑받고 싶은 욕구.
- 부속물: 주변 사항에 관심이 많고 의존적인 경향.

(3) 집-나무-사람 검사(HTP)

HTP(House-Tree-Person)는 최근에 네 장의 그림을 따로 그리는 것보다는 한 장에 다 그리는 것을 선호한다. 일반적으로 집은 개인 현실을 반영하는 것으로 아동의 경우 가정에 대한 태도나 부모, 형제와의 관계를 반영하며, 나무는 개인의 성장과정을 표현해 주는 것으로 심층적이고 지속적이며 무의식적인 감정과 갈등을 투사한다. 사람 그림을 통해 피검자에 대한 정보, 피검자와 환경과의 관계에 대한 의식 수준에서의 문제를 알아볼 수 있다.

앞에서 사람과 나무 그림 검사에 대해서는 설명했으므로, 여기에서는 집 그림에서 나타나는 개별적인 요소들의 의미가 무엇을 의미하는지, 어떻게 유의해서 해석해야 하는지 제시하고자 한다.

지붕

지붕은 사람으로 말하면 머리에 해당하는 부분으로 정신생활, 특히 내적인 공상 영역을 상징한다. 자기 자신에 대한 생각, 관념, 기억과 같은 내적 인지 과정과 관련되어 있다.

- 과도하게 큰 지붕: 환상에 과몰입, 외부 세계와 대인접촉으로부터 철수되어 있음을 반영.
- 지나친 강조와 반복적으로 덧칠한 지붕: 내적 공상세계에 빠져서 몰두해 있을 가능성을 시사.
- 지붕이 없거나 벽의 양끝을 연결하여 한 줄로 그린 지붕: 심각한 성격 위축이나 심각한 사고장애. 현실검증력의 장애를 시사할 가능성이 높으며 주로 조현병 환자에게서 나타남.
- 지붕의 꼭대기에 문과 창문을 그리거나 창문이 열려 있는 경우: 현실과 환상 구별이 어려운 상태. 자아 경계가 약화되어 있음.
- 기와나 다른 모양을 강조한 지붕: 강박증적인 경향성.

집

집은 보호와 안전을 위한 장소를 의미한다.

- 쓰러질 것 같은 형상: 우울과 죽음을 생각하고 있는 것.
- 큰 집이나 값 비싸 보이는 집: 성공과 성과 또는 지위와 권력에 대한 욕구의 표현.
- 문을 그리지 않은 것: 접근 금지를 상징.

벽

외부와 내부를 분리시켜주며, 외부환경으로부터 집의 내부를 보호해주는 역할을 한다. 외적인 위협으로부터 자신을 지키고 보호하는 자아강도와 자아통제력을 나타낸다.

- 벽의 지면선을 강조하고 직선으로 그리지 못한 것, 또는 휘거나 비스듬히 그린 경우: 불안감과 매우 약화된 자기통제력, 현실에 대한 부정적 태도를 반영.
- 벽을 그리지 않았거나 선이 연결되지 않은 경우: 매우 드문 경우로 심한 현실 왜곡, 자아 붕괴, 자아통제력의 와해, 현실성 결여와 일차적인 욕구가 통제되지 않음을 나타냄. 심한 경우 조현병이나 이인증 환자 의심해 볼 수 있음.
- 벽이 있는데 내부의 모습을 보이게 그린 경우: 매우 드문 경우로 상황을 억지로 조화시키려는 강박적 욕구, 현실검증력과 기질적 뇌 손상을 의미(5세 이하: 인지발달의 미성숙을 감안하여 정상으로 간주).
- 벽에 정교하게 그린 것(벽돌, 돌 모양, 나무결 무늬 등 정교한 표현): 사소한 것에 지나치게 집착. 자기통제감을 유지하려는 강박적이고 완벽주의적 성격. 자폐아의 그림에서 종종 나타남.

문

외부세계와 연결하는 통로 역할을 한다. 타인과의 상호작용을 할 때 자신의 삶에 들어오도록 허용을 하거나 자신이 외부세계로 나갈 수 있는 통로 역할을 한다. 외부환경과의 직접적인 상호작용을 나타내는 부분으로 대인관계에 대한 태도를 보여준다.

- 문이나 문고리 생략: 외부환경의 접근 가능한 통로를 빠뜨리고 그리지 않은 것으로 심리적으로 접근이 불가함을 반영.
- 문의 크기가 집이나 창문 크기보다 작은 경우: 외부환경과의 접촉을 꺼리는 경향성. 다른 사람들과 관계를 맺고 싶은 욕구도 있지만, 다른 한편으로는 관계에 대한 거부감, 두려움, 불편감 등 양가감정을 느끼고 있을 가능성.
- 열려진 문: 외부환경과의 접촉과 원만한 상호작용. 정서적 따뜻함을 받고자 하는 강렬한 욕망 나타냄.
- 문고리에 붙어 있는 자물쇠: 편집증적 경향성, 철수의 방어기제가 강화되었음을 의미.

창문

세상을 내다보고, 타인의 내부세계를 들여다볼 수 있게 하는 통로 역할을 한다. 창문을 통해서 외부환경에 대한 간접적인 접촉 및 상호작용에 대한 욕구 등을 엿볼 수 있음. 주관적인 경험인 사고, 감정들과 관련이 있다.

- 창문 생략: 대인관계에 대한 주관적인 불편감 반영.
- 창문에 X표시를 한 것: 가정에서의 갈등상황 반영과 대인관계에서 타인의 접근을 금하고 있다고 해석 가능함.
- 창문을 너무 많이 그린 경우: 지나치게 자신을 개방하고 때로 타인이 수용할 수 있는 이상으로 관계를 맺고자 하는 욕구를 반영. 인정이나 수용을 받고 싶은 소망을 나타냄.

- 커튼이나 차양, 덧문이 없는 경우: 환경과의 접촉을 할 준비가 되어 있음을 뜻함. 자신의 감정을 숨길 필요성을 못 느낌.
- 창문 위에 차양이 있는 경우: 환경과의 접촉에 대한 과도한 염려.

굴뚝

가족 내의 친밀한 관계나 따뜻함을 갈망하며, 가족구성원들 간의 애정 욕구와 관련되어 있다. 남성의 성기를 상징하기도 한다.

- 굴뚝에서 연기가 나는 경우: 가정 내 불화나 가족관계에서 긴장감이 있을 가능성. 가정 내 애정욕구와 관련된 좌절감, 상실감, 우울감 등을 반영.
- 굴뚝 생략: 가정 내에서 심리적 따뜻함을 경험하지 못했거나, 양가감정을 가지고 있는 경우나 회피 등 의미(우리나라 아동은 굴뚝을 그리지 않는 경우가 많아서 임상적 의미 두지 않음).

집과 지면이 맞닿은 선

집을 그릴 때 지면을 나타내는 선은 현실과의 접촉 및 안정성을 유추할 수 있다.

- 집이 바닥인 땅에 닿은 경우: 안정감 있는 느낌이 든다면 현실과의 접촉에 별다른 어려움이 없는 것으로 보지만 집이 공중에 붕 떠 있는 듯한 그림은 현실로부터 떨어져서 공상 세계에 몰입해 있는 조현병 환자들에게서 종종 나타남.
- 지면선을 그리지 않은 경우: 밑 부분이 대체로 안정감 있게 그려졌다면 별다른 임상적 의미를 부여하지 않을 수 있으나 간혹 현실과의 접촉에 문제가 있음을 나타낼 수 있으니 신중한 해석 요함.

부수적인 사물을 그렸을 경우

집을 그리라고 지시했을 때 집 외에 울타리나 연못, 강아지나 산, 나무 등을 추가적으로 그리는 경우는 추가된 그림의 특징적인 모습이 무엇을 상징하는지 그 의미를 잘 살펴봐야 한다.

(4) 동적가족화(KFD)

동적가족화(Kinetic Family Drawing)는 가족그림을 통해 아동의 가족과 가족구성원 사이의 관계와 역동성에 대한 아동의 지각을 이해하고, 아동의 자아개념이나 대인관계 갈등 등의 정서적 특성을 파악하기 위한 목적으로 번스와 카우프만(Burns & Kaufaman, 1972)이 만든 것이다.

"너를 포함한 너의 가족 모두가 무엇인가 하고 있는 그림을 그려보자. 만화나 움직이지 않고 서 있는 사람을 그리는 것이 아니라 가족들이 무엇인가 하고 있는 장면을 그리는 거야. 가족들이 어떤 활동을 하고 있는 그림을 그려야 해."라고 지시문을 주고 그림을 그리게 한다. 각 인물에 대한 해석은 위의 인물화 검사의 내용을 기본으로 해석하고 다음의 다섯 가지 내용을 참조하여 종합적으로 해석할 수 있다.

① 인물상의 행위

인물상의 행위는 두 가지 관점에서 해석될 수 있다.

첫째, 가족구성원에서 가족 모두가 상호작용하고 있는가, 아니면 일부가 상호작용하고 있는가, 상호작용 행위가 없는가에 따라 가족의 전체적 역동성을 엿볼 수 있다.

둘째, 각 인물상의 행위를 중심으로 가족 내 역할유형 등을 살펴볼 수 있다.

② 양식

가족 관계에서 자신의 감정과 상태를 파악하는 지표로 다음의 것들이
있다.

- 직선이나 곡선을 사용하여 인물을 의도적으로 분리한 것. 인물을
  어떤 사물이나 선으로 둘러싸는 경우(그네, 책상, 줄넘기, 자동차 등
  으로 교묘히 표현되는 경우가 많음).
- 가장자리: 방어적, 회피, 저항 의미.
- 아래쪽 선: 불안감.
- 상부쪽 선: 신경질적인 불안, 산만한 걱정, 공포와 연관됨.
- 하부쪽 선: 구조받고 싶은 욕구 상징.

③ 상징

- 애정적, 온화, 희망적: 태양, 전등, 난로 등에 열과 빛이 적절할 때
  (빛이나 열이 강렬하고 파괴적일 때는 애정이나 양육의 욕구, 증오심을
  나타내기도 한다.)
- 분노, 거부, 적개심: 칼, 총, 날카로운 물체, 불, 폭발물 등.
- 힘의 과시: 자전거, 오토바이, 차, 기차, 비행기 등 자전거를 제외
  하고 모두 의존적 요소에 의한 힘의 과시.
- 우울 감정, 억울함: 물과 관계되는 모든 것(비, 바다, 호수, 강 등).

④ 역동성

가족 간의 감정을 용지의 전체적 맥락에서 파악할 수 있다. 인물묘사
의 순위, 인물상의 위치, 인물상의 크기, 인물상 간의 거리, 인물상의
얼굴의 방향, 인물상의 생략, 타인의 묘사 등으로 심리 역동을 파악할

수 있다.

- 인물묘사의 순위: 가족 내의 이상적 서열을 반영하는 경우가 많다.
- 인물상의 위치: 용지를 상하로 구분했을 때, 위쪽으로 그려진 인물상은 가족 내 지도자로서의 역할이 주어지는 인물이다.
- 인물상의 크기: 인물상의 크기는 가족에 있어서의 존재 태도를 나타낸다고 볼 수 있다.
- 인물상 간의 거리: 인물상 사이의 거리는 피험자가 본 그들 사이의 친밀성의 정도나 혹은 감정적 거리를 의미할 수 있다.
- 인물상의 방향: 그려진 인물상의 얼굴 방향(정면, 옆면, 뒷모습)에 따라 임상적 의미가 크다. 정면을 향한 인물은 긍정적으로 지각하고 있는 대상, 뒷모습은 부정적 태도와 억압적 분노감을 시사하며, 옆면은 양가적인 태도를 취하고 있을 가능성이 있다.
- 인물상의 생략: 인물상을 지운 흔적은 지워진 개인과의 양가감정 또는 갈등이 있음을 시사할 수도 있고 강박적이거나 불안정한 심리상태일 때도 나타난다.
- 타인의 묘사: 가족구성원이 아닌 타인이 동적가족화에 그려지는 경우 가족 내의 누구에게도 마음을 허락할 수 없는 상태에 있음을 지적할 수 있다.

⑤ 특징

그림을 그릴 때 음영이나 갈기기, 윤곽선 형태, 신체부분의 과장 및 생략, 의복의 장식, 정교한 묘사, 필압 등의 특징으로 아동 내담자의 심리를 파악할 수 있다. 그림에서 다른 인물상의 접근 거리를 강조하기도 하고, 숨기기도 하기 때문에 무의식적인 것이 어떻게 나타나는지 혹은 명확하게 드러나는 것은 없는지, 또는 교묘하게 숨기는 등의 여러 특징을 보고 해석할 수 있다.

동적가족화를 보고 아동의 심리역동적 기제를 해석할 때는 다른 그림 검사 해석과 마찬가지로 매우 신중해야 한다. 해석의 신뢰도를 높이기 위해서는 다른 그림에 자주 나타나거나 공통적으로 나타나는 면은 없는지 확인하고 그림 검사 외에 다른 심리검사와 함께 종합적인 자료를 가지고 해석하는 것이 좋다.

(5) 동물가족화(Animal Family Drawing

아동화 분석의 기초가 되는 것으로 가족관계에서 아동의 정서적 상태를 평가하는 그림 검사다. 동물을 그린 동물가족화는 사람을 그린 동적가족화와 비슷한 목적으로 가족구성원의 역할과 역동성 파악을 위해 사용되는데, 직접 사람을 그리는 것보다 좀 더 간접적인 방법으로 그렸기 때문에 아동이 심리를 편안하게 알 수 있는 이점이 있다. 동물이라는 상징을 통해 가족을 이해하고 동물에 포함된 의미를 통해 또 다른 정보를 얻을 수 있다.

(6) 동적학교화(KSD)

동적학교화는(Kinetic School Drawing) 아동의 학교, 교사, 그리고 다른 학생들에 대한 태도, 사고 그리고 감정들을 변화시키는 데 도움이 되는 중재 도구로써 사용할 수 있다. 주된 초점은 인물들 간의 행동, 외형적인 특성, 자세, 인물 간의 거리, 그리고 장애물, 그리고 스타일 등에 둔다.

(7) 신체 윤곽 그리기

상담자는 신체윤곽 그리기를 경계선적인 아동을 돕기 위해 사용할 수 있다. 아동의 손과 발에 종이를 대고 그린다. 전신 그림은 아동이 얼마간의 시간 동안 누워 있어야 하므로 더 도전적인 활동이다. 신체 윤곽을 그리면서 아동에게 '나는 너의 어깨를 지나고 있어. 이제는 발목까지 왔어.' 등의 언어적 자극을 준다. 약한 경계선에 있는 아동들은 아주 희미하게 신체 윤곽을 그리고 강한 경계선을 가진 아동은 윤곽 주위를 매우 강한 선으로 그릴 것이 예상되므로 값진 정보를 제공한다.

(8) 풍경구성법(LMT)

풍경구성법(Landscape Montage Technique)은 풍경 10가지를 하나씩 불러주면 그려나가는 기법으로 원래 정신분열증 환자를 주 대상으로 고안되었으나 내담자의 내면 이해(무의식 정도, 에너지 정도, 성향, 미래에 대한 지향 방향, 의식적인 면, 현재 심리상태 등)를 위해 사용하기도 한다. 아동의 경우 발달정도 및 환경에 대한 인식 정도를 알 수 있다(준비물: A4 용지 1장, 사인펜(검정 사인펜), 크레파스 혹은 색연필).

실시 방법은 4면의 테두리가 그려진 A4 용지와 사인펜(또는 연필)을 주고 강, 산, 밭, 길, 집, 나무, 사람, 꽃, 동물, 돌 등 10가지 요소를 차례대로 그려 넣어서 풍경이 될 수 있게 한다. 마지막에 그려 넣고 싶은 사물이 있으면 추가로 그려 넣도록 한다. 다 그린 후 색을 칠하도록 하고 질문을 한다. 질문의 내용은 다음과 같다.

1. 풍경의 계절은?
2. 날씨는 어떤가요?
3. 몇 시 정도의 풍경인가요?
4. 강의 흐름은 어디에서 어디로 흘러가나요?
5. 그 강은 깊은가요?
6. 산 저편에는 무엇이 있나요?

7. 사람은 무엇을 하고 있나요?

8. 자유롭게 그려 넣은 것은 무엇인가요?

9. 그 풍경에 대한 느낌은 어떤가요?

해석은 다른 그림검사와 마찬가지로 느낌이 어떠한지, 전체적으로 어떻게 보이는지 등으로 해석하고 형식적인 분석과 내용분석을 함께 한다.

- 강: 무의식의 흐름. 물의 흐름이 어떠한지 모양을 보고 강박성이나 충동성이 느껴지는지 확인. 갑작스런 변화도 확인.

- 산: 산의 높이와 개수로 주어진 상황과 앞으로의 전망을 나타냄.

- 논: 그린 사람의 마음이 지향하고 있을 때를 암시. 과제와 의무와의 관계를 나타내며, 인격이 통제된 부분으로 볼 수도 있다. 강박성이 있는지 확인, 밭에서 일하는 사람은 좋게 평가되나 등교거부, 비행청소년에게서 나타나기도 함.

- 길: 강을 무의식에 비교한 반면에 길은 의식이며, 방향을 암시하고 인생의 길로서 명확하게 의식되는 것을 표현.

- 집, 나무, 사람: HTP와 동일하게 해석.

- 꽃: 아름다움과 사랑, 화려함. 성장 발달의 상징. 감정과 관계있음. 꽃에 색칠을 안 한 경우는 심각한 의미 있음.

- 동물: 동물 그 자체가 상징성 가짐. 크기는 심리적 에너지이며, 사람보다 크면 에너지가 많고 사람보다 작으면 에너지가 적다.

- 돌: 단단함, 냉철함, 불변성.

- 부가물: 다리는 두 세계를 묶는 것, 태양은 영혼과 생명력 상징.

- 구성 포기: 풍경을 구성하지 못하고 나열해서 그리는 것 자체가 그 사람의 심리를 표현하는 것일 수 있음.

(9) 기타 기법들

그림검사에는 이 외에도 다양한 기법들이 있다(김춘경, 2004).

① 자유화: 내담자 스스로 그리고 싶은 것을 결정하여 그리는 방법으로 색채 사용과 형태, 공간 이용과 형태, 내용을 분석한다.

② 과제화: 내담자에게 인물, 가족, 친구, 집, 나무, 산, 동물, 길 등의 과제를 미리 주고 그리게 한다. 아동에게 지시대로 그리게 하였을 때 엉뚱한 것을 그리거나 자기가 원하는 것만을 반복해서 그린다면, 그 아동은 자폐나 정서장애 아동일 가능성이 있다고 평가할 수 있다.

③ 상상화 그리기: 한 장의 종이에 전혀 주제를 주지 않고 상상화를 그리게 하고 또 다른 한 장에는 사람, 태양, 집 등 세 가지의 내용이 있는 상상화를 그리게 한다. 형태, 색채, 구도, 동적 요소, 내용 등이 분석기준이 된다.

④ 협동화: 가족이나 내담자가 소집단을 이루어 한 장의 종이에 협동하여 그림을 그린다. 집단치료에 유용하다. 자발성의 정도, 협동성, 그리는 위치와 내용, 그림순서, 주의력 등을 관찰하여 분석한다.

⑤ 테두리 그리기: 이 기법은 내담자에게 도화지를 제시하면서 내담자가 보고 있을 때 용지에 테두리를 그어서 건네주는 방법이다. 그림을 그리고자 하는 욕구를 자극하고, 공포를 줄일 수 있어 자아가 허약한 내담자들에게 많이 사용되고 있다. 이때의 테두리 그리기 시에는 자를 이용하지 않는다. 또 원을 그려주고 원안에 그림을 그리거나 채색하게 하여 과잉행동, 주의산만 등을 통제할 수 있다.

⑥ 만다라 그리기: 개별적인 작업 또는 생활 만다라를 그리게 한다. 자유연상을 그려도 좋고, 여러 가지 모양의 만다라 모형 중 하나를 골라 완성시켜도 된다. 그리고 심상을 시로 써서 나타내기도 한다.

⑦ 콜라주: 표현이 쉽고 그림보다 정확한 감정 전달이 가능하다. 이를 위해서는 선택할 수 있는 사진 매체가 많아야 한다. 자기감정을 나타내기, 가족이나 친구에게 말하고 싶은 것, 선물 주고받고 싶은 것, 타인에 대한 느낌 표현, 문제의 예방 및 대책방법 등을 표현할 수 있다.

⑧ 장면구성 검사: 인형들과 여러 다른 재료(동물, 나무, 가구 등)를 가지고 한 장면을 만들고, 그 장면에서 벌어지는 일에 대해 이야기를 만들기 때문에 치료에도 사용된다.

7장

아동상담자의 역할

　아동들이 겪는 문제들은 어떤 것들이 있을까? 그들의 문제는 어른들이 겪고 있는 것과 유형이 다른 것도 있지만, 어른들의 문제만큼이나 다양하며, 어떤 경우에는 어른들이 겪는 것과 비슷한 문제로 고통스러워하기도 한다.

1. 아동이 겪는 어려움

아동이 겪는 문제와 아동의 문제를 유발하는 것에는 어떤 것들이 있는지 몇 가지만 살펴보자.

영미는 의욕 상실로 상담에 의뢰된 초등 5학년생이다. 영미는 친구가 필요 없는 것 같이 혼자 지낸다. 삶에 흥미가 없는 것 같다. 그리고 아무 것도 영미를 자극하거나 흥미를 유발시키지 못한다. 영미는 최근에 선생님들에 대한 공격성의 조짐을 보이기 시작했다.

솔이는 최근에 부모가 이혼한 초등 3학년생이다. 솔이의 부모는 현재 둘 다 재혼하였고, 새로운 가정에 관심이 있어서 솔이에게는 관심을 많이 두지 않는다. 솔이는 누구를 믿고 의지할 수 있는지 매우 혼란스럽다. 학교생활을 하는 결정적인 시기인데 불안정한 심리 상태로 적응을 할 수가 없다. 솔이는 학업에도 흥미를 잃어버렸으며 친구들과도 거리를 두고 있다.

명희의 가족은 찢어지게 가난하다. 얼마 없는 명희의 옷도 너무 작았고, 깨끗하지 않다. 명희는 종종 점심을 거르고 돈도 없다. 집에서도 배가 고파 불평하였다. 명희는 학교에서 자신만의 몽상에 빠져 있다.

철수는 현재 4학년인데 1학년부터 계속 발작을 일으켰고 발작을 일으킬 때면 아무도 철수를 효과적으로 대할 수 없었다. 그는 "괜찮은 가정"에서 컸고, 그의 부모는 그에게 보호와 사랑의 지지를 제공하려 했다. 그러나 철수는 계속해서 친구와 주변 사람을 때리고, 거짓말하고 욕을 하며, 교실 운동장에서 주변의 아이들과 싸우기 시작했다. 그의 아버지가 엄마를 때린다는 소문이 학교에 퍼지고 있다.

수영이는 주의력결핍 과잉행동 장애(ADHD)로 진단받았으나 그의 부모는 이 사실을 받아들이지 않는다. 수영이 부모는 수영이의 학습 부진과 행동 문제가 학교 때문이라고 생각하고 교사와 학교를 비난하고 있다. 수영이는 읽기학습이 다른 애들에 비해 2학년 정도 느리고 수업시간에는 수업을 방해하며 교사와 학생들을 난처하게 만들 때가 많다. 교사는 그의 부모가 수영이의 학업에 도움을 주지 않으면 계속 도울 수 없다며 수영이를 포기하려 한다.

위의 예들은 현재 우리 아동들이 겪고 있는 문제 중 일부에 지나지 않는다. 상담자는 이런 이야기들을 들었을 때 어떻게 해야 할까? 이들이 건강하게 자라도록 돕기 위해서는 어떻게 해야 하는가? 이들을 돕기 위한 방법과 전략에는 어떤 것들이 있는가? 어떤 것들이 치료 효과에 영향을 주는지 먼저 알고 있어야 상담의 효과를 높일 수 있을 것이다.

2. 상담 효과에 영향을 주는 요인

저자는 이전의 연구에서 상담의 치료적 요인에 대한 선행연구를 통합하여 정리하면서 대상관계의 변화과정에 대한 질적 연구를 통하여 치료요인을 밝힌 바 있다. 그 요인은 먼저 기독교적 가치관에 근거하고 있으며, 상담이론 중에서는 대상관계상담이론에 근거한 요인 연구였다. 연구 결과, 상담의 치료적 요인을 내담자요인과 상담자 요인으로 정리하였다(유근준, 2008). 그것에 대하여 개략적으로 살펴보면 다음과 같다.

1) 내담자 요인

(1) 고통을 해결하고 싶은 열망

내담자는 심리적 고통을 겪고 있으며 현실 속에서 여러 가지 문제가 발생하지만 그것을 해결하고 극복할 힘이 없는 것이 더 큰 고통이다. 고통 중에 있는 내담자는 역설적으로 문제해결능력이나 관계능력이 없어서 고통을 받고 있다. 이들은 고통을 극복하고 싶어도 고통을 극복할 힘이 없다. 인간의 삶 속에서 고통은 피할 수 없는 것이며 고통은 인간 실존을 인식케 하는 것이다. 이러한 고통의 특성으로 인해 삶 속에서 고통을 느낀 내담자들은 자신을 반성하며 돌아보게 된다. 이런 점에서 정상적인 발달을 저해하는 수준이 아니라면 고통은 성장과 변화를 위한 거름이 된다는 것을 알 수 있다. 고통이 성장의 기회가 될 수 있다는 특성을 상담 현장에 적용해 볼 때 내담자가 변화를 필요로 하지 않는다면 그 때의 고통은 참을만하다는 역설이 성립되기도 한다. 따라서 상담자는 내담자가 고통스러워 할 때 그 마음과 상황에 공감을 하면서도 고통이 변화와 성장의 기회가 될 수 있음을 알고 고통을 긍정적인 요소로 볼 수 있는 시각이 필요하다.

(2) 깊은 수준의 통찰

내담자는 자신의 문제가 무엇인지, 어떠한 노력을 해야 하는지 알지 못한다. 따라서 자신의 문제가 무엇이며, 왜 이런 문제가 생겼는지에 대한 통찰이 부족하다. 통찰은 자신의 문제가 왜 생겼는지 알아차리는 것인데 알아차리지 못하는 내용은 통제할 수가 없다. 그런데 의식하고 통찰할 수 있게 되면 이를 통제할 수 있다. 일반적으로 행동을 지배하는 무의식적인 내용은 동기, 감정, 신념, 심상, 반복적인 습관의 형태로 존재한다. 만약 의식하지 못했던 동기, 감정, 신념, 심상, 반복적인 습관을 알아차릴 수 있으면, 즉 통찰할 수 있게 되면 행동을 통제할 수 있는 힘을 가질 수 있게 된다.

통찰의 효과가 너무 크기 때문에 상담자는 내담자가 스스로 통찰을 하지 않을 때 쉽게 충고나 제안을 해 주고 싶은 유혹을 뿌리치기가 쉽지 않다. 그러나 충고를 해주고 제안을 한다는 것이 해가 없어 보일지라도 주의하지 않으면 역효과를 낼 수 있다. 조언과 충고보다는 자신의 내면(초기 대상관계로 인한 자기표상과 대상표상 등에 대한 이해)에 대한 이해가 일어나도록 돕는 것이 더 중요하다. 어린 시절 형성된 자신의 대상관계가 현재까지 계속 영향을 미치고 있다는 사실을 통찰하게 될 때 내담자는 삶을 새롭게 볼 수 있는 시각이 생기게 된다. 따라서 상담자는 효과적인 상담을 위해 내담자의 대상관계가 무엇인지 알고 자기에 대하여 이해하고 통찰이 일어날 수 있도록 도와야 한다.

(3) 변화에 대한 믿음과 소망

상담을 통해 많은 도움을 받고 고통이 점차 경감되는 것을 느끼고 경험하게 되면 내담자는 자신의 모든 문제가 해결될 것 같은 느낌을 갖게 된다. 그러나 이것은 일순간의 변화이지 계속적인 변화가 아니기 때문에 어떤 순간이 되면 좌절을 겪게 된다. 변화의 과정을 향해 열심히 나아가던 내담자라 하더라도 누구나 중도에 실패나 좌절을 맛보게 된다.

좌절의 순간에 필요한 것은 변화에 대한 소망이다. 변화가 일어나지 않을 것이라는 생각이 들수록 더욱 더 강한 소망이 필요하다. 이때의 소망은 변화가 될 것이라는 소망이다. 위기의 순간에 필요한 것이 바로 역설적 사고다. 따라서 변화가 일어나지 않을 것이라고 믿는 내담자, 변화가 일어나든 일어나지 않든 상관하지 않고 되는 대로 살아가려는 내담자 모두에게 변화에 대한 소망을 가지고 살아가도록 지속적으로 동기를 부여하는 것이 필요하다. 실제로 상담 현장에서 변화와 성숙을 위해서는 믿음과 소망 그리고 인내의 과정이 필요하다고 설명해 주면 내담자들이 좌절의 순간에 오히려 좌절을 극복하는 것을 관찰하곤 하였다.

(4) 자신을 수용하기

상담자와의 정서적 연결을 통해 상담자에게 긍정적 전이가 일어나게 되면 내담자들은 상담자가 자신을 사랑하고 존중하고 있는 그대로 안아 주었듯이 자신에 대해서도 자신의 감정, 경험, 기억, 환상, 감각, 그리고 사고와 행동에 대해서 수용할 수 있는 마음의 여유가 생긴다. 그리고 자신에 대한 수용의 경험은 다른 사람을 수용하는 경험에까지 이르게 된다. 이러한 수용은 변화를 위한 과정에서 많은 진전이 일어나고 있다는 것을 보여주는 신호다.

자기표상에 있어 '자신은 문제가 있는 사람이며 사랑받을 가치가 없는 사람'이라는 이미지를 가지고 있던 내담자가 '자신도 사랑받을 수 있으며 문제가 있어도 괜찮다'는 미약한 수준의 수용 능력이 생기게 되면 자신의 모습 그대로를 보는 것이 덜 힘들어 지게 된다. 이러한 경험은 부정적 대상관계를 가진 내담자들에게는 그야말로 환희의 경험이며 신기한 경험이다.

(5) 인내심

자신을 변화시킨다는 것은 일평생에 걸쳐 이루어가야 하는 일이다. 그래서 인내심이 없으면 기대하기 어렵다. 내담자들은 관계 속에서 문제가 생기거나 힘든 상황이 발생하였을 때 '해결되지 않고 이대로 끝나

버리면 어떡하나'하는 위기감을 느낀다. 그리고 상담을 통해 이런 어려움을 극복하게 되면 또 다시 어려움이 오더라도 인내심이 생긴다. 삶 속에서 고난은 어쩔 수 없이 다가오는 것인데 인내심을 가지고 고난을 잘 통과하는 것이 변화의 과정에 있어 굉장히 소중한 경험이라는 인식을 내담자에게 심어주어야 한다.

2) 상담자 요인

앞에서 변화와 성숙을 위해 필요한 내담자의 요인이 무엇인지 살펴보았다. 그렇다면 상담자의 요인으로는 어떤 것이 필요한 지 살펴보자.

(1) 촉진적 환경 제공하기

대상관계이론에 따르면 인간은 촉진적 환경이 주어지면 정서적 성숙을 향해 그리고 사회에 공헌하는 방향을 향해 성장하려는 움직임을 본래적으로 갖고 있어서, 촉진적 환경을 경험한 사람은 창조성을 발휘하고 창조적인 삶을 살 수 있다(Davis & Davis, 1981). 촉진적 환경이란 충분히 좋은 환경으로서, 충분히 좋은 엄마가 충분한 기간 동안 지속적으로 제공하는 환경이다. 충분히 좋은 환경을 경험한 아동은 자아를 통합하며, 신체와 정신의 통합이 이루어지고, 긍정적인 대상관계를 이루게 된다. 이는 절대적 의존기에 일어나는 것으로서, 이러한 발달의 성공은 자기 자신의 삶을 생생하게 느낄 수 있는 개인의 능력과 밀접히 연결되어 있으며, 세상 안에서 세상을 생생하게 느끼게 한다(Davis & Wallbridge, 1991). 그래서 상담자는 내담자의 모든 자아들을 수용해주고 안아주어 내담자가 자신에 대해 통합이 일어나도록 도와주어야 한다.

(2) 새로운 대상관계자 되어 주기

상담자와 내담자의 관계적 측면에서 볼 때, 부모로 인해 상처받은 내담자는 심리적으로 어린 아이에 해당하며 상담자는 부모역할에 해당한다고 볼 수 있다. 상처가 많은 내담자는 부모로부터 받은 상처를 가지고 상담자와 관계를 맺는다. 그러므로 상담 현장에서의 내담자-상담자 관계는 대상관계이론의 표상 개념에서의 자기-대상표상의 연속선상에 위치하게 된다. 어린 시절에 어머니와 좋은 대상관계를 경험해 보지 못했던 내담자에게 상담자가 따뜻하게 수용해주고 배려해주는 좋은 어머니 역할(새로운 표상 제공)을 할 때 내담자의 내면에 긍정적인 대상표상이 형성되며 이것은 자신에 대해서도 긍정적인 자기표상이 형성되도록 도와준다.

상담자와의 긍정적인 경험은 내담자가 상담자를 '좋은 대상'으로 보는 시발점이 된다는 점에서 중요한 작업이다. 상담자는 내담자가 초기 삶의 고통스런 시나리오에 따라 자신을 보는 부정적 투사적 동일시를 바꾸도록 노력하기 보다는 내담자에게 긍정적이고 의미 있는 내적 대상(내사)이 되도록 하는 일에 더 집중하는 것이 좋다. 이러한 긍정적인 내적 대상의 출현은 내담자의 내면에 긍정적인 자기표상이 만들어질 가능성을 마련해주는 것이다. 긍정적인 내적 대상 경험을 계속 하게 되면 이것은 내담자의 무의식적 대상관계 표상에도 변화가 일어나게끔 하는 것이므로 굉장히 중요한 일이다. 그러므로 상담자는 내담자에게 좋은 어머니가 되어 따뜻하게 수용해주고 배려해줌으로써 내담자가 마음속에 긍정적인 이미지를 내면화 할 수 있도록 도와야 한다.

(3) 저항을 효과적으로 처리하기

상담자는 내담자가 상담에 대해 저항하면서 상담을 그만두려 할 때 이것 역시 내담자의 대상관계가 상담자와의 관계에서 재현되는 것임을 알고 부정적인 역전이에 휘말리지 않도록 조심해야 한다. 대상관계는 삶의 여러 곳에서 재현되므로 상담자는 부정적 대상관계로 인하여 상담자를 힘들게 하는 내담자에 대하여 조종당하지 않도록 하는 자세가 필요하다. 자신에 대한 부정적 표상을 가지고 있는 내담자는 생의 초기부터 주요대상과 상호작용하면서 생긴 경험에 의하여 만들어진 도식을 가지고 타인과 자신에 대한 상을 만들어나간다. 그리고 그와 관련된 감정들과 상황맥락에 대한 표상을 형성하는데 이러한 대상관계에 의해 대인관계의 많은 부분이 좌우된다.

상담을 통하여 도움을 받고 긍정적인 방향으로 나아가던 내담자들도 어느 시점이 되면 저항을 하면서 상담자를 부정적으로 조종한다.

몇 가지 예를 들어 보자.

> "상담, 왜 해요. 여태까지 참고 해 온 것도 지겨워요. 선생님이나 우리 엄마나 다 똑같아요. 왜 저보고 변하라고 하세요. 선생님이 뭔데요. 절 책임지실 건가요. 다 필요 없어요. 전 제 방식이 더 좋아요. 이래라 저래라 하지 마세요."
>
> "그렇게밖에 얘기할 수 없나요? 나도 그 정도 얘기는 할 수 있겠네요. 내가 죽고 싶다는데, 아무 것도 하고 싶지 않다는데 고작 한다는 소리가…. 그런 말은 다른 사람에게나 하세요. 자꾸 내 진심이 뭐냐고 묻는데 도대체 지금 내 말을 잘 알아듣고 있는 건지 모르겠네요."

상담이 원하는 대로 이루어지지 않을 때 상담자가 주의해야 하는 것은 내담자의 부정적 조종에 휘말리지 않는 것이다. 또한 내담자가 치료받을 준비가 되어 있지 않거나, 변화하고 싶은 마음과 동기가 낮은 경우, 내담자의 요인으로 보기보다 '치료적 유대', '신뢰' 또는 '정서적 연결'이 충분하지 않은 것으로 보고 유대관계 형성에 더 주의를 기울여야 한다.

(4) 일치적인 의사소통 기술

부정적 대상관계 또는 부정적 자아상을 가지고 있는 내담자는 역기능적인 의사소통을 하는 경우가 많다. 상담 현장에서 내담자들이 부정적이고도 이중적인 방식으로 의사소통을 하고 있다면 이들의 의사소통 방식을 바꾸어주도록 해야 한다. 내담자들의 의사표현 방식이 일관성이 없고 부정적인 경우, 그 이면이 병리적 대상관계에 기원을 두고 있는 이중 언어 메시지에 길들여져 있다는 증거다. 그러므로 병리적 투사적 동일시를 해결하기 위해서는 메타커뮤니케이션을 해결해야 한다. 메타커뮤니케이션(이중구속언어를 사용하면서 애매모호하면서도 암시적이고 이면적인 메시지 주고받기)을 사용하는 경우, 그것이 상담 현장에서 드러나도록 하여 일치적인 의사소통이 되도록 도와야 한다(유근준, 2008).

위와 같은 요인 외에도 여러 다양한 요인들이 내담자의 변화와 성숙에 관여를 한다. 그러므로 상담자로서의 역할을 잘 감당하기 원한다면 내담자를 돕기 위해 필요한 요소들이 무엇인지 알고, 경험과 실력을 쌓기 위해 노력해야 한다.

3. 아동상담의 특성 및 상담자의 역할

1) 아동상담의 특성

아동상담자는 성인상담자와 다른 점이 있지만 상담을 한다는 점에서는 기본적인 면에서 중첩되는 부분도 있다. 먼저 성인상담에서의 상담의 정의가 무엇인지 살펴보고 아동상담과 구별되는 점이 무엇인지 정리해보자. 심수명과 유근준(2020)은 상담에 대한 다양한 여러 정의들을 참조하고 그동안의 임상 경험을 바탕으로 상담에 대하여 다음과 같이 정의하였다.

> "상담이란 도움을 필요로 하는 자(내담자)와 도움을 줄 수 있는 전문적인 기술과 성숙한 인격을 갖춘 자(상담자)가 상호 신뢰 관계를 바탕으로 내담자의 당면 문제 해결을 돕고 그의 인격 성장과 변화가 일어나도록 돕는 조력 활동 및 과정이다."

상담은 오랜 기간 동안 전문적으로 상담 훈련을 받고 인격과 신앙이 조화를 이룬 상담 전문가가 삶의 과정 속에서 여러 어려움과 고통에 직면한 사람(내담자)들의 문제를 해결하여 신앙 및 인격의 전인적인 면에서 성장할 수 있도록 돕는 활동이며, 조력 과정이라고 할 수 있다. 아동상담도 상담이라는 점에서 맥락을 같이 한다. '전문적으로 훈련 받은 상담자'가 '현재 어려움과 고통에 직면한 아동'을 돕고 '신앙과 인격의 전인적인 면을 성장하도록 돕는 과정'이라는 점은 공통점이라 할 수 있다.

그렇지만 아동상담이 성인상담과 확연히 구별되는 점이 있는데 아동상담은 성인과 달리 자발적으로 상담실을 찾지 않으며 상담의 필요성 및 효과에 대해서도 모른다는 점이다. 그리고 상담을 하더라도 상담자와 적극적으로 말을 하는 아동은 별로 없다. 아동은 자신의 문제에 대한 인식이 없는 상태에서 부모에게 억지로 이끌려 상담실을 들어오게 된다. 그리고 아동은 언어로 매개로 하는 상담을 통해서는 자신의 마음을 자유롭게 표현하기 어려운 특징이 있다. 그러므로 아동상담에서는 다양한 매체가 필요하다.

현재 아동상담에서 주로 사용하는 매체는 놀이, 미술, 음악, 모래, 이야기, 도서 외에도 각종 심리검사와 카드 및 도구 등 다양한 매체를 사용하고 있다. 아동상담자는 여러 매체를 사용할 수 있으면 좋겠지만 그렇지 못한 경우 최소 2~3가지는 숙달되어 있을 때 보다 효과적으로 상담을 진행할 수 있을 것이다.

　　이 외에도 아동은 성격이 발달하는 과정 중에 있고 자아가 미숙하며 행동하려는 욕구가 있고 성장하려는 욕구를 나타내지만 보호자에게 의존적인 특성이 있다(Chethik, M. 2000). 이것을 세분화하여 정리하면 다음과 같다.

① 아동은 미숙한 자아로 인해 현실을 객관적으로 파악하기 어려우며 대처 능력 또한 미숙하다. 이러한 특성 때문에 자신의 문제 또한 인식하기 어려운 경우가 많다.
② 성인상담은 대부분 대화를 통해 이루어지지만 아동은 언어발달과 인지 능력이 미숙하며 행동화하려는 경향이 있어서 대화를 통한 상담이 어려운 경우가 많고 놀이나 비언어적 수단을 통해서 내적 감정이나 갈등을 더 잘 표현하는 경향이 있다.
③ 아동은 삶의 많은 부분을 보호자에 의해 통제받고 영향을 받는다. 이것은 아동의 문제는 부모와 연관된 경우가 많으므로 아동상담을 할 때 부모를 포함한 보호자의 역할과 참여가 중요하다.
④ 아동은 불안과 고통, 좌절을 견디는 능력이 부족하다.
⑤ 아동의 문제해결 수준은 발달 수준에 따라서 제각기 다르다.

　　이와 같은 아동의 특성으로 인해 아동상담에서 반드시 고려해야 하는 점으로는 상담자-내담자 관계 형성 방식과 치료 동기 유발 및 치료 목표 설정을 아동의 특성에 부합하게 해야 하는 것이다.

2) 아동상담자의 역할

아동상담자는 성인상담의 경우와 마찬가지로 상담자로서의 기본적인 자질을 갖추고 있어야 한다. 즉 심리학 및 상담학 전반에 대한 폭넓은 지식과 더불어 심리평가, 심리치료, 성격이론과 발달이론 등에 대한 전문적인 지식을 갖추어야 한다. 또한 상담 이론 뿐 아니라 풍부한 임상 경험을 통해 상담의 다양한 기법을 숙달하고 있어야 한다. 그리고 한 인간으로서 윤리적인 소양과 함께 인격적인 성숙을 갖추고 있어야 한다. 그리고 기독상담자는 신앙을 바탕으로 하나님과의 관계가 좋아야 한다.

특별히 아동상담자에게 필요한 역할과 자질은 어떤 것들이 있을까 살펴보자(신현균, 2014).

첫째, 상담자는 부모의 눈이 아닌 아동의 눈을 통해 아동을 이해하려고 노력해야 한다. 아동이 지각하고 있는 문제나 상황은 부모가 지각하고 있는 것과 다르다. 아동은 아동 자신만의 세계가 있다. 그런데 상담자가 부모와 면담한 자료를 가지고 아동을 만날 때 편향된 시각을 가지고 아동을 이해하는 실수를 범할 수 있으므로, 아동의 시각을 직접적으로 보려는 자세를 가지고 있어야 한다. 저자의 경우, 아동상담을 할 때 부모와 면담을 길게 하지 않고 부모에게 "아동을 직접 만나보고 구체적으로 아이는 어떻게 생각하고 있는지 알아본 후 다시 부모님을 뵙도록 하겠습니다."라고 말한 다음, 부모 면담, 아동 면담, 다시 부모 면담 시간을 갖는다. 이것은 부모의 시각도 고려하면서 동시에 아동의 시각을 고려하기 위한 과정의 하나다.

둘째, 상담의 환경이 안전해야 한다. 이 말은 아동이 자유롭고 편안하게 자신의 이야기를 할 수 있는 환경이 제공되어야 함을 의미한다. 아동이 안전함을 느끼기 위해서는 상담 장소가 물리적으로 안전한 공간이어야 하며, 상담을 할 때 상담자로부터 안전감과 편안함을 느낄 수 있도록 해야 한다. 이것은 상담자의 자세가 권위적인 어른으로 느껴지거나 학교 교사처럼 느껴지지 않아야 하며 아동을 인격적으로 존중하는 태도가 느껴지도록 해야 하는 것을 의미한다. 아동상담자는 이를 위해 진실하면서도 일관성 있는 태도를 유지해야 한다. 또한 아동이 상담자의 말이나 행동에 대해 불편함을 느끼는 것 같으면 솔직하게 자신의 실수를 인정하는 자세도 필요하다.

셋째, 아동상담자는 아동의 주된 문제를 해결하는 데 도움을 줄 뿐 아니라 전반적인 성장을 촉진시키는 역할을 해야 한다. 즉 심리치료를 통해 현실적인 문제 해결에 도움이 되기도 하지만 이에 더하여 사회성, 자아정체성 등 다양한 영역에 걸쳐 전인적인 성장을 돕는 파급효과를 가져오도록 도와야 한다. 그래서 아동상담의 두 가지 주요 목적은 증상 개선과 성장 촉진이다. 때로는 증상을 감소시키기 위한 것에 치료 목적을 두기보다 정서, 인지, 사회성 등 발달의 전반적인 영역에서 성장하도록 돕는 것이 아동의 적응력과 자기개념을 향상시키게 되면서 주된 증상도 자연스럽게 개선시킬 수 있다.

넷째, 아동상담자는 아동에게 모범이 되어야 한다. 아동은 긍정적인 감정을 느끼게 하는 사람을 따르고 모방하려는 경향이 있다. 따라서 상담자의 행동 특성, 말투, 외모 등을 따라하며, 상담관계가 좋은 경우, 상담자의 가치관까지도 자신의 것으로 가져가기도 한다. 이 말은 상담자의 바람직하지 못한 측면을 아동이 학습할 위험성이 있다는 것을 뜻한다. 그러므로 아동상담자는 기본적인 사회 규범에서 바람직하게 여겨지는 행동을 하려고 노력해야 하며, 건강하지 못한 행동은 하지 않도록 주의해야 한다. 그리고 실수나 잘못한 경우에는 솔직하게 인정하고 사과할 수 있어야 한다. 그렇게 되면 상담자의 행동을 모방하여 아동도 자신이 잘못했을 때 인정하고 사과하는 것을 배우게 된다.

다섯째, 상담자는 아동에게 침입적 자세를 취해서는 안 된다. 상담자는 자신도 모르게 아동에게 많은 질문을 함으로써 아동에게 침입적이 될 수 있다. 어른인 경우, 질문을 받아도 대답하기 싫으면 싫다고 표현할 수 있지만 아동은 질문을 받는 것이 두렵고 말하기 싫어도 자신도 모르게 반사적으로 대답할 수 있는 가능성을 배제할 수 없다. 그러므로 상담자는 아동이 어리다는 이유로 편하게 질문하고 편하게 요구하고 있지는 않은지 항상 자신을 점검해야 한다. 그래서 질문을 할 때, "혹시 내가 질문할 때 말하기 싫으면 싫다고 얘기해도 되니까 편하고 솔직하게 말해줄래?"라고 아동에게 힘을 실어줄 필요가 있다.

여섯째, 아동상담자는 성인상담과 다른 아동상담 기법에 대해 숙달되어 있어야 한다. 아동상담에서는 대화로 하는 방법보다는 놀이나 미술, 도서와 예술(영화나 다른 매체) 등을 활용할 뿐 아니라 부모 교육 등을 활용하기도 하므로 이에 대한 지식을 갖추고 있어야 한다.

아동상담자는 상담 효과를 높이기 위해 아동에게 적합한 상담 기법들을 사용해야 하므로 다양한 상담 방법에 대해 숙지하고 있어야 한다. 상담 및 심리치료의 원리뿐 아니라 놀이나 예술, 책을 활용하는 방법, 모방 학습이나 행동 수정 기법, 부모교육 등 다양한 영역에 대한 지식이 필요하다. 이론적 입장에 따라 사용하는 기법들이 다를 수 있지만, 아동중심적 놀이치료자인 Landreth(1987)의 제안이 아동상담자가 가져야 할 기본적인 태도와 기법들에 대해 잘 요약하고 있다(김춘경, 2004에서 재인용).

- 온화하고 일관된 방식으로 아동을 대함으로써 안정적이고 보호하는 환경을 제공한다.
- 놀이에서 드러나는 아동의 단어와 행동에 대해 관심을 보여주면서 아동의 관점에서 이해하려 노력하고, 항상 그들의 관점을 인정하고 수용하도록 노력한다. 아동들이 자신의 감정을 수용하면서 정서를 표현하도록 격려한다.
- 놀이도구의 선택과 사용법 등 상담 과정에서 아이 스스로 선택할 수 있도록 허용적인 환경을 제공하여, 자기 책임감과 의사결정능력을 향상시킬 수 있도록 격려한다.
- 아동이 스스로 어떤 것을 하도록 격려하고 놀이 상황에서 가능한 많은 상호작용들을 경험하게 함으로써 자기 통제력을 발달시키고 사건들을 통제할 수 있는 기회를 제공한다.
- 상담자가 아동의 감정과 행동을 경험하고 관찰한 것을 언어로 표현해 준다. 상담자에 의한 이러한 언어화는 아동에게 감정을 적절히 표현할 수 있는 언어를 가르치고, 자신의 내적 동기, 정서, 그리고 상호작용 패턴 등을 통찰하도록 도와준다.

아동은 자신의 문제에 대해 정확하게 인식하지 못하는 경우가 많으므로, 상담 과정에서 드러나는 아동의 혼란스러운 생각이나 감정 등을 상담자가 언어로 명료화해주는 것이 자기 인식에 도움이 되며, 언어화와 같은 2차 사고능력을 발달시키게 된다.

또한 아동의 문제 행동을 판단하지 않고 수용하는 상담자의 태도도 아동의 내적 자각을 촉진시키는 요인이다. 따라서 아동상담자는 언어화하는 방법, 내담 아동을 있는 그대로 수용하고 반영하며 공감하는 방법 등을 기본적으로 잘 활용할 수 있도록 기술 습득에도 최선을 다해야 한다(신현균, 2014).

4. 아동상담관련 상담자윤리

상담자는 상담자 윤리에 대해 반드시 알아야 하는데 여기에서는 상담 윤리 중 아동상담 시에 꼭 알아야 할 내용 일부만 실었다.

동의서

상담을 하겠다는 내담자의 의사결정을 문서화한 것으로, 자발적으로 동의, 서명하도록 해야 한다.

비밀보장

아동에 대한 비밀보장에 대해 부모에게 공개하는 것에 대해서는 의견이 분분하다. 일반적으로 부모에게 정보를 공개하는 것은 "아동에게 무엇이 최선인가"에 따른 상담자의 판단에 따라 결정된다. 그러나 법적으로 정보에 대한 부모의 권리는 존중되어야 하므로 동의서를 제시한 부모는 기록과 정보를 이용할 수 있다.

비밀보장을 지키지 않아도 되는 상황에 대하여 미국심리학회(APA, 1987)는 다음과 같이 정리하고 있다.

① 아동, 청소년 혹은 능력이 없는 사람이 학대나 방임으로 판명되거나 의심이 가는 경우
② 이전의 환자나 내담자의 의도의 합법성에 이의가 제기될 경우
③ 심리학자가 내담자에 의해 야기된 잘못된 행동을 변호하는데 필요한 경우
④ 동일한 희생자에 대한 신체적 폭력의 위협이 상담자에게 공개되었을 경우

⑤ 민사소송절차에서 자기를 해칠 위협이 상담자에게 개방되었을 경우

⑥ 소송에서 정신적, 정서적 손상을 주장하는 내담자가 자신의 정신 상태를 문제 삼을 경우

⑦ 내담자가 법령에 준하여 조사받을 경우

⑧ 내담자의 조사와 청문회에서 이 행동의 위반을 문제 삼는 기관에 의해 처리될 경우

보호와 경고의 의무

상담자는 비밀보장의 한계를 논의하는 맥락에서 내담자에게 보호의 의무와 경고의 의무를 알려주어야 한다. 상담자는 경우에 따라서는 내담자와의 상호작용을 기록해야 한다. 기록은 법적 책임으로부터 상담자를 보호하고, 경고와 보호의 의무와 관련된 그 상황을 증명하는 자료로써 중요하다.

보고의 의무

상담자는 아동학대나 방임이 의심되는 증거가 있으면 아동학대 예방센터에 알려야 하고, 보고가 되면 아동복지사가 아동관련 정보를 요구할 수 있고, 상담자는 알고 있는 정보를 상세하게 알려주어야 한다. 학대나 방임의 보고에서 가족을 다루는 것은 쉽지 않다. 그러나 그들을 다루지 않는 것은 다른 사람에게 더 해로울 수 있다.

상담자는 여러 가지 윤리적 문제에 직면하는데 아직 윤리 문제에 대한 명확한 답은 없지만, 이장호(1995)는 상담자가 숙지해야 할 윤리적 지침을 다음과 같이 제시하였다.

① 상담자는 자신이 어떠한 개인적 욕구를 가지고 있는지, 상담을 통해 자신이 얻는 바가 무엇인지, 그리고 자신의 욕구와 행동이 내담자에게 어떠한 영향을 미치는지를 분명히 자각하고 있어야 한다.

② 상담자는 자신이 소속한 기관이나 조직에서 채택하고 있는 윤리적 규준들을 알고 있어야 하지만, 상담자 자신의 독자적인 판단이 중요하다는 점을 인식하고, 문제들에 대한 적절한 답을 찾는 책임이 자신에게 있음을 알고 있어야 한다.

③ 상담자에게는 내담자의 복리에 대한 책임이 있으며, 내담자를 자신의 욕구를 충족시키기 위해 이용하는 일이 있어서는 안 된다.

④ 상담자는 치료적 관계를 명백히 해칠 수 있는 내담자와의 어떠한 다른 관계도 가져서는 안 된다.

⑤ 상담자에게는 내담자의 비밀에 대한 보장과 상담관계에 부정적인 영향을 미칠 수 있는 다른 문제들에 대해서도 내담자에게 알려줄 책임이 있다.

⑥ 상담자는 자신의 가치관, 태도 등을 자각하고 있어야 하며, 이러한 가치와 태도가 상담 관계 및 내담자에게 어떠한 영향을 미치는지를 인식하고 있어야 한다.

⑦ 상담자는 상담의 목표, 기법 및 절차, 그리고 상담 관계를 시작함으로써 내담자에게 닥칠지도 모르는 위험과 내담자가 상담을 시작하려고 결정을 내리기 전에 고려해야 할 다른 요인들에 대해서도 미리 내담자에게 알려주어야 한다.

⑧ 상담자는 자신이 제공할 수 있는 전문적인 도움의 한계를 잘 알고 있어야 하며, 내담자에게 적절한 도움을 주지 못하고 있다는 판단이 내려질 때에는, 지도감독자의 도움을 받거나 내담자가 다른 상담자에게 상담을 받을 수 있도록 의뢰해야 한다.

⑨ 상담자는 상담 과정에서 자신이 내담자에게 모델이 될 수도 있다는 점을 알아야 하며, 따라서 상담자 자신의 생활에서 내담자에게 영향을 미칠 수 있는 일이나 행동을 인식하고 있어야 한다.

8장

아동상담 기법

　아동상담은 아동들이 일상생활에서 사용하는 매체를 가지고 상담을 할 때 더 효과적이다. 아동은 자신의 생각이나 감정을 언어보다는 놀이, 미술, 음악, 독서, 동작 등의 매체를 통해 더욱 더 효과적으로 표현하고 전달할 수 있다. 여기에서는 아동상담 기법 중에서 놀이치료와 미술치료 위주로 설명을 하고자 한다. 최근에는 한 가지 치료방법을 고수하기보다 여러 가지 치료법을 통합적으로 사용하는 경향이 높아지고 있다.

1. 놀이를 활용한 기법

1) 놀이의 기능과 가치

놀이를 통해 상담자는 아동의 문제해결에 개입하고 아동의 심리를 해석하고 내면화 시켜줄 기회를 제공받는다. 상담자는 놀이과정에서 아동이 생활문제에 더 잘 대처하게 하는 새로운 문제 해결전략을 발달시켜줄 수 있다. 에릭슨은 이 단계에 있는 아이들이 놀이를 통해서 자신의 정체성을 구축해 나간다고 하였다(Erikson, 1977). 아이들은 놀이를 통해서 자신만의 소우주 속에서 자신을 표현하며, 장난감을 통해 자신의 심리를 표현한다.

(1) 놀이의 기능

랜드레스(Garry L. Landreth, 1991)는 놀이의 '무의식적 목적성'에 대하여 다음과 같이 제안하였다. 어떤 목적을 추구하지 않더라도 놀이는 아동에게 목적을 제공하며, 이것은 놀이의 상징성의 핵심이며, 그 속에는 아동을 성장, 발달시키는 요소가 있다. 아동에게 있어 놀이는 자기 발달(또는 개인 내적인), 성숙(또는 성장), 그리고 관계(또는 개인 간) 향상의 세 가지 기능과 목적을 지닌다(김춘경, 2004, 재인용).

놀이의 자기 발달 기능

자기감을 발달시키는 것은 유아기의 중요한 과제임과 동시에 놀이 활동의 주된 과제다. 놀이는 아동이 부정적 결과를 두려워하지 않고 자신의 흥미와 감정을 자유롭게 표현할 수 있고, 그것을 통해 감정이 정화되고, 그런 감정표현을 통해 자신의 탐색을 가능케 하고, 자신에 대한 통제감을 얻게 되고, 감정과 욕구에 의해 행동하기보다는 그것을 표현하고 해결하게 한다. 그 이후에 얻게 되는 통제감은 아동의 자신감과 숙달감을 촉진시켜 생활의 어려움에 대처할 수 있는 유능감을 발달시킨다. 또한 놀이를 통해 계속해서 자극받고 지루하지 않고 즐겁게 지내면서 존재의 의미감을 경험한다.

놀이의 성숙 기능

놀이는 아동의 발달적 측면(언어 및 문제해결기술, 도덕 판단)에서 전반적인 성장을 촉진한다. 놀이를 통해 의미있고 위협적이지 않은 방법으로 새로운 기술을 배우고 연습할 수 있는 기회를 갖게 되며, 문제를 해결하고 새로운 상황에 대처할 수 있는 능력을 촉진한다. 놀이는 아동이 사물과 환경사이의 관계, 원인과 결과간의 관계, 사건 사이의 연계를 탐색하도록 이끈다. 이것은 아동의 경험을 의미있게 조직화하는 것을 촉진한다.

관계형성 기능

아동은 다른 사람과의 놀이를 통해 자기 자신, 인간관계에서의 규칙, 가족규칙, 사회문화나 주변 환경에 대처하는 규칙에 대해 배운다. 그리고 그렇게 배운 것들을 인간관계 형성에 적용한다.

종교사회심리학자인 피터 버거(Peter Berger)는 놀이를 다음과 같이 정의하였다. "놀이는 신성한 초월성의 신호다. 왜냐하면 놀이를 통해서 사람들은 일상생활로부터 다른 곳으로 옮겨지는 것과 같이 느낄 수 있을 뿐 아니라, 평범한 시간에서 영원 속으로 가는 것처럼 느끼기 때문이다(Berger, 1970)." 버거는 놀이와 쉼은 인간이 자신의 영역을 떠나서 신성한 하나님의 영역에 있는 초월적인 지경을 맛볼 수 있다고 까지 말하면서 아동과 성인 모두에게 놀이의 중요성을 강조하였다.

기노(Ginott, 1994)는 "아동의 놀이는 그의 대화며, 장난감은 그의 단어"라고 설명하였다. 올튼(Orton, 1997)은 "아동의 놀이는 아동들과 관계를 맺는 것을 도와주고, 아동이 자신의 문제를 이야기하도록 하고, 평가 과정을 돕고, 치료와 성장을 촉진시킨다."고 하였다. 놀이는 유연성을 키우며, 정상발달을 향상시키고, 이상 행동을 완화하는 힘이 있다. 놀이는 자신을 표현하고, 민감한 부분을 이야기하고, 자신감을 증가시키는 자연스런 방법이다. 놀이의 또 다른 중요한 특성은 어른의 평가와 판단이 없기 때문에 아동이 실수를 해도 안전하다는 점이다.

여러 전문가들의 견해를 종합하여 아동에게 놀이가 필요한 이유와 기능을 정리하면 다음과 같다.

- 아동의 생활은 그 자체가 놀이며, 이를 통해 자발성과 성장이 촉진된다. 놀이는 활동 그 자체가 주는 쾌감으로 내재적으로 동기화 된다(내적욕구 만족).
- 놀이는 아동에게 활동의 자유와 목적과 사건에 신선한 의미를 부여한다(놀이의 창의성). 놀이는 허구적 특성(현실세계가 아닌 것처럼)을 갖고 있어서 상상의 세계를 제공해 준다.
- 놀이세계에서는 유아 자신이 결정자이며, 놀이의 지배자다.
- 놀이는 모험의 요소를 가지고 있고, 놀이를 통해 물질세계를 탐색하는 방법과 판단력을 키우고, 성인 역할을 학습하게 된다.
- 놀이는 발달의 기초가 되며, 흥미와 주의집중 능력을 향상시킨다.
- 놀이는 대인관계를 연습하고 형성하는 힘이 있으며 놀이를 통해 긍정적인 정서를 느낄 수 있다.
- 아동은 놀이에 몰두해서 시간과 장소에 대한 자각을 잃어버리기도

하며 삶에 활력소의 역할을 한다.

- 놀이는 행동 자체보다 놀이 과정이 더 중요하다. 놀이는 목적을 가진 탐색활동이 아니라, 내가 이 물건으로 무엇을 할 수 있는지에 대한 답을 찾아가는 과정이다.

(2) 놀이의 치료적 가치

놀이치료는 아동상담에서 사용되는 가장 일반적인 기법 중의 하나며, 놀이는 자신을 표현하는 가장 자연스러운 수단이며, 의사소통 수단이고, 놀이과정 자체를 아동이 즐기기 때문에 더욱 중요하다. 샤퍼(Schaefer, 1993)는 놀이의 치료적 힘과 각각의 긍정적인 결과를 요약하였으며, 이 것을 스위니(Sweeney, 1997)가 다음과 같이 설명을 하였다.

① 저항 극복: 놀이는 아동이 상담자와 치료 동맹을 맺도록 한다.
② 의사소통: 놀이는 이해를 돕는 자기표현의 자연스러운 방법을 제공한다.
③ 유능감: 놀이는 탐색과 숙달의 욕구를 만족시켜 자존감을 높여준다.
④ 창조적인 생각: 문제 해결 기술들을 발달시켜 어려운 상황에서 혁신적인 해결들이 나올 수 있도록 한다.
⑤ 카타르시스(정화): 아동은 그들이 직면하기 어려운 감정을 표현할수가 있다.
⑥ 역할놀이: 아동은 새로운 행동을 연습하고 공감능력을 발달시킬 수있다.
⑦ 환상: 아동은 고통스런 현실을 이해하기 위해 상상력을 이용한다.
⑧ 은유적 교육: 아동은 놀이에서 나온 비유를 통해 갈등과 두려움을 직면함으로써 통찰을 얻는다.

⑨ 애착 형성: 아동은 상담자와 유대를 발달시킨다.

⑩ 관계 증진: 놀이는 긍정적인 치료적 관계를 강화하여 아동이 자기 실현을 위한 방향으로 가도록 하고 다른 사람들과 친밀해지도록 한다.

⑪ 긍정적인 정서: 아동은 놀이를 즐긴다.

⑫ 발달적 두려움 극복: 반복되는 놀이 활동은 불안과 두려움을 감소시킨다.

⑬ 게임: 게임은 아동이 사회화하는 것을 돕고 자아 강도를 길러준다.

그 밖에도 놀이는 현존하는 문제를 해결하기 위해 상담자와 아동이 서로 타협하도록 도와준다. 놀이는 비언어적 또는 상징적으로 일어나는 모든 과정을 가능하게 하므로 매우 어리거나 언어능력이 부족한 아동까지도 놀이치료가 가능하다.

2) 놀이치료의 목적

놀이치료의 목적은 아동들이 자발적으로 자신에 대해 더 잘 알고 세계에 대해 배우도록 도와주는 것이다. 상담자가 놀이치료 상담과정에서 수행해야 할 목표는 다음과 같다(Landreth, 1987).

첫째, 온화하고 일관된 방식으로 아동을 대함으로써 안전하고 보호받는 환경을 제공한다.

둘째, 아동의 세계관을 그의 단어와 행동으로 표현하여 실제적으로 흥미를 갖도록 하며, 아동의 관점에서 상호작용방식을 이해하려고 노력하며, 인정하고 수용하도록 노력한다.

셋째, 아동이 자신의 감정을 수용하면서 자신의 정서를 표현하도록 격려한다.

넷째, 놀이도구의 선택과 사용법, 역할놀이의 사용법, 그리고 상담과정에서 공통적으로 일어나는 다른 결정들에 대해 아동 스스로 선택할 수 있도록 허용적인 환경을 제공하고, 자기책임과 의사결정능력을 향상시킬 수 있도록 격려한다.

다섯째, 아동이 자기 스스로 통제력을 발달시키고 사건을 통제할 수 있는 기회를 제공한다.

여섯째, 아동을 위해 상담자가 아동의 감정과 행동을 경험하고 관찰한 것을 말로 언어화한다. 언어화를 통해 아동에게 감정적인 언어를 가르치고, 아동이 그들의 동기, 내재된 정서, 그리고 상호작용 패턴을 통찰하도록 돕는다.

3) 놀이매체

(1) 놀이 매체 선택

놀이치료에서 상담자가 사용할 수 있는 재료와 소도구들이 놀이매체다. 이러한 도구들은 아동들의 관심을 사로잡고 자신을 표현하는 방법으로 제공할 수 있다.

아동상담에서 장난감과 같은 치료 도구를 선택할 때 일반적 지침은 다음과 같다(Ginott, 1961: Landreth, 1987: 김춘경 재인용).

- 견고하고, 반복 사용해도 쉽게 손상되지 않아야 한다.
- 상담자와 아동의 관계를 촉진하는 것이어야 한다.
- 성공의 기회를 제공해야 하고, 자아존중감과 자기 확신을 갖도록 이끌어 주어야 한다.
- 흥미를 유발할 수 있는 것, 말을 요구하지 않고, 탐색하고 표현하도록 할 수 있는 것이어야 한다.

- 아동이 받아들이기 어렵고 힘든 생각과 감정 표현이 가능한 것이 좋다.
- 상담자가 아동과 긍정적인 관계를 형성할 기회를 가질 수 있어야 한다.
- 현실 생활과 공상 모두를 탐색할 기회를 제공해야 한다.

그리고 치료적 효과를 낼 수 있는 장난감의 종류는 다양한데 개략적으로 정리하면 다음과 같다.

- 실생활 장난감: 아기인형, 구부릴 수 있는 가족인형, 인형집, 인형 옷, 인형 마차, 인형가구, 가사 도구(놀이접시, 부엌도구, 접시, 다리미, 다리미 판 팬, 용기), 전화기, 차, 트럭, 의료기구, 학교용품, 장난감 돈, 플라스틱 과일, 지갑, 보석, 비행기와 같은 운송수단 등
- 행동화나 공격성 표출 장난감: 공, 화살판, 화살총, 권총집이 있는 권총, 고무로 만든 칼, 총이나 다른 시끄러운 소리를 내는 무기, 수갑, 장난감 군인, 망치, 벤치, 군대 장비, 팽창성 때리기 장난감 등
- 무서운 장난감: 괴물, 거미, 벌레, 들쥐, 뱀, 악어 등 무서운 동물이나 곤충들
- 창조적 표현과 정서해소 장난감: 손가락 인형, 천, 낡은 수건, 모자와 가장복, 색분필, 지우개, 모래 상자, 색종이, 가위, 접착제, 연필, 매직펜, 테이프, 점토놀이, 풀, 수채물감 등 각종 미술 도구와 만들기 도구들

(2) 놀이매체가 상징하는 것

각각의 놀이도구들이 상징하는 의미는 고정적으로 해석하기보다 다른 상징물과 은유를 종합하여 해석해야 하며 단일한 놀이도구를 단정적으

로 해석하지 않도록 조심해야 한다.

놀이도구와 그 도구가 상징하는 의미를 정리하면 다음과 같다(이향숙 외, 2011).

<표 8-1> 놀이도구의 상징적 의미

놀이도구	상징적 의미
비행기	도망, 거리감, 속도, 자유, 안전, 보호
야생동물	공격, 공포, 생존, 힘, 강함
동물(가축)	보호, 가정 관련, 공격받기 쉬움, 승낙, 의존
아기 젖병	퇴행, 영양공급, 구순, 의존성, 아기, 형제, 배뇨
공	상호작용, 연관성, 신뢰, 재평가, 경쟁, 안심
담요	퇴행, 안전, 보호, 경계
인형	의사소통, 정체불명의 인물, 환상, 충동, 변장
퍼즐	문제 해결, 결정, 완성, 수행, 통합, 해결, 그림 모으기, 함께하기
보트	도움, 안정/불안정, 정서, 균형, 안심
책	독서, 비밀, 과거, 미래, 현재, 정체감, 지식, 은유
카메라	증명, 타당성, 확신, 과거, 진실, 변화, 기억
자동차	운동성, 힘, 도망, 갈등, 안전, 보호, 여행, 방어, 가정사
점토	공격, 조정, 창조, 자기 확신, 변화, 표현, 접촉, 압력
모자	정체감, 역할, 기대, 환상, 충동, 변장
공룡	과거, 역사, 죽음, 힘, 소멸, 공포, 갈등, 생존, 상실
플래시 불빛	통제, 비밀, 공포, 발견, 리더십, 의존성, 관찰, 흩어보기
병원놀이 용품	치료, 수선, 존경, 힘, 삶/죽음, 고통, 신체상, 위기, 변화, 강요, 주사기-강요(침입), 고통, 치료, 공포, 해, 접촉, 침투 청진기-내적 감정, 알려지지 않은, 비밀에 붙여진, 정당함 온도계-내적 감정, 아픔/좋음, 도움이 필요함, 위기, 변화가 필요함, 수술, 위기, 치료, 강요, 행동, 해, 결심, 통제
접시/요리	영향, 축하, 안전, 구순, 주의집중, 무시, 요구
인형	자아정체, 퇴행, 형제자매, 해부, 경쟁, 밀접, 우정
인형집	가정, 가족의 상호작용/태도, 환경, 비밀

게임	삶의 통제, 경쟁, 성공/실패, 승낙, 권력, 구조, 저항, 능력, 협조
열쇠	비밀, 통제, 알려지지 않은, 보호된, 경계, 봉쇄
부엌 세트	집, 양육, 돌봄, 무시, 형제간의 갈등, 가족, 존경, 정서적 지원
돈	비밀, 힘, 통제, 상실, 사기
괴물 모양	공포, 신비함, 놀람, 알려지지 않은, 친근한, 비밀, 힘, 양가적인, 공격, 갈등, 복수, 환상
악기	자기표현, 내적, 의사소통, 창의성, 접촉
군인	갈등, 공격, 힘, 투쟁, 삶/죽음, 사람, 집단
공간 (상자, 텐트, 집)	감추어진, 존재, 부끄러움, 존경, 거리감/접촉, 수용, 진실, 경계
레고 블록	구조, 조작, 완성, 끝마침, 목표 접근
전화	의사소통, 거리, 안심, 통제, 힘, 연결되지 않은

4) 놀이치료의 실제

놀이치료를 실제로 적용하기 위해서는 놀이치료의 기본적인 과정과 기본적인 기술을 알아두고 상담자의 역할에 대해 숙지하고 있어야 한다. 놀이치료의 과정과 상담자의 역할은 아동상담의 과정과 비슷하므로 여기에서는 기본 기술을 약술하고자 한다.

추적하기(tracking)

'추적하기'는 아동에게 아동이 놀고 있는 장난감이나 아동의 행동을 설명해주는 것이다. 이것은 아동이 행동하고 말하는 것이 그 자체로 의미가 있고 주목할 만하다는 것을 아동에게 알려주기 위한 것이다. 행동 추적을 할 때는 아동이 명명하기 전에 상담자는 아동의 생각을 읽어주거나 명명하지 않아야 한다. 상담자가 아동의 장난감과 행동을 자신의 관점으로 명명하면 아동의 실제 생각이 아닌 반응들이 표현될 수 있는 위험성이 있다. 아동이 행동할 때마다 추적하기를 사용하면 인위적으로 보일 수 있으므로 너무 자주 사용하지 말고 가끔 사용하는 것이 좋다.

추적하기의 예를 제시하면 다음과 같다(김춘경 사례 정리).

아 동 : 붕붕, 붕붕 (바닥에서 블록을 밀고 있다)

상담자: "자동차를 가지고 재미있게 놀고 있네."

아 동 : "이건 자동차가 아니고, 배에요."

설 명 : (아동이 블록을 자동차라 명명하지 않았음에도 상담자가 자신의 가정을 투사한 것. 명명하기보다 그냥 "붕붕 소리가 나는구나. 또는 "큰 소리가 나네." 라고 말할 수 있다.)

아 동 : (크레용으로 강아지 그림을 그린다.) "이건 내 고양이에요."
(다리를 그리고 각 다리 끝에 여러 개의 점을 찍는다.)

상담자: "고양이 발톱을 그리고 있구나."

아 동 : "아뇨."

설 명 : (아동이 그리고 있는 것이 발톱인지 무엇인지 알 수 없는데 명명하고 있다. 이는 상담자가 주도하는 것. 상담자의 잘못된 반응으로 아동은 소통이 되지 않는다고 느낄 수 있다. "네 고양이에게 뭔가 그려 넣고 있구나."라고 반응함으로써 아동이 뭔가 하고 있다는 것을 인식시키고 상담자의 관심을 전달할 수 있다. 그리고 아동에게 자신이 그리는 것이 무엇인지 말하도록 돕는다.)

재진술하기

재진술(paraphrasing)은 아동이 사용한 말을 일부 섞어서 아동이 말한 것을 다시 한 번 진술하는 것이다. 이때 아동의 말을 그대로 따라하는 것이 아니라 아동이 이해할 수 있는 수준으로 언어를 사용하며, 아동의 이야기 안에 있는 명백한 메시지에 반응하는 것이다. 이 기술의 목적은 아동이 말하는 것이 중요하다는 것을 아동에게 알게 함으로써 아동과 관계를 형성하는 것이다. 내용을 재진술하는 상담자는 아동에게 집중하고 있다는 것과, 언어적인 것과 비언어적인 것 둘 다 의사소통하려고 애쓰면서 듣는다는 것을 아동에게 알려줄 수 있다.

감정 반영하기

아동은 종종 자신의 감정에 대한 인식이 부족하고, 감정을 설명하는 능력이 제한되어 있으므로 상담자는 아동의 감정을 반영해주고, 또 아동이 자신의 감정을 이해하고 표현하는 것을 도와주어야 한다. 감정 반영은 언어가 의미하는 대로 상담자가 거울이 되어 감정을 보여주는 것이다. 상담자는 정확하게 정서를 반영하기 위해서 아동이 전달하는 내용 중에서 감정에 집중하여 반응하되 간단하고 명백하게 표현해야 한다. 상담자는 겉으로 드러난 감정과 내면 깊숙이 숨어 있는 감정 두 가지 모두를 알아차리고 반응해 주어야 한다. 그렇지 않으면 아동은 그러한 감정이나 표현은 수용될 수 없는 것이라고 느끼게 된다.

효과적인 감정 반영의 예를 제시하면 다음과 같다.

아 동: (아무 말도 하지 않고 손만 만지작거리고 있다.) "오늘은 상담하기 싫어요."
상담자: "너는 오늘 상담하기 싫은데 억지로 왔구나. 그래서 말하기도 싫고 집에 가고 싶구나."
아 동: "이 인형을 보면 우리 엄마 아빠가 싸울 때처럼 무서운 생각이 들어요."
설 명: (아동이 인형을 보며 부모의 모습을 투사하고 있다.) "이 인형을 보니 부모님이 싸운 일이 떠올라서 힘들구나. 무섭고 힘들었겠다."

유치원생과 1학년 학생들은 슬픔, 화냄, 무서움, 기쁨의 감정을 주요 감정으로 인식한다. 2, 3학년 아동들은 좌절, 실망, 질투와 같은 단어는 이해하나 더 미묘한 많은 감정은 아직 인식하지 못한다. 상담자는 아동이 이해는 하지만 대화에서 사용하지 못하는 단어들로 감정을 반영하는

데 사용하여 아동의 어휘가 확장되는 기회로 만들 수 있다.

아동에게 책임감 돌리기

이 기법은 상담과정에서 상담자가 아동을 위해 결정하지 않고, 아동 스스로 할 수 있도록 그들을 위해 어떤 것을 하지 않는 것이다. 목표는 아동에게 성취감을 맛보게 하고, 상황을 관리, 통제하도록 함으로써 자기 확신과 의사결정 기술을 강화시키는 것이다. 아동이 질문을 할 때는 그 내용 자체가 실제로 아동이 의도한 것이 아닐 수 있다. 상담자는 질문을 아동에게 돌림으로써 아동에게 책임을 지도록 하는 것이 좋다.

예를 들면 아동이 "내가 무엇을 그리는지 알아요?"라고 말하면 상담자는 아동의 질문에 바로 답을 하기보다 "글쎄, 네가 그리는 것은 네가 알겠지? 그것이 뭐니?"라고 재질문함으로써 아동이 자신의 생각을 말하게 하는 것이다. 아동이 "선생님은 제가 무엇을 그리는지 알잖아요? 선생님이 맞춰보세요!"라고 제안을 해도 "그 그림은 네가 그린 거니까 그 그림이 무엇인지 내가 알 수 있는 방법은 네가 나에게 말해 주는 것뿐이야."라고 대화를 진행하는 것이 좋다.

아동의 은유 사용하기

놀이도구를 가지고 상담실에서 행하는 아동의 행동은 상담실 밖에서의 관계를 표현하는 것이므로 상담자는 아동의 행동과 비언어적 표현을 주시해야 한다. 아동은 자신의 현실에서 편안하게 논의할 수 없는 문제나 상황에 대해 대화하기 위해 주로 은유를 사용한다. 놀이상담에서 대부분의 의사소통은 비지시적인 은유다. 아동이 동물 피규어로 동물가족에 대한 이야기를 할 때 상담자는 아동의 가족이 아니라 동물가족에 대한 예측과 질문을 해야 한다. 이는 아동의 은유를 해석하지 않고 은유

깨기를 하지 않음으로써 아동이 편안한 상태에서 대화하려는 의도를 아동에게 증명해 보일 수 있는 방법이다.

저자는 아동상담 때 아동이 아이스크림 모형을 가지고 와서, "우리 엄마는 아이스크림 같아요."라고 말을 한 적이 있었다. 이때 속으로는 '아이스크림이 맛있어서 좋듯이 엄마가 좋다는 뜻인가?'라고 생각은 했지만 은유 깨기를 하지 않고, "그것이 무슨 뜻이니?"라고 물어보았다. 그랬더니 그 아동은 "아이스크림은 시간이 지나면 모양이 없어지잖아요. 그처럼 우리 엄마는 가끔씩 모양을 알 수 없어요."라고 말을 하였다. 그래서 그 은유를 가지고 상담을 진행해나간 적이 있었다. 이처럼 아동의 은유를 다루는데 있어서 가장 중요한 것은 그것을 해석하지 않고 기꺼이 은유를 사용하면서 대화와 놀이 활동을 계속 진행해나가는 것이다. 최상의 과정은 아동과 의사소통하면서 아동이 이해할 수 있는 수준의 은유를 사용하는 것이다.

제한하기

놀이상담 관계에서 아동의 행동에 대한 제한은 필수적이다. 제한은 상담자가 아동에게 감정이입적 태도와 수용의 태도를 지속하게 하며, 아동과 상담자가 신체적 안정성을 갖게 하며, 아동의 자기통제를 강화시키고, 사회적 책임을 가지게 한다(Ginott. 1961).

놀이실에서 제한해야 할 상황을 알고 어떻게 행동하고 반응하는 것이 좋은지 상담자는 알고 있어야 한다(김춘경, 2004).

① 자기 자신, 다른 친구, 상담자에게 신체적 공격을 행할 때, 또는 놀이세팅이나 놀이도구를 파괴하는 경우

1단계: 아동의 감정과 욕구를 인정하고 알아준다. 마음속에 적의감(부정적 감정)이 있다면 이것을 먼저 표출하도록 도와준다.

"네가 이렇게 친구를 때리고 욕을 하는 것을 보니까 뭔가 속상하고 화가 난 것 같은데 그게 뭔지 말해볼래? 말해도 괜찮아."

2단계: 수동공격적인 방법으로 해서는 안 되는 행동을 분명하게 설명한다.

"응, 그래서 화가 났구나. 그래서 친구가 밉고 보기 싫어서 때린 거구나. 그래, 그런데 아무리 화가 났어도 남을 때리면 안 되는데 ……. 너도 누가 널 때리면 싫잖아."

3단계: 인정받을 수 있는 행동으로 고쳐 행하도록 아동에게 다시 지시한다.

"네가 화가 나서 때리기 전에 친구에게 화가 난 이유를 말해주면 좋을 텐데…. 이제부터는 때리기 전에 말로 먼저 말해보지 않을래?"

4단계: 지시한대로 한 경우 적극적으로 칭찬을 한다.

"지금 한번 연습해보자. 자, 친구가 너한테 아까처럼 그런 행동을 했어. 그러면 어떻게 할까? 그렇지 그렇게 말하는 거야. '네가 그러면 난 화가 나. 그러니까 그렇게 하지 마.' 이렇게 말하는 것을 보니 우리 **가 너무 멋있고 대단한 걸. 아주 잘했어. 다음에 이런 일이 생기면 이렇게 해보자."

이 방법은 아동의 감정을 알아주고 사회적으로 수용적인 행동이 무엇인지 알려줌으로써 아동이 어떻게 선택할지 가르쳐주고, 이런 과정을 통해 아동이 자기통제와 자기책임 능력을 높일 수 있도록 할 뿐만 아니라 다른 환경에서도 사회적으로 바람직한 행동을 실행할 수 있도록 도와주는 것이다.

② 장난감이나 놀이도구를 가져가려는 경우

아동의 이러한 행동은 치료를 연장하려는 갈망일 수도 있고, 아동이 그 치료에서 만든 어떤 것에 대한 애착의 반영일 수도 있고, 선물에 대한 요구일 수도 있다. 그러므로 상담자는 아동의 진짜 의도가 무엇인지 먼저 파악한 후에 반응해야 한다. 그리고 가져가려고 하는 품목이 무엇인지 파악하여 그 놀이도구가 아동에게 무슨 의미인지 조사해야 한다. 아동의 요구를 어떻게 해석하느냐에 따라 상담자의 반응은 다를 수 있다.

③ 상담이 끝난 이후에도 머물러 있는 경우

회기는 제시간에 끝나야 한다. 치료는 아동에게 통제력을 내면화시키고 반응적인 행동을 돕는 것이기 때문에 정확한 시간에 종료하는 것은 아동에게 자기 통제력을 연습시키고, 규칙의 일관성과 안정성을 제공한다. 예를 들어 종료 10분전에 끝날 것이라고 알리고 아동이 다음 주에 다시 올 것이고, 모든 것들이 똑같이 그대로 있을 것이라는 것에 안심할 수 있게 해줘야 한다.

5) 치료 과정에서 생기는 문제점

놀이치료 과정에서 아동이 보이는 방어와 저항은 상담을 방해하는 과정으로 이해할 수 있지만, 실제적으로는 좋은 치료적 도구로 사용할 수 있다. 아동의 모든 방어적 책략들은 자아를 발전시켜 해로운 것으로부터 자신을 지키고 자아를 유지시키기 위한 것으로 이해할 수 있다. 따라서 상담자는 아동의 행동이 자기보호적인 의미를 지녔음을 인식하여 아동이 무엇을 보호하고 있는지 알아내서 아동으로 하여금 그렇게 행동할 수밖에 없다는 사실에 대해 공감해준 후, 상담자(믿을만한 사람)에게는 방어를 하지 않아도 된다고 알려주고 아동이 그렇게 느끼도록 도와야 한다. 그러나 방어의 실체를 벗기는 것은 그 아동을 취약하게 하여 대처전략이 없도록 만드는 것이다. 그러므로 아동이 자신을 보호하기 위한 대처 전략과 기술이 생기기 전에 방어를 없애도록 하는 것은 위험하다. 아동 스스로 자기 방어를 포기하도록 돕고 이를 위해서는 충분한 신뢰 형성과 함께 수용과 존중의 의사소통을 하는 것이 선행되어야 한다.

아동의 방어와 관련된 문제점과 그에 대한 상담자의 대처전략은 다양하므로 상담자는 이것에 대하여 배우고 연구해야 한다. 그리고 같은 문제에 대한 대처 전략이 다른 아동에게는 효과가 없는 경우도 있는데 이것은 아동마다 심리가 다 다르기 때문이다. 이런 경우에는 개방적이면서도 유연한 사고, 창의적인 사고로 대응할 수 있어야 한다.

어떤 경우에 아동이 부모와 떨어지는 것에 대하여 분리불안을 느껴서 놀이실로 들어오는 것을 거부할 수 있다. 아동이 고통과 두려움을 주는 장소에 맞서기 위해서는 치료실은 안전한 장소라는 인식을 심어주고 부모님은 멀리 가지 않고 대기실에서 기다릴 것이라고 안심시켜줄 필요가 있다. 그리고 분리불안 증상이 있는 아동은 상담시간을 길게 하지 않도록 하여 불안을 덜 느끼도록 도와야 한다.

2. 미술을 활용한 기법

1) 미술의 의미와 가치

미술치료의 대표적인 인물로는 남버그(Namburg), 크레이머(Kramer), 울만(Ulman)을 들 수 있다.[11] 남버그는 정신분석적 미술치료는 그림으

---

11) 미술치료라는 용어는 1961년 "Bulletin of Art therapy"의 창간호의 Ulman의 논문에서 처음 표현되었다.

로 자신에게 일어나는 내적 욕망이나 꿈, 환상을 직접적으로 표현할 수 있는 장점이 있다고 하였다. 그리고 내담자가 그린 그림에 대해 스스로 해석할 기회를 줌으로써, 그림 표현과 해석, 그림의 상징성을 중시하였다. 크레이머는 미술치료의 역할은 해석이 아니고 승화와 통합과정을 도와주는 것이라고 주장하였으며 작품을 만드는 그 과정 자체를 치료라고 보았다. 울만은 미술치료는 치료적 측면과 창조적 측면을 다 내포하고 있다고 보았다. 미술치료로 아동상담을 하려는 상담자는 위의 방법에 대하여 다 알고 적절하게 사용하는 것이 바람직하다.

미술치료의 의미와 가치는 다음과 같다.

- 미술은 심상의 표현이다.
- 미술은 비언어적 수단이므로 통제를 덜 받는다.
- 미술은 지금 이 순간에 구체적인 유형의 자료를 얻을 수 있다. 즉 눈으로 보고 직접 만질 수 있다. 어떤 아동은 단 한 번의 작품에서도 자신의 감정을 느낄 수가 있다.
- 미술작품은 보관이 가능하므로 자료의 영속성이 있고 아동의 작품 변화를 통해 치료 과정을 한 눈으로 이해할 수 있다.
- 미술은 창조성과 신체적 에너지를 유발한다.

김재은(1995)은 아동화의 표현양식과 아동의 심리적 특징 간의 관계를 다음과 같이 설명하였다.

- 그림은 언어의 상징이다.
- 그림은 아동이 획득한 개념과 생활경험을 표현한 것이다.
- 그림은 자아상의 표현이다.
- 그림은 창조적 사고의 표현이다.

- 아동화는 아동의 욕구의 표현이다.
- 그림은 환경에 대한 인간의 태도의 표현이다.
- 그림은 성격특징의 투사다.
- 그림은 무의식적 세계의 투사다.
- 그림은 정신, 신체의 병리적 상징일 수도 있다.

이처럼 미술을 치료에 사용하는 이유는 미술이 언어보다는 자신에게 일어나는 내적인 욕망이나 꿈, 환상을 직접적으로 표현하도록 하며, 무의식이 그림에 투사됨으로써 언어적 표현이 지니는 검열기능이 약화되어 치료과정이 촉진되기 때문이다. 또한 그림의 영속성 때문에 내용이 망각에 의해 소실되지 않고, 내담자가 그 내용을 부정하기 어려우며, 전이 문제가 쉽게 해결될 수 있어 내담자의 통찰에 미술 작품이 큰 유익이 된다.

2) 미술치료의 목적

상담자는 미술 활동을 통해 아동의 자기인식(감정, 느낌, 사고, 직관)과 타인인식, 그리고 환경인식을 강화할 수 있다. 다양한 치료적 기능을 지닌 미술은 상담 장면에서 평가, 정화, 성장의 목적을 위해 사용된다.

(1) 평가

아동미술을 진단 또는 평가하는 도구로 사용하기 위해 수많은 표준화된 절차들이 발달되었다. 미술기법을 이용한 다양한 평가도구로는 과제화법, 상상화 그리기, 집-나무-사람검사(HTP), 인물화검사(DAP), 가족화(DAF), 동적가족화(KFD), 협동화법, 학교생활화(KSD), 풍경구성법(LMT), 난화게임법 등이 있다. 이런 기법들은 모두 아동에게 제공되는 방법과 유도해내는 내용이 명백히 다르지만, 공동 목표는 아동으로부터 추가적인 정보를 얻어서 아동을 평가하기 위한 것이다.

(2) 정화

미술활동은 아동에게 사회적으로 수용되며 해롭지 않은 방식으로 분노, 적대감 등을 해소시킬 수 있는 정화의 기능을 가지고 있다. 상담자는 미술기법을 사용하여 아동이 자신의 감정과 욕구를 표현할 수 있도록 격려함으로써 아동이 가지고 있는 부정적인 감정을 사회적으로 수용되는 방법으로 해소하면서 정화를 경험하게 해 준다.

(3) 성장

미술은 아동에게 그들의 정신과 감각을 사용하도록 한다. 아동은 다양한 매체를 선택하고, 자기 주도적으로 자유롭고 창의적인 작품을 만들어 보면서 성장한다. 미술재료의 사용은 기술을 습득하게 하고 재능개발을 장려할 수 있다. 아동은 자신의 창조적인 활동 과정과 작품을 통해 갈등을 자유롭게 표현하고 해결과 숙달을 경험하게 된다.

3) 미술작품 해석

미술활동을 통해 상담목표를 달성하려면 상담자는 아동의 행동과 창작품이 무엇을 나타내는지 이해해야만 한다. 해석하는 과정은 상담자에게 더할 나위 없이 중요한 역할이다. 미술작품을 해석하는 과정에는 과정해석, 형태해석, 내용해석이 있는데 상담자는 이 세 가지를 모두 종합적으로 고려하여 해석할 때 아동에 대해 좀 더 잘 이해할 수 있게 된다.

첫째, 과정해석은 미술재료를 사용하여 작품을 만드는 과정을 상담자가 탐색하는 것이다. 과정해석은 발달적 맥락에서 이루어져야 한다. 10세 아동이 바르거나 두드리는 매체만 사용하는 것은 위축의 증거이나, 3세 아동이 그와 같은 행동을 하는 것은 문제되지 않는다. 상담자의 해석이 보다 완전하게 되려면 아동의 생활 배경을 주의 깊게 고려해야 한다. 재료 표현에 어떻게 반응하고 어느 재료를 선택하고 그것을 어떻게 조작하고 어떻게 결합시키는지 관찰하고 기록하여 정보를 얻는다. 이러한 정보는 매우 가치가 있으며, 가설적으로 해석하여 다른 미술활동과 작품 내용으로부터 얻은 정보를 보충함으로써 완성될 수 있다.

둘째, 형태해석은 작품의 전체 형태와 인상에서 얻은 의미에 대한 해석이다. 그림이나 조소작품의 위치, 완전성, 대칭성, 명료성, 움직임, 색깔, 대상들의 크기와 그들의 상대적 크기 등을 해석할 수 있다(6장에 나와 있는 해석 내용을 참조하면 도움이 될 것이다).

셋째, 내용해석은 그림이나 조소 등의 실제 최종 작품을 이용하여 해석하는 것을 말한다. 최종 작품으로부터 최대한 많은 정보를 얻기 위해 아동이 자신의 그림에 대해 하는 이야기에 주의를 집중해야 하며, 내용해석을 할 때는 다음의 세 가지를 고려하는 것이 바람직하다.

- 그림의 주제가 무엇인지 명백하게 알아내고 아동의 주된 문제가 무엇인지 고찰하면서 해석한다.
- 그림이나 점토작품에 대한 제목이나 이야기에서 얻은 내용을 종합하여 해석한다.
- 작품에 내재되어 있는 잠재적 내용에 대해서도 해석한다.
상담자는 해석 실력과 함께 그림에 나타난(그림 자체 또는 그림의 의미에 나타난) 상징과 개별 아동의 표현에 잠재된 의미를 파악할 수 있는 능력을 가져야 한다. 해석을 통해 아동의 문제를 진단할 때의 기본 원칙은 어떠한 단서도 결정적인 증거로 확증해서는 안 된다는 것이다. 반복해서 강조하지만, 여러 개의 단서들을 모아서 최종적인 결론을 도출해야지 한 가지 특징을 바탕으로 "이것은 어떠한 것이다."라고 성급하게 판단하지 말아야 한다. 또한 아동이 침묵하는지, 자신의 작품에 대해 어떤 태도를 가지는지, 시선의 방향, 지우는 행동, 활동성 등을 유의해서 살펴보아야 한다.

4) 미술치료의 실제

(1) 미술치료를 위한 준비사항

미술치료실의 환경은 적당한 공간, 충분한 채광, 다양한 미술도구가 필요하다. 미술치료 시간은 통상적으로 주 2회 실시하며, 1회에 60분~90분으로 하고, 내담아동에 따라 조절가능하다.

미술치료 매체 사용 시 유의할 사항은 다음과 같다.
① 장애인이나 유아에게는 쉽게 조작할 수 있는 도구들을 사용하는 것이 좋다. 파스텔이나, 크레용 등과 같은 비교적 간단한 매체가 좋다.
② 내담자의 성격을 고려하여 미술매체를 선택한다. 쉽게 찢어지는 신문지나 잘 부서지는 분필은 내담자의 좌절을 유발시킬 수 있으며, 물감, 핑거페인트, 물기가 많은 점토는 퇴행을 촉진시킬 수 있으므로 경직된 내담자에게는 유용하지만 충동적인 내담자에게는 적합하지 않다. 색연필, 사인펜과 같은 딱딱한 재료는 높은 통제력을 지닌 재료로써 충동적 성향을 통제하기 좋다.

③ 내담자의 심상과 상상을 촉진하기 위해서는 다양한 크기와 색상을 준비하는 것이 좋지만 너무 많은 양의 도구는 질리게 할 수 있다는 점도 유의해야 한다. 내담자의 인지 수준이 3~4세 수준이라면 2~3가지 정도로 재료를 제한한다.

④ 때때로 미술매체를 바꾸어 주는 것이 내담자를 촉진시킬 수 있다.

(2) 미술치료 과정 시 주의점

놀이치료와 마찬가지로 미술치료도 아동에게 매력적이고 재미있는 치료적 분위기를 제공해준다. 상담자는 아동의 요구, 상담자 자신의 성격, 그리고 상담자 자신의 이론적 배경에 따라 미술매체를 사용하여 아동과 상호작용을 한다. 이 과정에서 상담자는 미술활동에 아동과 함께 참여하지 않는 것이 좋다. 상담자가 아동과 같이 미술활동을 하면 아동은 상담자와 자꾸 경쟁하게 되고, 자기 작품을 상담자의 것과 비교하여 아동의 자아를 훼손시키고, 수치심을 유발할 수 있다. 따라서 상담자는 아동이 이끄는 대로 따라가면서 아동과 함께 하고, 아동의 세계에 들어가도록 최대한의 노력을 해야 한다.

3부

청소년 이해와 상담

9장

청소년의 특징

    청소년기는 아동기에서 성인기에 이르는 과도기며, 신체적·정서적·
도덕적·사회적 발달이 활발하게 이루어지는 시기다. 이 시기는 감수성
이 예민하고, 주변 환경의 영향을 많이 받는 것으로 알려져 있다. 이 외
에도 많은 특징이 있으므로 여기에서는 초·중기 청소년과 후기청소년
(청년)을 구분하여 살펴보고자 한다.

1. 청소년의 정의와 특징

1) 청소년의 정의

대부분의 어른들은 아이들이 청소년기가 되면 이상해진다고 말하는데 그 이유는 청소년기가 생리학적, 인지적, 사회학적, 그리고 심리학적으로 큰 변화가 일어나는 복잡한 시기이기 때문이다. 여기에서는 먼저 청소년의 정의를 여러 면으로 나누어 살펴보고자 한다.

먼저 생리학적 정의에서 청소년기는 생식기관과 2차적 성징들이 나타날 때 시작하여 생식체계의 완전한 성숙과 함께 끝난다. 따라서 음모와 골격 성숙의 전조인 고환의 성장이 남성 청소년의 시작을 알리고 수정란의 규칙적인 생산과 생리주기의 확립은 여성 청소년기의 종결을 의미한다(Douvan & Gold, 1966).

인지적 관점에서는 청소년기를 추상적 사고와 논리적 추리, 상위 인지(meta cognition) 능력이 나타날 때부터 생활의 모든 영역에서 그것들을 사용할 수 있을 때까지로 본다. 형식적 조작사고 능력의 출현과 그것의 완전한 획득이 청소년기의 시작 시기와 종결 시기의 기준점이 된다. 그러나 개인의 인지 발달은 점진적으로 이루어지기 때문에 형식적 조작사고의 시기와 종결 시기를 확인하기 어려우며, 전체 성인의 약 30% 만이 완전한 형식적 조작 능력을 획득한다(Kuhn, 1979).

사회학적 관점에서는 청소년기의 시작 시기를 사춘기의 출현으로 보고, 종결 시점을 사회적 요구에 대한 일관성 있는 대처양식이 확립되어 사회가 그들의 성인됨을 인정할 때 종결된다고 본다(Sebald, 1968). 그러나 여기에서의 사회적 인정이란 법적 규정을 의미하는데, 한국은 '청소년기본법'과 청소년보호법에서 청소년 나이를 다르게 정의하고 있다.

청소년기본법 '제3조(정의)'에서는 청소년이라는 용어를, "청소년이란 9세 이상 24세 이하인 사람을 말한다. 다만, 다른 법률에서 청소년에 대한 적용을 다르게 할 필요가 있는 경우에는 따로 정할 수 있다."라고 규정하고 있다. 그런데 청소년보호법의 '제2조(정의)'에서는 "청소년이란 만 19세 미만인 사람을 말한다. 다만, 만 19세가 되는 해의 1월 1일을 맞이한 사람은 제외한다."라고 정의를 내리고 있다.

마지막으로 심리학적 정의는 정치적, 경제적, 기술적 조건과 함께 변화하는데, 산업사회 이후 청소년기는 과거보다 앞당겨졌고 시기의 연장을 요구하게 되었다. 오늘날 한국의 젊은 세대들은 10대와 20대의 대부분을 학교에서 보내고 있다. 이러한 긴 교육 기간을 갖는 한국의 청소년들에게는 교육 단계와 일치하는 청소년기 구분이 더 타당할 수 있다.

그러므로 중학교시기를 **초기청소년**, 고등학교시기를 **중기청소년**, 대학교와 군복무 기간을 통틀어 **후기청소년**으로 구분하는 것이 타당하다. 또한 심리학적인 측면에서 청소년기의 연령 기준은 12세 또는 13세부터 시작해서 23세 또는 24세에 전성기를 이루며, 수명이 길어지고 결혼 적령기도 늦춰져 성인과 같은 청년이 많아지고 있는 현 시대에는 30세까지 확대할 수도 있다고 생각한다.

본서에서는 중고등학생에 해당하는 초·중기 청소년과 대학생에 해당하는 후기청소년에 나타나는 발달과제와 문제 양상이 다르므로 이 둘을 나누어서 설명하고자 한다. 그런데 용어 사용에 있어 초·중기 청소년과 후기청소년으로 사용하기에 번거로운 점이 있어서 편의상 초·중기청소년은 **청소년**으로 18~24세에 해당하는 **후기청소년은 청년**으로 지칭하여 설명하고자 한다.(실제로 후기청소년을 청년초기로 보고 청년 발달에 넣기도 한다.)

2) 청소년의 특징

청소년을 뜻하는 영어 단어 adolescence의 어원을 살펴보면 라틴어의 'adolescere'에서 유래하였으며, '성장하다(to grow up)' 또는 '성숙에 이른다(to grow into maturity)'라는 의미를 내포하고 있다. 여기서 성장이란 말은 신체적, 심리적, 사회적, 인지적인 성장 모두를 포함한다. 여기에서는 청소년기의 특징을 신체적, 심리적, 사회적, 인지적 특징 뿐 아니라 신앙적 특징도 포함해서 살펴보고자 한다.

(1) 신체적 특징

청소년기에 일어나는 내분비선의 변화는 신체적, 심리적 발달에 큰 영향을 미친다. 신체 각 부위(두뇌, 갑상선, 신장, 생식기)에 있는 내분비선은 각각 특수한 호르몬을 만들어낸다. 호르몬은 내분비선에 의해 분비되고, 혈류를 통해 신체 각 부분에 운반되는 강력한 화학물질이다. 사춘기 발달에 중요한 역할을 하는 두 종류의 호르몬은 안드로겐과 에스트로겐이다.

에스트로겐은 주요 여성 호르몬이고, 안드로겐은 주요 남성 호르몬이다. 여성은 난소에서 에스트로겐(estrogen)이라는 호르몬을 분비하는데, 이 호르몬은 여성의 성 특징인 유방의 발달이나 음모의 성장 등을 자극한다. 에스트로겐 중에서도 에스트라디올이 여성의 사춘기 발달에 중요한 역할을 하는데 이것으로 인해 자궁이 발달하고, 골격의 변화가 일어난다. 두 번째 여성 호르몬인 프로게스테론(progesterone) 역시 난소에서 분비되는데, 임신을 준비하게 하고, 임신을 유지하게 해준다.

주요 남성 호르몬인 안드로겐 중에서도 테스토스테론(testosterone) 역시 남성의 사춘기 발달에 중요한 역할을 한다. 남성은 고환에서 테스토스테론을 분비하는데, 사춘기 동안에 증가된 테스토스테론은 몇 가지 신체변화와 연관이 있다. 신장의 증가, 제 2차 성징의 발달과 정자 생산 및 청소년기 성욕 증가 등이 그것이다.

신체적 성장이 완만하던 아동기와는 달리 급격한 신체변화를 겪는 청소년기에는 여러 가지 혼란이 일어난다. 청소년은 자신의 신체, 용모에 대해 지대한 관심을 가지고, 급격히 변화해 가는 신체적 특징에 대해 극도로 민감해진다. 자신의 신체에 지대한 관심을 갖는 것은 청소년기의 중요한 특징 중 하나며, 대부분의 청소년들이 자신의 신체에 대해 만족하지 않는 편이다. 키가 큰 청소년은 키가 큰 것에 대해 불만스러워하며, 뚱뚱한 청소년은 뚱뚱한대로, 마른 청소년은 마른대로 불만족한다.

저자도 딸에게 "키도 크고 몸매도 좋은데 좀 더 살이 찌면 좋겠다."라고 말했다가 핀잔을 들은 적이 있다. 다른 청소년들은 어떻게 생각하는지 물어보았더니 청소년 대부분이 자신의 신체에 불만을 가지고 있다는 것을 알게 되었다. 여성의 경우에 정도가 더 심하다.

(2) 정서적 특징

청소년기의 정서적 특징은 사회적 역할과 대인관계에 있어서 아동이나 성인에 비해 현저히 다른 발달적 특징을 보여주고 있다.

청소년기의 정서적 특징은 다음과 같다(오윤선, 2006).

첫째, 청소년들은 격렬하고 쉽게 동요하는 특성이 있다. 그들은 부모, 교사, 친구 등의 저급한 언행에 쉽게 분노하고 화를 내며 슬픔에 잠긴다. 부푼 감정과 열등감으로 인해 갈등을 일으키며 감정의 기복을 나타내기도 한다. 이러한 감정 기복은 스스로 통제가 안 될 때 충동적이고 탈선의 행동으로 이어지기도 하며 관계의 어려움을 만들어내기도 한다.

둘째, 청소년은 그들의 정서를 자극하는 원인이 다른 대상과 확연히 다르다. 아동기의 불쾌 경험은 주로 부상, 질병, 징계 등의 요인이지만 청소년들은 친구와의 갈등이나 결별, 학교에서의 실패, 원함이 거부당했을 때, 부모와의 갈등, 죄책감 등으로 불쾌감이 발생한다. 이와 같이 감정이나 정서를 자극하는 대상은 청소년기에 들어 현저하게 변화하는데 대체로 대인관계의 문제가 그들의 정서를 자극하고 있다.

셋째, 청소년의 정서 표현은 아동기와는 달리 내면적이고 영속적이다. 아동의 정서 표현은 직접적이고 순간적이어서 오래 지속되지 않는다. 그러나 청소년이 되면 정서가 외부에 표출되기 보다는 내부에 숨겨지거나 방어기제에 의해 변형되어 외부에서는 쉽게 알 수 없게 된다.

넷째, 청소년기의 정서 변화는 신체적, 생리적 변화와 심리적, 사회적 변화가 종합적으로 작용한다. 생리적으로 내분비선의 활동과 신경계의 변화, 즉 호르몬의 급상승과 교감, 부교감 신경계의 변화는 정서에 큰 영향을 미친다. 청소년기의 강렬한 정서 동요, 신경질적인 조급성, 흥분, 주의산만, 갑갑증 등의 기저에는 이러한 생리적 요인이 있다. 2차 성징의 발달 또한 그들에게 새로운 불안과 수치심을 자극하는 요인이 된다. 심리, 사회적 조건인 부모나 교사들로부터의 압박, 생활에 대한 부당한 간섭, 자유의 구속, 몰이해 등의 경험은 반항의 요인이 되기도 한다. 그들은 욕구를 저해시키는 장면에 자주 노출되며, 불만이나 갈등을 체험하는 기회가 많을 뿐 아니라 그것을 적절하게 처리하는 기술도 부족해 부정적 정서를 갖기 쉽다.

(3) 사회적 특징

청소년의 사회적 특징은 급격한 신체적, 정서적 변화와 밀접한 연관성이 있다. 청소년은 자신의 외모와 행동에 너무 몰두하는 바람에 다른 사람들도 자기만큼 자신에게 관심이 있다고 생각해, 자신의 관심사와 타인의 관심사를 구분하지 못한다. 이것이 청소년기의 자기중심성이다. 자기중심성은 자신이 마치 상상의 청중 앞에 서 있는 존재라고 지각하고 행동하는 것이다. 청소년 자신은 무대 위에서 스포트라이트를 받고 서 있는 배우이며, 타인들은 자신에게 집중하고 있는 관중들이다. 이와 같이 청소년들은 자신이 타인의 관심의 초점이 된다고 생각하기 때문에 강한 자의식을 갖게 된다. '상상의 관중 현상'은 청소년들의 죽음에 대한 상상에서도 나타난다. 청소년들은 때때로 만약 자신이 죽는다면 다른 사람들이 어떤 반응을 보일 것인가를 상상한다. 그리고 그가 유능하고 훌륭한 사람이라는 것을 뒤늦게 알게 된 사람들이 그의 죽음을 애석해 하는 장면을 떠올리며 흐뭇해한다.

자신이 타인의 관심의 대상이 된다고 생각하는 청소년들은 자신을 대단히 중요한 존재로 지각해 자신의 감정이나 욕구는 타인과 비교될 수 없는 독특한 것이라는 개인적 우화를 만들어낸다. 그리고 자신의 사고는 성인들의 사고와는 비교될 수 없으며 성인들이 자신을 이해하는 것은 불가능한 일이라고 생각한다. 이렇듯 청소년이 갖는 개인적 우화는 자신을 예외적인 존재로 지각하게 한다. 다른 사람들이 모두 죽더라도 자신은 죽지 않을 것이라고 생각하는 청소년들은 무모한 행동을 서슴없이 감행한다. 남자 청소년들 사이에서 빈번하게 발생하는 사고에 의한 사망이나 상해 혹은 약물 중독 등은 개인적 우화의 전형적인 예들이다.

청소년의 자아중심성은 현실을 개혁하려는 이상주의적 경향에서도 나타난다. 청소년들은 기성세대가 확립한 가치관이나 사회 제도의 모순을 지적하면서 개혁을 주장한다. 그들은 사람들의 다양한 견해를 존중하지 않고 자신의 요구만을 관철시키려고 한다. 자신의 생각을 검증해 볼 기회를 갖지 못한 청소년들은 편협한 이기주의자들이 될 수 있다. 그러나 자아중심성은 사회적 및 지적 경험을 통하여 점차적으로 감소된다. 타인과의 사회적 상호작용 경험은 그들이 자신과 다른 견해를 갖는다는 것을 인식하게 하므로 상상의 관중 현상을 약화시킬 수 있다.

이 기간의 청소년들은 자신의 내부에서 새로이 형성되고 있는 느낌, 통찰력, 불안 및 결단, 그리고 자신의 내면을 알아줄 신뢰할 만한 사람들을 필요로 한다. 이러한 역할을 하는 사람을 설리번(Harry Stack Sullivan)은 '단짝'이라고 불렀는데, 이 단짝이 동성이든 이성이든 간에, 청소년들은 단짝과의 관계 속에서 서로 끝없이 계속되는 대화와 계획과 공상과 염려를 통하여 그들 서로에게 자신을 알려주고, 스스로 받아들여지고 있음을 확인하게 된다. 그 뿐만 아니라 그들 각자는 다양한 욕구를 가진 내부를 비춰볼 수 있도록 도와주는 서로의 거울 역할을 한다. 이렇게 서로가 서로에게 거울이 될 수 있다는 것은 자기중심적인 시야에서 벗어나 여러 측면에서 볼 수 있는 관점을 가지게 될 수 있을 만큼 사고가 발달하게 되었다는 것을 나타내기도 한다.

(4) 인지적 특징

신체적, 생리적 발달과 마찬가지로 청소년기의 지적 발달과 인지발달 또한 눈부시다. 청소년기에 와서 현저한 성장을 보이게 되는 인지발달의 특징은 양적인 면뿐만 아니라 질적인 면에서도 증가를 보인다. 청소년기에는 아동기에 비해 훨씬 효율적으로 지적 과제를 성취하는데, 인지발달을 연구한 피아제는 청소년기에 나타나는 사고를 '형식적 조작적 사고'라고 불렀다.

이것은 아동기에 나타나는 '구체적 조작적 사고'와 구분되는 특징이 있다. 구체적 조작적 사고는 구체적 사실에 한해서 논리적 사고를 할 수 있기 때문에, 자신의 경험에 대해 통찰력을 형성할 정도로는 성찰하지 못한다. 그러나 형식적 조작기의 사고는 상상력이 증대됨으로써 현실의 경험세계를 초월하여 가설을 세울 수 있게 된다. 가설적 사고가 가능한 청소년들은 계획을 세워 일련의 가설을 차례대로 시험하면서 해결책을 찾아갈 수 있게 된다. 청소년들은 과학자가 사고하는 것처럼 문제해결을 위해 사전에 계획을 세우고, 체계적으로 해결책을 시험한다. 정신적으로는 그 자신의 삶의 흐름에서 한 발자국 벗어나서 자신의 사고와 체험을 성찰할 수 있게 된다. 그 결과 자신과 타인에 대해 전체적으로 바라볼 수 있게 됨으로써 청소년 후기에 도달하면 자기중심적인 관점에서 벗어나 인간 상호간의 관점(interpersonal perspectiveness)을 갖게 되는 사고의 발달을 보이게 된다.

이때의 청소년은 자기와 삶을 성찰의 대상으로 삼을 수 있으며, 그들의 인생을 다소 의식해 계획을 세울 수 있게 된다. 또한 자신에게 중요한 타자의 기대에 순응할 수 있는 인습적인 도덕관을 갖게 되기도 한다. 왜냐하면 발달된 사고능력은 청소년에게 좀 더 적절한 도덕적 판단을 하게 해주며, 더 나아가 심리·사회적 관점을 형성하게 해주기 때문이다. 더불어 청소년기의 새로운 정체성을 확립시켜 주는 토대가 되는 인지적 구조도 세울 수 있게 해준다.

(5) 신앙적 특징

청소년기의 정체성 위기는 자신이 생각하는 이미지와 자신이 중요하다고 생각하는 타인들에 의해서 반영된 자기의 가치 사이에 서로 모순이 있다는 데서 야기된다. 여기서 타인을 의식하게 되는 것은 상호 개인적 관점이 출현하게 되었음을 의미한다. 개인 상호간의 관점을 가지게 됨으로써 자기와 중요한 관계를 맺고 있는 타인에 대하여 질적으로 새로운 객관성을 얻게 된다. 즉 자기와 타인의 관점 모두를 포함하면서도, 두 개의 관점을 보다 객관적으로 보게 되는 '제 3자적 관점(전지적 시점: third-person perspective)'을 가질 수 있게 된다.

이러한 관점을 가지게 되면 자신의 권리, 주장, 해결에 비중을 두는 것과 비슷하게 타인의 권리, 주장, 해결을 받아들일 수 있게 된다. 이러한 변화로 인해 청소년의 도덕적 판단은 콜버그(Kohlberg)의 도덕발달 수준에서 인습적 차원(conventional level)의 특성을 보여준다. 그들의 행동이 그들이 중요시하는 타인들의 기대에 부합되기만 한다면 그 행동은 올바른 것으로 여기게 된다. 그러므로 그들의 권위는 주로 외부에 있게 된다. 청소년은 어떤 일을 결단할 때도 타인들의 기대와 판단에 예민하게 반응하기 때문에 자율적 판단이 충분히 성숙되어 있지 않다. 특히 상호 개인적 관점으로 인해 관심을 가지는 사회적 범위가 가족 관계를 넘어서 또래들, 학교활동, 전달매체, 대중문화, 종교단체로까지 확대되어서 가치와 정보를 얻게 된다. 이때의 신앙은 청소년에게 광범위한 삶의 영역들의 가치와 정보를 통합해 주어야 할 뿐만 아니라 그의 정체성도 마련해 주어야 한다.

이러한 특징을 가지고 있는 청소년기의 신앙의 특징을 '종합적 인습적 신앙'이라고 하는데, 파울러의 신앙발달 제 3단계에 위치한다. '종합적'이란 의미는 자아의 이미지들을 모두 통합하여 정체성을 형성하고, 그것을 지탱시켜주는 신념들, 가치들, 태도들을 실제로 통합시킨다는 뜻이다. '인습적'이라는 의미는 자아 이미지와 신념 등의 통합이 기존의 사상에 의존해서 이루어진다는 뜻이다. 청소년은 가치와 신념들을 대부분 인습적으로 받아들이고 있기 때문에 그것을 객관화시켜 검토하지는 못한다.

인습적인 가치관의 위험성은 기존의 신념을 내면화시킴으로써 그 다음 수준에 나타날 자율적 판단이나 행동이 생기지 못하도록 한다는 점이다. 샤론 파크스(Sharon Parks, 2000)가 지적한 대로 '타인들의 횡포'

에 영원히 의존하며 종속될 위험이 있는 것이다. 만약 청소년이 인간관계에서 배신을 경험하게 되면, 궁극적 존재에 대해 허무주의적 절망을 느끼기도 하지만 이것이 계기가 되어 인간적 배신에 대한 보상으로서, 인간과는 무관한 하나님과의 친밀한 관계에 몰입할 수도 있다. 이때 이들에게 하나님은 무한한 신비를 지니신 인격적인 분으로 경험된다.

그러나 청소년기의 신앙 발달은 개인차가 많다는 점을 고려해야 한다. 개인차는 인지적, 도덕적 수준과 밀접한 연관성이 있다. 이 수준의 성장이 침체되었거나 느린 경우라면 1,2단계에 머물러 있을 수도 있다. 그리고 정체성 위기를 극복한 소수의 청소년은 그들에게 주어진 사상을 비판하면서, 자기 자신의 독자적인 인생관과 세계관을 찾아내어 '개별적 성찰적 신앙단계'인 4단계의 발달을 보이기도 한다.

파울러의 신앙발달 외에도 신앙성숙에 대한 연구로 전인적이며 총체적으로 접근하고 있는 신앙성숙의 표지론적 접근(Signical Approach)이 있다. 메도우와 카호(Meadow & Kahoe, 1994)는 신앙성숙의 표지론적 접근을 성숙한 신앙의 비전, 신앙적으로 성숙하려는 노력, 성숙한 신앙적 태도, 심리적 성숙과 영적 성숙 등의 네 가지 측면으로 구분하였다. 각 영역에서 신앙의 성숙에 대한 특징이 나타난다고 하였는데 성숙한 신앙의 표지로 다음을 언급하였다.

① 포괄적인 삶의 통일철학
② 비판적 사고
③ 자기계발적 특성
④ 통일의식 혹은 신비적 합일감(oneness)
⑤ 자아경계의 확장
⑥ 자율적인 동기와 효과적인 동기
⑦ 불안감과 같이 살기

⑧ 이타적 봉사

⑨ 자기 객관성

⑩ 인간적인 약점의 수용(받아들임과 용서)

⑪ 성숙한 양심과 가치관

⑫ 우상숭배 피하기

⑬ 자아 성숙(자기 완성과 자기 초월) 등

신앙 성숙에 대해 더 심도있고 활발하게 논의했던 올포트(Allport, 1985)가 말하는 성숙한 종교성의 특징은 다음과 같다.

첫째, 성숙한 신앙은 분별력이 있다. 성숙한 신앙은 긍정적인 심성을 가지고 있으면서도 비판적인 시각을 통해 다양한 경험의 영역을 융통성 있게 유지하려는 경향이 있는데, 특별히 믿음을 비판적으로 봄으로써 성숙한 신앙은 구별화되고 통전적인 것이 된다.

둘째, 성숙한 신앙은 역동적인 특성이 있다. 삶을 변화시키는 종교의 힘은 성숙한 신앙을 통해 드러나는 자율의 기능이 작용한 결과이고, 성숙한 신앙의 역동성 정도는 그 인격에 이 신앙이 얼마나 중심적으로 작용하는가에 의해 좌우된다. 하지만 결코 열광적이거나 강요하지는 않는다.

셋째, 성숙한 신앙은 도덕적인 행동의 일관성을 보여준다. 성숙한 신앙이 추상적인 개념이 아니고 언제나 실제적인 삶과 밀접한 관계를 맺고 매 순간 개인의 사고와 선택과 행위에 영향을 주는 것이라면 그것은 필연적으로 행위와 연결될 수밖에 없다.

넷째, 성숙한 신앙은 포괄적이다. 혼란한 세계는 어떤 종류의 질서가 있어야만 하고 이 질서는 물질뿐만 아니라 정서, 가치, 자기완성의 추구와 같은 성향에도 포함된다. 모든 가치와 의미들을 다 담을 수 없기에 성숙한 신앙은 "하나님은 내가 그 분은 어떠한 분이라고 정확하게 말한 그 분이다"의 신앙이 아니라 "하나님은 계시다"는 포괄적인 확신의 신앙을 가져야 한다.

다섯째, 성숙한 신앙은 통합적인 특성을 가지고 있다. 통합성은 성숙한 개인의 종교성과 함께 똑같은 일관성을 유지하려는 경향성이 있다. 이 통합의 성숙은 신앙에 있어 방해되는 많은 문제들과 직면하여 싸워서 이겨야 이루어질 수 있다.

여섯째, 성숙한 신앙은 본질적으로 자발적이다. 이러한 자발적 신앙은 이 신앙을 적용하거나 좀 더 적당한 신앙이 발견될 때까지 잠정적으로 유보하는 신앙이다. 이 자발적 신앙은 모든 선과 진리를 발견하려는 목적에 최선을 다하게 한다(이정수, 2009).

청소년기가 되어 형식적 조작적 사고를 할 수 있게 되면 신앙도 좀 더 높은 수준으로 발달할 수 있게 된다. 그런데 사고 수준이 발달하지 않으면 신앙 수준도 발달하기가 어렵다. 그러므로 상담자와 부모는 성숙한 신앙의 표지를 보면서 더 높은 수준의 신앙을 가질 수 있게 사고력을 키우도록 돕고, 신앙에 대해서 고민과 성찰의 시간을 갖도록 조력해야 한다.

2. 미디어와 이성교제

1) 청소년과 미디어

오늘날 미디어는 다양한 방식으로 청소년들에게 영향을 미치고 있다.

한 조사에 따르면 청소년들은 평균적으로 주당 17시간 TV를 시청하며, 9세부터 17세 사이의 십대들은 주 4회 그리고 하루에 2시간 이상씩 인터넷을 사용하고 있다고 한다. 청소년들은 활동시간의 대략 39%를 TV 시청, 인터넷과 이메일 사용, 각종 게임 등으로 보내고 있다. 무엇보다 오늘날 컴퓨터의 사용은 청소년들에게 학업을 비롯한 의사소통, 정보수집, 취미나 여가생활 등의 일상생활에서 필수적인 것으로 자리 잡고 있다. 예를 들면, 대다수의 청소년들이 인터넷을 통해 매일 이메일을 체크하고, 신문이나 방송의 뉴스보다 빨리 정보를 획득하고, 채팅이나 동호회 등의 공동체 활동을 통해 다른 사람들과 교류하며, 게임 등으로 여가를 즐기고 있다. 또한 청소년들 사이에서는 컴퓨터 게임, 컴퓨터 통신, 컴퓨터프로그램 운용 등 컴퓨터와 관련된 소재들이 대화의 주제로 등장하고 있다.

대한민국 게임백서(2023)에 따르면, 최근 1년 동안(2022년 6월 이후) 게임 이용 여부를 조사한 결과 62.9%가 게임을 이용한 것으로 나타났으며, 2022년 조사 결과와 비교했을 때, 11.5% 감소하였다. 전체 게임 이용자 중 플랫폼별 게임 이용률을 살펴보면, '모바일 게임'(84.6%)이 가장 이용률이 높은 게임 플랫폼으로 나타났고, 다음으로 'PC 게임'(61.0%), '콘솔 게임'(24.1%), '아케이드 게임'(11.8%) 순으로 조사되었다. 전체 게임 이용률은 2020년 이후 증가세를 보이다가 다시 2019년 수준으로 하락한 것으로 보인다.

이처럼 청소년의 비디오 게임 이용률은 날마다 급증하고 있는데, 2022년 국내 게임시장 규모는 22조 2,149억 원으로, 2021년의 20조 9,913억 원 대비 5.8% 증가했다. 코로나19가 발발한 2020년 재택 시간의 증가로 인하여 게임시장도 21.3% 에 이르는 성장률을 기록한 이후 2021년 11.2%에 이어, 2022년은 5.8%를 성장하여 성장률 자체는 둔화 추세이지만 산업 규모는 계속 성장하고 있는 추세다. 시장 규모의 증가 추세와 함께 비디오 게임에서의 기술력이 성장하면서 동시에 폭력성도 높아졌다. 가장 인기 있는 비디오 게임의 80%는 폭력적이며, 21%는 여성에 대한 폭력성까지도 포함하고 있다. 많은 심리학자들은 비디오 게임의 내용이 가지고 있는 폭력성에 다음과 같은 우려를 나타내고 있다(정옥분, 정순화, 2017, 재인용).

첫째, 아동과 청소년을 대상으로 한 단기간의 연구에서 비디오 게임을 한 후에 게임의 공격성을 모방하는 증거가 있었다.

둘째, 청소년의 공격적 사고와 관련이 있다.

셋째, 폭력적인 비디오는 개인의 성격특성에 큰 영향을 미친다.

넷째, 폭력적인 비디오 게임은 TV를 시청하는 경우보다 심장박동이나 혈압을 높이는 효과가 있다.

다섯째, 공격적인 비디오 게임을 하는 십대들은 친사회적 행동을 덜 하는 경향이 있다.

여섯째, 비디오게임은 중독성이 있으며 게임방은 중독성을 배가시킨다.

이 외에도 뮤직비디오와 영화, 스포츠 매체 등의 매체도 청소년들에게 심리적, 정신적으로 눈에 보이지 않는 영역에서 많은 영향을 미치고 있음을 알 수 있다. 대중매체 의존도가 높은 경우 현실 상황과 사고, 행동양식, 가치기준 등에 있어 허구를 사실로 생각하는 경향성이 높다. 미디어 신화에 사로잡히고 대면적 의사소통이 약화됨에 따라 고립화·비인간화 경향을 보이며, 정치에 무관심하거나 무력한 대중이 되기도 한다(박진규, 2015).

미디어에 무비판적으로 노출되므로 발생하는 문제점을 정리해 보면 다음과 같다(최창섭, 1998).

첫째, 수용자의 자세를 획일화시킨다.

둘째, 실제와는 다른 허구의 세계를 보여준다.

셋째, 가치관의 혼란을 야기하고 물질주의를 조장한다.

넷째, 자극-반응의 관점에서 모방행위와 범죄를 조장한다.

청소년들은 미디어를 통해 정치, 경제, 교육, 사회 등 여러 방면의 정보를 얻기도 한다. 하지만 미디어가 무분별하게 난립하게 되면 건강한 인격 발달을 저해시키는 위험성이 있기에 미디어에 너무 많은 시간을 할애하지 않도록 돕고 미디어에 너무 빠지지 않도록 하는 대응장치가 반드시 필요하다.

2) 청소년과 이성교제

(1) 이성교제의 기능

초기청소년때는 이성교제보다 동성간의 친구 관계를 중요시한다. 그러나 후기청소년기가 되면 동성 친구와의 친밀한 우정에서 이성에 대한 우정과 낭만적인 애정으로 관심이 이동한다. 관심이 동성 또래집단에서 이성 또래집단으로 옮겨가는 것은 성인기로 가는 정상적이면서도 건전한 진행과정이다. 청소년은 이성교제를 통해 정상적인 인격 형성을 도모할 수 있고, 성인 남녀의 역할을 배움으로써 사회적 기술과 예의를 배울 수 있다.

또한 이성교제를 통해 서로의 개성과 인격을 존중할 줄 알고, 나아가서는 배우자 선택이나 앞으로 결혼생활을 원만히 해나갈 수 있는 기초적 자질을 키울 수 있는 기회를 갖는다. 그러므로 이성교제를 부정적으로만 볼 것이 아니라 바람직한 원칙을 가지고 이루어지게 하는 것이 유익하다. 이성교제는 어떠한 면에서 기능적일지 살펴보자.

첫째, 오락적 기능으로서 서로 기쁘고 즐거운 시간을 가질 수 있다. 청소년은 영화나 음악 감상, 파티, 여가를 함께 함으로써 재미있는 시간을 가진다.

둘째, 데이트 상대의 근사한 용모나 또래 간의 인기를 통해 성취감을 느낀다.

셋째, 이성교제를 통해서 자신의 장단점을 알게 되며, 자기반성을 함으로써 정상적인 인격형성을 도모할 수 있다.

넷째, 이성교제는 청소년기의 사회화 과정의 일부로써 다른 사람과 어울리는 법을 배우고, 예의범절을 익히며, 사회적 기술을 터득한다.

다섯째, 이성과 의미 있는 관계를 가짐으로써 친밀감 형성에 대해 배운다.

여섯째, 이성교제는 성적 탐구의 장이 될 수 있다.

일곱째, 이성교제를 통해 같은 활동을 함께 하고 상호작용을 함으로써 동반자 역할을 익힌다.

여덟째, 이성교제의 경험은 정체성 형성과 발달에 기여한다.

아홉째, 이성교제의 궁극적 목적인 배우자 선택의 기회로 활용한다. 결혼의 행복과 불행은 자기가 선택한 사람에 의해 크게 영향을 받으므로, 이성교제를 통해 서로 어울리며 사랑할 수 있는 배우자를 생각해보고 실제 그런 기회를 가져보는 것이 미래 삶에 있어 유익할 것이다.

(2) 이성교제의 위험성

이성교제를 하다보면 학업이나 다른 관계에서 많은 문제가 발생한다.

그러나 가장 염려가 되는 부분은 성적인 문제다. 청소년상담을 하다보면 친구로 지내다 원치 않게 성적인 관계를 가지게 되어 부모님에게 말도 못하고 괴로워하는 것을 많이 볼 수 있다. 그리고 성관계로 임신을 하게 되어 불안과 두려움에 어쩔 줄 몰라 하는 청소년들을 보면서 미리 교육하지 않을 때 오는 문제가 얼마나 큰 지 알 수 있었다. 이성교제는 남성과 여성이 각자의 성에 대해, 그리고 남자다움과 여자다움에 대해 이해하게 되고 서로 다른 점을 발견하는 기회가 된다.

하지만 청소년기는 구체적 조작기에서 형식적 조작기로 넘어가는 과정 중에 있기 때문에 인간에 대한 전체적, 통합적 시각이 부족하여 상대방의 좋은 점 한 두 가지만 보고 전체를 좋게 보는 편향적 사고를 할 수 있다. 이러한 특성상 좋은 점만 보고 이성교제를 하다가 금세 실망하고 헤어지는 과정이 반복되기도 한다. 이렇게 되면 가정에서의 일상 생활 뿐 아니라 학교에서 학업 및 동성친구와 교사와의 관계도 문제가 생길 수 있다. 심한 경우, 이성과 헤어지고 나서 상실감을 감당하지 못해 심리적인 늪에 빠져 자살 충동을 느끼거나 헤어진 친구에게 폭력(신체적, 심리적 폭력)을 행하는 일도 발생한다. 그렇기에 청소년의 이성교제는 안전한 울타리 안에서 원칙을 가지고 하는 것이 바람직하다.

건강하게 이성교제를 하려면 무엇보다 성관계의 기준을 지켜야 한다. 이성교제 시 신체적인 접촉을 어디까지 허용할 것인지, 어떻게 본인의 의사를 표현할 것인지 생각하고 있어야 한다. 성관계에서 기본 전제는 사랑을 전제로 해야 하며 그렇지 않은 성관계는 잘못된 것이며, 상대방이 원하지 않는 성관계를 갖는 것은 범죄임을 알고 있어야 한다. 그리고 성관계는 임신으로 이어질 수도 있다는 것을 인식하고 있어야 한다.

이성교제 시 주의해야 할 사항으로 다음의 내용을 추천하고자 한다.

첫째, 청소년기는 서로의 정서와 감정이 급변하는 시기이기 때문에 이성교제가 오랫동안 원만하게 지속되기 어려울 수 있다. 관계가 깨졌을 경우 지나치게 상처받을 필요는 없다는 것을 알고 있어야 한다.

둘째, 상대방의 분명한 동의 없이 신체적 접촉을 강제로 하는 것은 상대방에 대한 명백한 폭력이다. 성적 욕구는 자연스러운 것이지만 서로가 분명한 성적 주체성을 가지고 상대를 존중하고 배려하며 자제력을 발휘하는 한편, 원하지 않는 접촉은 단호하게 거부할 줄 알아야 한다.

셋째, 상대방이 원하지 않는 행위를 강요해서는 안 된다. 남자들은 망설이고 있는 여자를 설득해서 성관계를 가지려 하지 말 것이며, 여성들은 애무를 해주지 않으면 남자답지 못하다거나 나한테 관심이 없다는 등의 말로 남자들을 유혹하지 말아야 할 것이다.

넷째, '싫다'는 말을 하는 것을 두려워해서는 안 된다. 상대방의 감정을 해치고 심한 상처를 입힐 것이 두려워서 많은 청소년들이 싫은 데도 싫다는 말을 못할 때가 많다. 그러나 성적인 접촉에 있어서 원하지 않으면 싫다고 말할 수 있는 '성적 자기결정권'에 대해 여성과 남성 모두 알고 주장하고 존중하는 태도를 반드시 길러야 한다.

다섯째, 순간적인 감정과 충동에 따라 행동하는 것은 좋지 않다. 충동적 행동은 서로가 책임질 수 없는 결과를 만들며 서로에게 깊은 상처를 안겨줄 수 있기 때문에 이성교제를 하기 전, 또는 시작하려고 할 때 충동적 행동은 자제하겠다는 결심과 의지를 가지고 있어야 한다.

초·중기 청소년인 중고생이 이성교제 시 지켜야 할 것으로는 다음의 사항을 추천하고자 한다.

• 사람이 많거나 공개된 장소에서 만난다.

- 학생 신분에 어울리는 복장이나 교복을 입는다.
- 귀가 시간을 잘 지킨다. 너무 늦은 시각까지 있지 않도록 한다.
- 데이트 비용은 각자 부담한다.
- 부모님의 동의를 얻고 이성 친구를 초대한다.
- 건전하고 자신의 성장에 도움이 되는 대화를 한다.
- 둘이 만날 때는 확실한 계획을 세우고 은밀한 장소는 피한다.
- 때로는 둘의 만남에 부모님도 함께 하는 시간을 고려해본다.
- 신체적 애정표현에 대한 자신의 한계를 엄격하게 설정하라. 성적 자기 결정권을 분명히 가지고 있어야 하며, 지켜주어야 한다.
- 성적 자극은 어떤 경우에도 하지 않는다.
- 상대방을 존중하고, 자연스런 만남이 되도록 같이 노력한다.
- 이성교제를 하고자 하는 목적의식이 건전히 세워져 있어야 한다.
- 일대일로 사귀기보다는 여러 사람과 자유롭게 교제하는 것이 좋다. 청소년기에는 사귀는 대상을 한 사람으로 국한하는 것은 위험할 수 있다.

결론적으로 청소년 시기에는 한 사람을 정해서 사귀는 것은 가능한 지양하는 것이 바람직하다. 한 사람에게 열중하게 되면 성적인 접촉을 피하기 어렵기 때문에 원칙을 세우고 교제하기를 권장한다.

3. 청소년의 적응을 돕기 위한 방안

청소년의 적응을 돕기 위해서는 어떤 것들이 필요할까? 먼저 초·중기 청소년기에 나타나는 문제는 부모·친구·교사와의 갈등과 자아정체성을 찾지 못해 방황하는 것으로 크게 정리할 수 있다. 특별히 부모와의 갈등은 사춘기의 시작과 더불어 증가한다. 사춘기의 생물학적 변화, 논리적 추론과 같은 인지적 변화, 독립과 정체성을 수반하는 사회적 변화 그리고 중년기 위기를 포함하는 부모 쪽의 신체적, 인지적, 사회적 변화 등이 그 원인이다. 그 이후의 후기청소년에서 청년기까지(30대 후반)는 그들의 역할 변화와 그에 따른 적응 문제, 이성과 우정관계, 진로 문제, 결혼 문제, 가치관 문제 등이 새로운 문제로 대두된다. 이것은 초·중기 청소년기와는 또 다른 양상이다. 후기청소년은 대학 이후, 청년과 성인의 삶을 준비해야 하는 시기로 그 영역이 초·중기 청소년기보다 더 확대되고 넓어지는 특성이 있다. 따라서 후기청소년, 즉 청년이 직면한 문제와 불안은 무엇인지 초·중기 청소년과 다르게 새롭게 고찰할 필요가 있다.

1) 초·중기 청소년의 특성 이해

(1) 반항하는 시기

초·중기 청소년(중고생)들은 아동기와는 다른 특징을 갖는데 그것은 기성세대를 향하여 반항한다는 것이다. 청소년기를 심리적 이유기라고 부르는데, 그 이유는 아이들이 부모로부터 심리적으로 떨어져서 혼자 정신적으로 살아갈 수 있는 독립된 존재가 되어가는 과정 중에 있기 때문이다. 따라서 그들은 독립하려고 하며 내 인생은 내 것이라고 말하면서 부모의 말에 더 이상 순응하지 않으려 한다. 이것은 더 이상 부모가 싫거나 필요하지 않다는 뜻이 아니라 "나 이제 독립하고 싶어요. 나는 더 이상 어린이가 아니에요. 나를 어른으로 대우해 주세요."라고 말하는 것이다.

한때 태아의 생명줄이었던 탯줄을 끊지 않고 태아의 목을 감을 경우 태아를 질식시킬 수 있듯이, 이 시기에 부모에게 묶여 있는 심리적 탯줄, 즉 사랑의 연결 끈이었던 감정의 끈을 끊지 않으면 청소년들은 질식할 수 있다. 심리적 이유기를 겪는 청소년기에 심리적 탯줄을 적절하게 끊어주지 않으면 그것 때문에 계속 답답해하면서 떠나지도 못하고 독립적인 개체로 살지도 못하는 것이다. 심지어 후기청소년기에 접어든 대학생 중에도 아직 부모로부터 독립하지 못하는 경우가 있는데 이것은 중고생때 부모로부터 심리적 탯줄을 끊지 못해서 그런 것이다.

분석심리학자 칼 융은 청소년기를 '참을 수 없는 세대'라고 하였다. 아동기를 마감하고 청소년기에 들어가면서 생기는 '어려움에 대한 과소평가, 비합리적 낙관주의, 과도한 기대 혹은 부정적 삶의 태도'가 이들의 정신을 지배하고 있기 때문이다. 이들은 이상적으로 보이는 것에 대하여 광적이고 배타적으로 몰입한다. 그래서 청소년은 자신들이 생각하는 것에 과도하게 집착하면서 기성세대에 반항한다.

(2) 변화가 심하여 적응하기 힘든 시기

청소년은 단순한 변화의 시기가 아니라 변화무쌍한 시기다. 그들이 변화무쌍한 이유는 육체적, 성적, 정서적, 지적, 사회적으로 모든 차원에서 극적인 변화의 시기를 통과하고 있기 때문이다. 이 시기에 청소년들은 이러한 변화에 적응하려고 해도 적응이 잘 안 된다. 그래서 여러 방면으로(정신적, 사회적으로) 대처하려고 노력한다. 그러나 이러한 노력에도 급작스러운 변화에 충분히 대응하지 못할 때에 본인 스스로도 좌절과 혼란을 경험한다.

(3) 기존의 권위와 지시를 거부하는 시기

청소년기에는 부모에게 의존하던 것을 그만두고 스스로 독립적인 성인이 되기 위해 애쓴다. 아동기의 틀을 벗어나 성인으로서의 틀을 마련하기 위하여 몸부림친다. 이러한 몸부림은 종속적이고 보호를 받는 삶에서 독립적인 사람, 사회적으로 생산적인 사람이 되고자 하는 것이다. 그러나 이런 청소년들의 몸부림은 국외자들(부모, 기성세대의 눈)이 보기에는 이유 없는 반항, 문제아, 비행으로 보이기도 한다. 그러나 이 시기는 새로운 인격 형성을 위한 성장의 기회요, 독립적인 사회인으로 자리매김하는 시기이며, 부모에게서 물려받은 가치와 신앙을 자기의 것으로 소화하기 위해 몸부림치는 시기다.

(4) 비교하는 시기

청소년들은 외모와 성적과 인기에 굉장한 관심을 보인다. 그렇기 때문에 다른 사람과 끊임없이 비교한다. 특히 자신의 외모에 굉장히 민감해지면서 자신을 꾸미는 데에 많은 시간과 돈을 소비한다. 이 시기에 주위 사람들이 장난으로라도 외모에 대해 안 좋은 말을 하면 열등감이 심해진다. 그래서 이 시기에는 외모나 성격, 그 밖의 모든 요소에 대하여 긍정적으로 표현해 주도록 노력해야 한다. 그리고 청소년 때에는 성적인 관심이 증폭하는 시기이므로 성적인 관심과도 씨름해야 하는데 동성이나 이성 친구가 자신에게 성적으로 호감을 못 느낀다고 생각하면 많이 좌절하면서 외부로부터 도피하는 생활을 하기도 한다.

(5) 모델을 찾는 시기

청소년기를 건강하게 보내는 청소년들이라면 반드시 닮고 싶은 모델을 찾는다. 그래서 연예인이나 스포츠 선수들에게 빠지는 경향성이 높아진다. 부모, 교사, 신앙 선배, 위대한 인물을 동일시 대상으로 삼으면 건강하게 이 시기를 지날 수 있지만 외모, 학벌, 재산이 많은 사람을 동일시하게 되면 가치관에 혼란이 올 수 있다.

가장 좋은 동일시 대상은 하나님과 영적 지도자다. 무엇보다 하나님의 형상대로 지음 받은 존귀한 인간으로서의 나를 발견하면 건강한 삶을 살아갈 수 있다. 그러므로 이 시기에 우주만물을 창조하신 위대한 하나님의 형상대로 창조된 나, 무한한 잠재력이 있는 나를 찾아가도록 도와야 한다.

그리고 성숙하고 존경할 만한 영적 지도자나 선배를 동일시할 수 있도록 좋은 신앙 공동체에서 생활할 수 있도록 해주는 것이 좋다. 이 시기에 좋은 신앙 공동체만큼 더 유익한 장소는 없을 것이다. 그런데 이 시기가 반항의 시기라, 교회에 가기 싫어하고 부모와 신앙적으로 갈등을 빚는 경우, 억지로 강요하기보다 부모와 좋은 관계를 먼저 만든 다음 신앙을 권유하는 것이 좋다. 이렇게 하지 않으면 신앙도 멀어지고 부모와도 멀어지는 경우를 상담을 통해서 많이 보았기 때문이다. 그러기 위해서는 부모가 인격적이면서도 긍정적인 의사소통능력을 가지고 있어야 한다(이 부분은 13장에서 설명하고자 한다).

(6) 낮은 자존감을 견뎌야 하는 시기

청소년들은 낮은 자존감을 가지기 쉬운 단계에 있는데 그것은 청소년들이 학교생활에서 학교 성적으로 좀 더 나은 위치에 있기를 바라고 급우 간에 인기를 끌려고 하는 심리가 있지만 현실은 그렇지 못하기 때문이다. 한 조사에 의하면 한국 청소년의 약 50%가 우울증을 경험하고 있다고 하는데 그중에서 20%는 치료를 받아야 할 정도로 심각한 우울증을 경험하고 있다. 그 이유는 청소년이 낮은 자존감을 견뎌내야 하기 때문에 그것이 매순간 우울증으로 표출되는 것이다. 잠재적 우울증까지 포함하면 좀 더 높아질 수도 있다.

(7) 친구와 동일시하는 시기

이 시기는 친구들이 중요한 시기다. 그들은 부모와 동행하여 여행을 하기보다 혼자서 공상을 하거나 친구와 전화하는 것을 더 좋아하고, 십대의 은어를 사용하는 것을 자랑스러워하며, 자기의 친구들과 함께 술 마시기, 담배 피우기, 이성과 함께 어울리기, 어른들이 금지해 놓은 것을 즐기면서 이것을 아동기를 벗어나 성인이 되는 증거로 삼으려고 한다. 이때 자기의 친구들을 비난하면 "엄마가 내 친구에 대해 뭘 알아!" 하면서 고래고래 소리를 지르고 대들며 친구를 위해 목숨이라도 내 놓을 것처럼 반응한다. 이 시기의 아이들은 엄마보다 친구가 더 좋다.

(8) 부모들도 적응하기 힘든 시기

청소년들도 힘들고 당혹스러운 시기를 지나고 있지만, 그 부모들도 힘든 중년기를 지나고 있다. 중년기에 접어든 성인들은 본인들의 인생에 대해 다시 한 번 심각하게 되돌아보게 된다. 그리고 지금까지 추구해 왔던 모든 것들에 대해 회의가 들면서 굉장히 힘들어한다. 10대를 둔 부모는 대부분 중년의 나이에 있고, 내향적으로 변해가고 우울증적인 성향이 생기면서 신체적 어려움과 불확실한 상황으로 인해서 고통을 느끼고 있다. 그런데 자신의 자녀들인 10대들은 외부에 관심을 갖고 현실을 보지 못하고 이상을 꿈꾸며 살아가는 것을 볼 때 부모는 자신의 문제 뿐 아니라 자기와 다른 자녀를 이해하기 힘든 고통을 겪게 된다.

2) 후기청소년(청년)의 특성 이해

(1) 불안한 청년들

발달적 관점에서 보면 단계별 발달 특성과 발달과제가 존재하는데 과제를 성취하지 못했을 때 불안이 발생한다. 하비거스트(Robert James Havighurst)는 개인이 생의 주기에 따른 발달과제를 잘 수행하면 다음 단계로 잘 진입할 수 있다고 보았다. 반대로 발달과제 수행의 실패나 지연은 개인의 발달에 부정적인 영향을 미치며 불안을 유발할 수 있는 중요한 요인이 된다.

한국 청소년들의 장래 희망을 조사한 결과, 연예인, 운동선수, 교사, 의사, 간호사, 판사, 변호사 순이었다. 이러한 직업이 갖는 공통된 특징은 고수익이다. 최근 들어서는 건물주가 되어 임대업을 하는 것이 꿈이라는 청소년과 청년들이 대거 등장하고 있다. 이처럼 한국 사회가 추구하는 가치는 물질주의가 우세하다. 2005년 연구에서 한국인의 정체성 중 36.7%가 물질주의자라고 하였다. 다른 나라와 물질주의자의 평균을 비교한 결과 한국은 중국에 이어 물질주의자의 비율이 2등으로 높은 위치를 차지하였다. 일반적으로 경제성장과 함께 물질주의 수준이 낮아지는 추세인데 비해 한국은 물질주의 가치관이 지속되고 있다. 이처럼 한국인의 물질주의는 고착되고 더욱 심화되고 있는 실정이다. 물질주의자는 외적인 자원인 물질이나 상품을 소유함으로 행복을 누리는 사람이다.

물질주의가 한국 사회에 만연하게 된 이유는 무엇일까? 한국은 강한 집단주의 문화로, 사회적 판단과 체면을 중시하는 문화 속에 살고 있다. 한국인들은 자기과시적인 행동으로 지위를 높이고 싶어 하는데 물질은 자신을 과시하는 하나의 방법이기에 한국인들은 더욱 물질주의로 기울어지고 있다. 물질을 통해 만족을 얻으려고 하는 사람은 지속적인 욕구 충족의 실패를 가져오고 내적 갈등을 유발하여 불안을 야기한다. 실제로 다양한 연구 결과, 물질주의자가 자주 불안을 경험한다고 한다. 이처럼 물질주의는 개인의 안녕감을 저해하고 불안을 높인다(김신혜, 2017).

물질주의 문화와 함께 경쟁적 사회가 한국의 청년들을 불안으로 몰고 있다. 한국 사회에서는 'SKY대학', '인(in) 서울'이라는 단어가 하나의 고유명사가 될 정도로 명문대 입학을 모두 원한다. 입시를 위해 체육이나 음악 수업 등을 없애버리는 현 세태는 목적 달성을 위해서는 다른 것은 없애버리는 무서운 사회를 만들었다. 교사나 학교 역시 교육자로 살기보다 많은 학생을 명문대에 입학 시킬 것을 종용당하는 상황이다. 교육은 학생의 인성이나 자아정체성 형성, 공동체 의식, 신체적 건강이나 감성 돌봄을 위한 가르침이 아니다.

경쟁적 교육 분위기 속에서 학생들은 자연스럽게 경쟁 논리에 젖어들어 사회에서 뒤쳐진 학생들은 스스로를 실패한 것으로 판단하고 부정적인 낙인을 찍고 있다. 경쟁 교육의 문제점은 개인들을 서로 적대적인 입장에 서게 하고 대다수를 실패자로 만듦으로써 불안을 야기한다는 것이다. 또한 청소년기의 발달과제인 자아정체성 형성이나 사회적 성숙, 배려와 존중과 같은 태도를 함양할 기회를 박탈한다. 그리고 이러한 문화 속에서 청년들은 패배와 낙오를 경험할 것에 대한 불안, 우위를 선점해도 언제나 추락할 수 있다는 공포를 항상 안고 살아가고 있다(김신혜, 2017).

(2) 발달과제 성취의 어려움

직업선택의 어려움

후기청소년의 발달 단계에서 중요한 발달과제 중 하나는 직업 선택이다. 도날드 슈퍼(Donald E. Super, 1990)에 따르면 이 시기 청년들은 자신에게 적합한 직업을 탐색하기 위하여 다양한 시도를 하고 직업분야에 처음 들어가 직업적 발전을 시도한다고 본다. 후기청소년은 부모로부터 독립하여 자신의 인생을 책임지기 시작해야 하는 시기로 직업은 꼭 필요한 조건이다.

후기청소년에 대하여 하비거스트는 직업 역할을 시작하는 시기로, 아브라함 매슬로우(Abraham Maslow, 1970)는 직업을 결정하는 시기로 보았다. 레빈슨(Daniel J. Levinson, 1986)은 청년들이 꿈을 설정하고 나아가는 시기로 직업을 선택하며 사회의 구성원으로서의 역할을 감당하는 시기라고 하였다. 공통적으로 드러난 후기청소년의 중요한 발달과제는 직업 관련 활동이다. 후기청소년은 직업 탐색과 선택, 그리고 적응과 발전을 통해 부모로부터 사회, 경제적으로 독립의 욕구를 실현하는 시기다.

취업과 같은 발달과제는 청년의 건강한 발달을 위해 가장 기본적으로 성취되어야 함에도 불구하고 현실은 점점 힘들어지고 있다. 한국 사회의 경제적 어려움으로 인해 청년 10명 중 4명 이상이 고용 위험과 불안에 노출되어 있는 상황이다. 물론 학업기간이 길어짐에 따라 청년들의 취업 연령이 늦춰지고 있는 변화 또한 고려해야 할 점이다. 그러나 통계청 발표에 따르면 최근 6년간 '15세에서 29세의 경제활동인구 중 실업자의 비율을 말하는 청년실업률'을 살펴보니 최악의 수준인 11.3%에 다다랐다고 한다. 단순한 취업 지연으로 이해하기에는 현 상황이 매우 부정적이다.

취업난과 더불어 자신의 흥미, 적성, 능력, 보람스럽지 않은 직장은 청년들에게 불만족과 불안을 야기한다. 놀랍게도 청년직장인을 대상으로 2016년 신입사원 채용실태 조사에 따르면 신입사원의 1년 내 퇴사율이 27.7%에 달한다고 한다. 청년들이 그렇게 원하던 직장을 갖게 된 후 1

년 만에 퇴사하는 모습을 통해 발달과제의 성취는 단순한 취업 성공이 아니며 개인에게 적합한 직업을 탐색하고 선택하는 것으로 이해할 수 있다. 무조건적인 취업 성공이 청년들의 불안을 해결하는 유일한 방법이 아니라는 것이다. 무한 경쟁사회에서 자신에 대한 이해가 부족한 청년들이 적합성을 고려하지 않은 채 급하게 직업을 선택하면 또 다른 형태의 발달과제 실패를 겪게 되는 것이다.

후기청소년 단계에서 직업은 자아정체성 확립을 위한 핵심 요인 중하나다. 물론 사람마다 일을 다르게 생각하지만 대부분 자기 정체성을이루는 주된 요소로 직업을 꼽는다. 그리고 개인에게 직업은 사회적으로 인정받고 자신의 가치관이나 능력을 발휘하고 의미를 발견하며 생활을 영위하는 수단으로 이해된다. 그래서 취업의 실패나 지연은 후기청소년 발달 단계에 건강한 자아정체성 확립에 부정적인 영향을 끼친다.

한 기사에 따르면 취업문제로 고통 받는 청년들이 심리적으로 움츠러들어 관계를 끊고 스스로를 사회로부터 격리시키며 자발적 외톨이의 삶을 추구하는 경향이 있다고 한다. 한 대학상담센터에서 학생들을 상담하는 이동훈 교수는 "대학 내 정신과에서 정기 상담을 받거나 약을 처방받은 학생은 전체의 15~20%에 이른다."라고 말했다. 취업 스트레스로 정신적인 고통을 호소하는 학생이 그만큼 증가하고 있다. 청년들에게 취업 실패는 부모로부터의 심리적·경제적 독립을 하지 못하도록 하여 발달과제 실패 뿐 아니라 건강한 자아 및 성격 형성에도 부정적인 영향을 끼치고 있어 불안의 주요한 원인이 된다.

결혼 준비의 어려움

후기청소년 발달 단계에서 결혼은 건강한 발달을 위해 중요한 과제의 하나다. 매슬로우는 후기청소년을 독립심과 자율성을 확장시키며 결혼을 하여 자신의 가정을 이루는 단계로 보았다. 에릭슨은 후기청소년의 심리사회적 과제로 자신을 잃지 않으며 타인과 친밀함을 이루는 것을 들었다. 오퍼(Offer)는 후기청소년이 점차 부모와 개별화된 존재로 독립하며 부모 대신 새로운 중요한 대상이 생기는 시기라고 했다. 정옥분은 후기청소년들이 직업결정과 함께 결혼을 통해 가정을 이루고 부모가 되며 지속적으로 자신의 자아정체성을 발달시킨다고 보았다.

후기청소년은 부모로부터 심리적·사회적으로 독립하며 좋은 관계를 형성하는 시기이며, 직업과 결혼 과제를 수행하여 자신을 규정하며 직업을 탐색하고 선택하고 적응하는 시기다. 그런데 청년들은 다양한 이유로 결혼을 미루고 실패하고 있는데, 취업의 어려움과 재정적 부담은 청년들이 결혼을 포기하게 되는 이유이다. 한국보건사회연구소가 발표한 만혼과 비혼 이유에 대한 조사에서 남성의 30.9%가 취업실패나 불안정한 직장, 14.7%가 결혼생활을 유지할 만큼 수입이 보장되지 않기 때문이라고 응답했다. 여성 역시 18.6%가 미취업이나 불안정한 직장으로 인해 결혼을 포기하거나 미룬다고 응답했다(김신혜, 2017).

건강한 정체성을 확립한 사람은 후기청소년기에 친밀감의 능력을 획득하여 가정을 꾸리면서 다음 단계로 도약해 나간다. 그러나 결혼이라는 발달과제의 실패 및 지연은 다음 단계로 나아가지 못하게 하는 한 요인이 되고 있다. 에릭슨이 말한 청년의 발달과제는 친밀감의 능력을 획득하여 일, 우정, 그리고 사랑의 관계를 맺는 것이라고 하였다. 그런데 최근 한국뿐 아니라 전 세계적으로 결혼하지 않고 사는 일인 가구가 30%가 넘어가고 있는 사실로 미루어 볼 때 결혼에 대한 과제는 보완이 필요한 부분이라 생각한다. 이삼식과 최효진(2016)은 미혼남녀를 대상으로 아직 결혼하지 않은 이유를 질문한 결과 '35.9%가 자기 발전 등을 위하여, 11.8%가 결혼 생활과 일을 동시에 수행할 수 없어서'라고 답변

했다고 하였다. 그리고 20~30대 여성들의 결혼관은 긍정적인 면 50% 정도, '하든 안하든 상관없다'와 '하지 않는 것이 좋다'가 46%로 응답하고 있다. 그리고 대학생들이 가지고 있는 결혼관은 부정적인 시각이 압도적으로 높은데, 69%의 대학생들이 결혼에 대해 회의적인 생각을 가지고 있는 것으로 나타났다. 결혼 적령기도 갈수록 늦어지고 있어서, 2001년 남자의 결혼 연령이 29.5세, 여자 26.8세였다가 2014년 남자 32.4세, 여자 29.8세로 15년 사이에 3년이나 연령이 높아졌다. 이후로도 갈수록 결혼연령이 높아지고 있는 추세다.

이처럼 청년들은 다양한 이유로 결혼을 미루거나 혼자 사는 것을 선택하려는 경향이 커지고 있다. 경기 둔화와 양극화 현상, 젠더간의 갈등과 대립, 지나치게 높은 결혼비용과 불안정한 수입, 그리고 결혼 이후 자녀 양육에 대한 부담과 과도한 사교육비 등 복합적인 요인들로 결혼 기피 현상이 심해지면서 최근에는 비혼주의자가 늘어나고 있다. 그러므로 청년의 결혼 준비와 결혼을 발달과제로 삼는 것에 대해서는 좀 더 많은 연구가 진행되어야 할 것이다.

10장

청소년의 자아정체성

청소년기에는 자아정체성이라고 하는 중대한 과제를 확립해야 한다. 자아정체성은 자신이 타인과 구별되는 독립적이고 고유한 존재라고 인식하는 것과 동시에, 외적인 자극, 환경, 감정적 변화에도 불구하고 일관되게 자신을 인식하여 안정적인 느낌을 갖는 것을 의미한다.

1. 청소년의 자아정체성

1) 자아정체성의 의미

에릭슨(Erik Erikson)은 자아정체성(ego identity)의 기초는 인생의 초기에 이미 형성된다고 하였다. 그리고 자아정체성 형성이 청소년기에 시작되어 끝나는 것이 아니라 전 일생을 통해 계속적으로 진행되는 과제라고 주장한다. 예를 들면, 아동기와 청소년기에도 자기에 대한 정체성이 문제시되지만 중년기에도 '중년기 위기'와 같은 정체성의 위기를 겪게 된다.

에릭슨은 정체성을 심리사회적 정체성(psychological identity)과 개별적 정체성(individual identity)으로 나누었다. 심리사회적 정체성은 개인이 속하고 있는 사회나 집단에 대한 소속감을 의미하고 개별적 정체성은 자신이 타인과 다른 고유한 존재라는 의식으로, 개인적 정체성(personal identity)과 자아정체성으로 구분할 수 있다고 하였다. 개인적 정체성이란 시간이 지나도 변하지 않는 자신에 대한 자각으로 자기동질성(self-sameness)과 자기연속성(self-continuity)의 특징을 가지고 있다. 이에 비해 자아정체성은 좀 더 광범위한 개념으로 에릭슨의 저서를 통해 나타난 자아정체성의 의미를 정리하면 다음과 같다.

첫째, 자아정체성은 '~로서의 나' 사이의 통합감을 의미한다. 한 개인은 다양한 지위와 역할을 부여받고 있다. '남자로서의 나', '아들로서의 나', '누구의 친구로서의 나', '학급의 한 구성원으로서의 나' 등의 수많은 역할을 지니고 있다. 정체성은 바로 이러한 다양한 지위에 다른 역할들 간의 통합을 의미한다.

둘째, 자아정체성은 '과거의 나'와 '현재의 나' 그리고 '미래의 나' 사이의 연속성 또는 일관성을 의미한다. 즉 인간이 과거와 현재 그리고 미래를 살아가면서 '일관된 나'를 유지해 나가는 것을 말한다. 동일한 사건에 대한 인식이나 행동이 어제 다르고 오늘이 다르다면 주변 사람들뿐 아니라 자기 자신도 자신을 믿을 수 없다. 자신의 행동에 대해 신뢰감을 느낄 수 있는 자아의 시간적 연속성은 자신과 타인에게 믿음을 주고 정신적 안정감을 주며, 삶의 가치를 명료하게 할 수 있는 요인이라고 할 수 있다.

셋째, 자아정체성은 주체적 자아(I)와 객체적 자아(Me)간의 조화를 의미한다. 자아는 내가 내 자신을 볼 때의 나(주체적 자아)와 내가 다른 사람의 눈에 비쳐지고 있는 것을 지각 할 때의 나(객체적 자아)가 있다. 주체적 자아가 지나치게 발달된 사람은 다른 사람은 의식하지 않고 자신에게만 몰입되는 자기도취적인 사람이 될 수 있다. 반면에 객체적 자아가 너무 발달한 사람은 타인의 눈치를 보고 그 시각에 자기를 맞추려고 하는 면이 있다. 이 둘의 조화가 이루어져야 '나와 너의 관계'를 조화롭고 적절하게 확립할 수 있다.

넷째, 자아정체성은 '나는 나다.'라는 실존의식을 의미한다. '나'라는 존재는 생물학적으로는 부모의 자녀지만, 실존적 의미로는 '누구로부터의 존재가 아닌 오직 나'인 것이다. 이렇게 나란 존재는 누구로부터의 간섭도 배제할 수 있는 절대적 자유를 지님과 동시에 오직 나 혼자라는 근원적 소외감과 불안감을 수반하게 된다.

자아정체성에 대한 위의 네 가지 정의 방식은 상호 밀접한 관련성이 있다. 확고한 자아정체성을 지닌 사람은 개별성, 총체성, 계속성을 경험하게 된다고 하였다. 개별성은 가치나 동기 또는 관심을 얼마쯤 타인과 공유했다 하더라도 자신은 타인과는 다르다는 인식, 즉 자신은 독특하고 특별하다는 인식이다. 총체성은 자신의 욕구, 태도, 동기, 행동양식 등이 전체적으로 통합되어 있다는 느낌이다. 계속성은 시간이 경과하여도 자신은 동일한 사람이라는 인식, 즉 어제의 나와 오늘의 나는 같은 사람이라는 인식이다. 따라서 자아정체성의 여러 개념은 상호 배타적인 정의가 아니라 상호 보완적인 개념으로 이해해야 한다.

2) 자아정체성 형성 과정

에릭슨(1950, 1968)은 청소년기에 빈번히 제기되는 일련의 의문들, 즉 '나는 누구인가? 무엇을 할 것인가? 미래의 나는 어떻게 될 것인가? 어제의 나와 오늘의 나는 같은 인물인가? 아닌가?' 등의 고민과 질문들은 자아정체성을 형성하기 위한 평생의 과정이라고 하였다. 자아정체성의 형성은 청소년기에 와서 시작되는 것도 아니고 청년기에 끝나는 것도 아니다. 자아정체성의 형성은 일생을 통해 이룩해야 할 중요한 과제다. 그렇다면 왜 정체성 확립이 청소년기, 특히 청소년 후기에 심각한 문제로 대두되는가? 그 원인은 무엇인가?

학자들은 그 이유를 다음과 같이 설명하고 있다.

첫째, 사춘기 동안 급격한 신체적 변화와 성적 성숙이 일어나기 때문이다. 청년들은 급격한 신체변화로 인해 자의식이 강해지고, 성적 성숙으로 말미암아 신체내부에서 여러 가지 충동들이 일어난다. 특히, 일찍이 경험해본 일이 없는 성적 충동은 청년들이 대처해야 할 가장 중요한 문제이다. 사춘기 동안에 발달된 생리적, 내분비적 기능의 변화로 말미암아 본능적 욕구인 원초아가 강해진다. 이때 자아는 초자아와 원초아 간의 균형을 유지하기 위해 자아 확장을 이루어야 한다. 따라서 이 시기의 청년들은 필연적으로 자아정체성 문제에 직면하게 된다.

둘째, 청소년은 아동기에서 성인기로 옮겨가는 과도기다. 신체적으로는 이미 성인으로 성장했지만 경제적, 정서적으로는 여전히 부모에게 의존한다. 하지만 나이와 체구에 걸맞게 부모로부터 독립하고, 사회적으로 책임 있는 행동을 할 것이 요구된다. 따라서 이 시기의 청소년은 자신의 위치와 역할을 어떻게 규정해야 할 것인가에 대해 고민하지 않을 수 없다.

셋째, 청소년기는 선택과 결정의 시기이기 때문이다. 특히 청소년후기에 들어서면 진학 문제, 전공 선택의 문제, 이성 문제, 교우관계 등 스스로의 선택이 요구되는 상황에 직면한다. 이전처럼 전적으로 부모나 주위 어른들에게 의존할 수 없는 청년들은 스스로 이러한 선택과 결정을 하기 위해 여러 가지 가능성을 점검해보고, 자기 자신에 대해 진지하게 생각하는 탐색의 시간이 필요하다.

넷째, 청소년기에 현저한 성장을 보이는 인지능력의 발달 때문이다. 청소년은 구체적 사고에서 벗어나 추상적 사고를 할 수 있고, 그들의 사고는 현실적 구속을 벗어나 가능성의 세계로 확대된다. 청년들의 시각적 조망 또한 현재에 국한되지 않고 과거와 미래로 확장된다. 이러한 인지능력의 발달은 자신의 위치, 역할, 능력 등을 검토해보는 자신에 대한 탐색과정에도 영향을 미친다. 이와 같은 자기 탐색과정은 자아정체성 확립을 위한 필연적인 요인으로 작용한다.

이상과 같은 이유들로 해서 자아정체성의 형성은 일생 동안 계속되는 과정임에도 불구하고 청소년기에 보다 중요한 문제로 대두된다.

2. 자아정체성 혼란

정체성이 확립되지 못하면 '자기가 누구인지 알 수 없는 혼란'과 '무엇을 할 수 있는지 없는지에 대한 지나친 불안'으로 말미암아 자기의 미래를 예측할 수 없는 힘든 상태에 놓이게 된다. 또한 지금까지의 자신은 중요한 타인들에 의해 형성된 것이고 자기 자신의 이미지가 통일되어 있지도 않다. 그래서 그들이 겪는 정체성 위기는 인생의 그 어떤 시기보다 고통스러운 실존적 문제로서 대두되는 것이다.

1) 자아정체성 위기

마르샤(Marcia, 1994)는 에릭슨의 자아정체성 형성이론에서 두 가지 차원, 즉 위기(crisis)와 수행(committment)을 중요한 구성요소로 보고 이 두 차원의 조합을 통해 자아정체성을 네 범주로 나누었다.

[그림 10-1] 차원에 따른 정체감 구분

여기서 위기란 자신의 가치관에 대해 재평가하는 기간을 의미하고, 수행은 계획, 가치, 신념 등에 대해 능동적으로 의사결정을 내린 상태를 의미한다. 네 범주는 성취(위기 해결과 수행 확립), 유예(위기 진행 중이며 수행 못함), 유실(위기경험 없으나 수행 확립), 혼미(위기 경험도 없고 수행도 못함)로 나뉜다. 이 네 가지 범주 중에서 정체성 성취나 유예는 심리적으로 건강하여 결국에는 정체성을 형성해나갈 수 있지만, 유실이나 혼미는 부적응적인 것으로써 보통 이 두 가지를 정체성 혼란이라고 말한다. 정체성 유예는 정체성 성취에 도달하기 위해 필요한 과도기적 단계이므로 혼미나 유실보다는 앞선 단계다.

정체성 위기를 성공적으로 해결하지 못하면 정체성 혼미를 경험하게 된다. 정체성 혼미와 함께 따라오는 것이 역할 혼미(Role Confusing)다. 정체성 위기가 오게 되면 성장이 정지되고 퇴행하는 듯한 느낌이 드는데 그렇게 되면 자신의 역할에 대해서도 혼란스러워진다. 이것이 바로 역할 혼미다. 이 현상은 역할을 제대로 할 수 없는 상태에서, 자기 가치에 대한 심한 회의와 함께, 아무런 목적도 없이 단순하게 살아가는 것에 대해 괴로워하는 특징을 보인다. 이런 고통 속에서 청소년은 새로운 실존을 얻으려는 투쟁을 하면서, 미래를 보장받을 수 있는 '불변하는 어떤 것'을 발견하려는 시도를 하게 된다. 이것이 청소년 후기에 이상주의적 경향으로 발전하게 된다.

청소년기가 되면서 이전 단계까지는 회의 없이 받아들였던 자기 존재에 대하여 질문과 탐색이 시작된다. 그러나 자신과 관련된 의문에 대한 해답을 찾으려고 애쓰지만, 그 해답은 쉽게 얻어지지 않고 고민하고 방황하게 되는데 고민과 방황이 길어질 때 정체성의 혼미가 온다.[12] 정체

---

12) 청소년들이 자아정체성을 쉽게 획득하기가 어려우므로, 그들은 친구 집단에서 동일시 대상을 찾거나 혹은 존경하는 위인이나 영웅에게서도 동일시의 대상을 찾으려 애쓴다. 그리고 자신을 시험해 보기 위해 여러 클럽에 가입해 보기도 하고, 다양한 활동에 참여해 보기도 한다. 그들이 동일시하는 사회 집단은 청소년의 자아정체성 발달에 영향을 준다. 에릭슨은 이 시기가 정체성 형성의 결정적인 시기

성 혼미라는 개념이 소개되기 이전에는 문제를 일으키는 청소년들은 비행 청소년으로 낙인찍었다. 그러나 정체성 혼미라는 개념이 소개되면서 문제를 일으키는 청소년에 대해 이해하려는 노력이 이루어졌다.

2) 자아정체성 혼란의 문제점

자아정체성이 성취되지 못하고 혼란스러운 경우 다음과 같은 문제점이 발생할 수 있다.

(1) 중독적 성향

현재 청소년들에게 컴퓨터와 인터넷은 빼놓을 수 없는 삶의 한 부분이다. 그러나 유용하고 편리한 컴퓨터도 청소년들에게 악영향을 끼칠 수 있는데 그것은 과도한 인터넷 사용으로 인한 사이버 세계 중독현상이다. 이는 현실 세계에서 충족시키지 못한 욕구를 사이버 세계에서 대리 만족하는 것으로 심한 경우 사이버 세계를 현실 세계와 혼동하는 청소년들도 있다. 심지어 현실 세계보다 사이버 세계에서의 자신의 모습에 치중하여 정체성이 확립되지 않은 상태에서 현실과 사이버 세계간의 괴리감을 없애지 못하고 혼란스러워한다.

이 외에도 각종 중독에 빠지게 되는데 이것은 자신이 어떠한 삶을 살아야 하는지, 왜, 무엇을 위해 살아야 하는지 정체성을 형성하지 못하여 중독으로 힘든 것을 회피하려는 것이다. 회피의 수단으로 선택한 중독물질이나 중독관계가 쾌락을 주는 경우, 여기에서 빠져나오기는 더욱더 힘들게 된다.

이기 때문에 그 어떤 시기보다 중요하다고 강조했다.

(2) 외모 중시

외모를 중시하는 현대사회의 풍조에 발맞추듯 청소년들도 외모를 무척이나 중요시하고 있다. 자신을 가꾸어야 한다며 과도한 다이어트나 심지어 성형수술까지도 두려워하지 않고 있다. 아직 성장이 채 끝나지 않은 그들에게 다이어트로 인한 영양부족이나 성형수술은 건강을 해칠 위험이 있다. 또한 사람의 내면이나 됨됨이보다 외모를 중시하는 풍조는 청소년들의 사상을 외모지상주의로 이끌 수 있어 주의가 필요하다.

(3) 연예인에 열광

연예인 재벌시대에 살고 있는 우리의 청소년들은 많은 수가 연예인이 되기를 희망한다. 또한 연예인이 되지는 못하더라도 그들이 입고 있는 의상이나 액세서리 말투 등을 따라하면서 쾌감을 느낀다. 많은 의류업체들은 스타들에게 자기 회사 의상을 입히기 위해 엄청난 돈을 투자하고 있다. 그러나 무분별한 스타 따라잡기는 청소년들에게 많은 문제를 불러일으킬 수 있다. 과도한 소비 조장, 외모에 열중하기, 현실은 보지 않고 연예인처럼 되려는 풍조 등을 가질 수 있다. 자신의 소중함을 잃고 다른 사람을 모방하고 흉내 냄으로 인해서 정체성을 잃게 될 수 있는 것이다.

(4) 현재와 미래의 혼란

자아정체성이 형성되지 못하거나 자아정체성에 혼란이 생기면 자신이 무엇을 하며 살아야 하는지 모르거나 혼란이 생기게 된다. 그리고 현재의 삶에서 자신의 역할이나 존재에 대해 만족하지 못하며 혼란에 빠지게 된다. 이렇게 되면 자신에 대한 부정적 자아상, 현실에 대한 불만족으로 인한 현실과 이상의 괴리감, 가출 및 학업 이탈, 비행 행동 등 많은 문제점들이 생기게 된다.

3. 자아정체성 성취

안정된 정체성을 형성하기 위해서는 신체적·성적 성숙, 추상적 사고와 정서적 안정이 필요하며, 동시에 부모나 또래의 영향권에서 어느 정도 벗어나야 하는데, 이러한 조건들이 청소년기에 와서야 비로소 갖추어진다. 그래서 청소년은 여러 가지 요소들을 종합하여 새로운 정체성을 확립하기 위해 자신을 직면해야 한다. 새로운 정체성을 형성하기 위해서 그동안 형성한 정체성의 요소들을 통합할 수 있는 충분한 시간을 필요로 하는데, 이 기간을 유예 기간(Moratorium)이라 부른다.[13] 유예 기간 중 유아기에서 자신과 타인에 대한 중요한 신뢰와 욕구를 가지고 있었다면, 청소년기에 큰 문제없이 자신을 믿고 타인을 신뢰할 수 있게 된다.

그러나 유아기에 적절한 만족과 적절한 좌절 경험을 충분히, 조화롭게 경험하지 못하고 청소년이 된 경우, 그들은 신뢰의 욕구를 냉소적인 불신으로 표현하기도 한다. 이런 경우 청소년은 어떤 활동이든 강요당하는 것을 몹시 싫어하면서 반항하며, 자기들이 해야 할 의무와 봉사들에 대해 거부하고 반항한다. 이것은 유아기 시절에 너무 좌절 경험이 많아서 좌절을 겪을 때 참지 못하는 경우와, 지나친 만족 경험으로 인해 좌절을 견디지 못하고 무조건 내가 원하는 대로 만족시켜 달라는 과보호적 관계를 유지하고 싶은 퇴행적 관계를 열망하는 경우로 나뉠 수 있다. 이 두 가지는 내면의 관계 방식은 다르지만 겉으로는 거부와 반

---

13) 청소년기에 자기 삶에 대한 정체성을 찾아가는 과정에서 지불유예기간 (moratorium)을 충분히 주어서 자신에 대한 정체성을 찾도록 도와주는 것이 필요하다. 그래서 저자는 청소년기뿐 아니라 이후의 인생 전반에 걸쳐서 "나는 누구인가? 나는 무엇을 하며 살 것인가? 내가 가장 소중하게 생각하는 가치는 무엇인가?"에 대해 끊임없는 질문을 하면서 찾아가도록 도와주어야 한다고 생각한다.

항, 내가 원하는 대로 하겠다는 유아기적 퇴행으로 비슷하게 나타난다. 그러므로 부모와 상담자, 그리고 교사는 청소년 각각의 심리 내면을 살피고 이해하면서 개인에게 맞게 반응하고 도와주어야 한다.

그렇다면 청소년 자아정체성 형성에 영향을 주는 요인에는 어떤 것들이 있을까?

첫째, 자아정체성을 형성하는 데 큰 영향을 주는 요인은 부모다. 부모와 자녀 관계는 청소년기의 정체성 수준과 밀접한 관련이 있다. 예를 들면 부모와 지나칠 정도로 가까운 관계에 있거나, 부모의 지나친 통제와 과보호 속에 있는 청소년들은 자아정체성 유실 상태에 놓이게 된다. 유실 상태에 있는 그들은 자신이 스스로 자아를 찾고, 자신의 장래를 위해 고민하기보다는 부모의 결정을 그대로 받아들이고 타협하는 순응주의자(conformist)가 된다. 정체성 혼란에 빠진 청소년들은 대부분 부모와의 관계가 소원하며, 부모로부터 무시를 당하거나 거부를 당하는 경우가 많다. 이에 반해 정체성을 성취하였거나 유예시기에 있는 청소년들은 부모의 애정이 뒷받침된 원만한 관계를 유지하되, 자신이나 인생에 대해 스스로 고민하고 결정하는 자유를 지니고 있다. 이처럼 정체성 발달은 부모의 양육 형태와 깊은 상관관계를 가지고 있다.

둘째, 또래집단의 영향력이 점점 더 부각되어 정체성에 영향을 준다. 청소년기는 자신에 대한 존재적 의문과 미래에 대한 불확실 등으로 인해 정도의 차이는 있지만 대부분 고민스러운 시간을 보낸다. 청소년들의 동년배들도 거의 유사한 고민으로 방황을 하거나, 방황 뒤에 성공적으로 해결점에 이르러 자신이 선택한 삶에 몰두하는 등 어느 정도의 공통분모를 지니고 있다. 이들에게는 부모와의 갈등, 고민의 나눔, 진로탐색, 대화를 위해 또래집단이 중요한 역할을 하고 있다.

셋째, 신앙(종교)이나 가치관, 그리고 동시대에 흐르고 있는 이념도 큰 영향을 준다. 어떤 청소년들은 종교나 정치, 예술 등에 열정적으로 참여함으로써 위기를 해결해 나가기도 하며, 신앙을 통해 자신의 존재와 의미를 찾으면서 정체성을 확립하기도 한다.

정체성 위기는 일종의 위험을 동반하기도 하지만, 결국 이 위기를 통하여 청소년이 독창적인 방식으로 삶을 보고, 말하며, 또한 꿈꾸고 계획하게 만들어 준다. 그들 나름의 독자적인 정체성을 형성하게 되는 과정은 참 중요하며 자아정체성을 형성하기 위해서는 많은 시간과 노력이 필요하며 방황의 시기도 어느 정도 필요하다는 것을 인정해주면서 여유를 가지고 접근할 필요가 있다.

4. 성정체성 형성

1) 기독교적 성정체성

기독교 심리학자인 아치볼드 하트는 그의 자녀에게 바라는 두 가지 소원이 있는데 첫째는 예수 그리스도와 개인적인 관계를 형성해가는 것이고, 둘째는 건강한 성 정체성을 세우는 것이라고 언급했다. 이 시대를 살아가는 젊은이들에게 순결의 의미는 더 이상 육체적 순결이 아닌 임신 경험이 없는 것으로 의미가 변질된 채 사용되고 있다. 실제로 청소년들 사이에서 '조건만 맞으면 성관계를 하는 만남'이 유행처럼 번지고 있다고 한다. '조건 만남'이란 자신의 얼굴, 키, 성매매 가격 등을 미리 제시해 자신을 성 상품화하는 것으로, 각종 포털 사이트나 채팅사이트,

전문 카페나 채팅방까지 개설돼 공공연히 이루어지고 있다(확인된 전체 150여 건의 조건 만남 중 60여건이 미성년자였음).

이런 일이 일어나고 있는 이유는 사랑과 성에 대한 왜곡된 생각 때문이다. 성경이 가르쳐 준 사랑과 성은 인식하지 못한 채 세상이 TV 드라마나 영화를 통해 보여주는 성과 사랑에 대한 생각을 자연스럽게 받아들이기 때문이다. 성교육은 아이들이 질문하는 시기인 대략 3~4세부터 점진적으로 알려주어서 14~15세가 되었을 때는 구체적인 내용을 지도해야 한다. 딸이든 아들이든 성교육은 부모가 함께 하는 것이 좋다. 부모가 모두 관여할 때 성교육의 효과가 증대된다.

성은 일방적으로 가르치기보다는 아이들과 대화하는 방식이 좋다. 부모들은 아이들이 성에 대해 물으면 다른 질문과 마찬가지로 자연스럽게 답해 주어야 하며, 성은 나쁘고 더러운 것으로 인식하지 않도록 주의해야 한다. 아이들이 성에 관해 질문할 때나 텔레비전 또는 잡지에 나오는 동물들의 교미 모습을 보고 있을 때를 이용하여 최대한 자연스럽게 교육해야 한다. 아이들이 성장하면서 알아야 하는 것들을 이해할 수 있도록 계속해서 설명해주는 과정이 필요하다. 부모가 아이들과 좋은 관계를 맺어야만 아이들이 자유롭고 거리낌 없이 물을 수 있으므로 아이가 마음을 나눌 수 있는 가장 좋은 친구가 되겠다는 목표를 세우는 것이 바람직하다.

인터넷에서 학생들은 성적인 것에 완전히 노출되어 있다. 원조교제를 한 학생들을 대상으로 조사한 결과 원조교제란 좋은 아르바이트라고 대답한 학생이 무려 80%를 넘었다고 한다. 이런 시대 속에서 성경이 말하는 대로 순결한 몸으로 살아간다는 것, 그것은 결코 쉬운 일이 아니지만 그래도 부지런히 정성을 다해 가르치고 알려주어야 한다. 성에 대해서는 기독교적 가치관을 심어주는 것이 중요하다. 자녀들에게 먼저 자신의 몸이 그리스도의 몸이라는 사실을 가르치고 거룩하신 주님처럼 자신의 몸과 마음을 거룩하게 지키도록 가르쳐야 한다. 이 세상의 유혹과 악하고 정욕적인 흐름 속에서도 자신의 몸을 지키며 그 몸을 하나님의 영광을 위하여 드릴 수 있도록 교육하여 올바른 성 정체성을 확립해 가도록 도와야 한다.

2) 발달 단계에 따른 성교육

성교육은 나이와 수준에 맞게 해야 하는데 발달 단계에 따른 성교육을 개괄적으로 정리하면 다음과 같다(Litchfield & Litchfield, 2004)

<표 10-1> 발달 단계에 따른 성교육

시기	특징	가르칠 내용
유아기 (2~3)	·성기를 만지작거리는 놀이	·공공장소에서 하지 않으면 문제삼지 않음
	·성기에 대해 질문	·정확한 용어를 알려주기(음경, 음순) ·건강한 남녀역할 모델 통해 성 정체성 세움
유치기 (3~6)	·남녀의 신체가 해부학적으로 다르다는 것을 인지	· 남녀의 신체 차이를 설명
	·성적인 정체성을 갖는 시기	· 동성 부모와 동일시하게 함
	·호기심시기(엄마아빠놀이-옷을 벗고 탐험하며 서로 만져보고 즐거움을 발견함)	·"하나님이 우리에게 아름다운 몸을 주셨네!"라고 말하고 관심을 다른 것으로 유도 ·성기를 자주 만지지 않도록 하고 다른 사람 앞에서 만지는 것은 아님을 가볍게 타이름
	·부모와 함께 화장실 가거나 목욕을 하고, 같이 자려고 함	·이런 행동을 점차 줄여 주고, 아이들의 개인 생활을 격려
	·부모의 성관계 장면을 보고 놀라 아빠가 엄마를 공격한다고 생각	·문이 닫혀있는 동안 방에 들어오지 않도록 하고 방문을 잠그기
초등기 (6~12)	·성기를 만지는 놀이가 확장됨	·경계선을 설정하도록 가르침
	·발기, 생리를 시작함	·가볍게 설명해주되 성을 도덕적으로 평가하는 느낌을 주지 않음
	·남자 아이들은 여자나 여성스러운 것에 대해 혐오감을 느낌	·자신의 존재에 감사하고 남자와 여자의 장점을 볼 수 있도록 격려

중등기 (12~14)	·동성 친구들, 또래집단과 우정을 개발시킴	·성교육에 가장 좋은 시기 ·경계선을 명확히 세워 균형 잡을 수 있게 해줌
	·호르몬의 급격한 변화로 사춘기 시작됨	·신체변화에 대해 자세히 설명(음모, 음경의 크기, 체모, 정액, 오르가슴, 몽정, 이성 끌림, 성욕, 자위, 절제, 순결 등) ·이성 친구와 단둘이 있지 않도록(유혹받을 가능성 있음 가르쳐줌)
	·이성부모에게 끌리는 경향	·아들: 남자다움 격려, 딸: 여성스러움 격려
	·남학생 70~80%, 여학생 30% 자위행위, 이로 인한 죄책감 가짐	·교회 소그룹이나 스포츠 활동 등 건강한 공동체 활동을 하게 함
고등기 (15~16)	·건강한 아이는 자신의 신체적 특성을 받아들이고 좋아함	·부모가 여성다움과 남성다움의 모델이 되어줌
	·여학생: 엄마에게 실용적인 것, 아버지에게 지지와 사랑 원함 ·남학생: 엄마에게 관심, 아버지에게 실용적인 것 배우기 원함	·자녀가 도움을 요청할 때 우정과 지지가 담긴 정보를 주거나 적절히 지도
	·이성에 대한 이끌림이 실제로 드러남	·이성과 특별한 관계 맺지 않도록 보호함 ·또래모임(공동체)에서 이성 친구들과 건강한 관계 갖도록 격려
	·성적 행동에 관해 또래의 압박이 큼	·성교, 임신과 출산, 순결의 중요성, 데이트, 신체접촉, 성교의 위험성, 십대임신, 성병, 데이트 강간, 동성애, 콘돔 사용 등 설명

현재의 우리 아동들은 성 역할과 행동에 대해 잘못된 가치관을 심어주는 다양한 성적 영상 및 음란물에 무분별하게 노출되어 있다. 유튜브와 각종 영상물, 왜곡된 책, 왜곡된 장난감뿐 아니라 교사와 국가 교육과정 까지도 세상 가치관에 따라 성을 가르친다. 이러한 때에 기독상담자들은 아동과 청소년이 신체적, 심리적, 사회적, 정서적으로 성장하는 시기에 성이 그들에게 미치는 영향이 무엇인지 알 수 있도록 적절하게 도와야 한다. 마찬가지로 남성과 여성의 적절한 행동과 올바른 성 역할

을 가질 수 있도록 성에 대해 통합적인 시각을 갖게 해야 한다. 즉 자신의 성을 기본적으로 좋아하면서도 반대 성을 배타적으로 보지 않고 반대 성의 장점도 인식하도록 교육하고 가르쳐주어야 한다.

5. 획득해야 할 발달과제

1) 초 · 중기 청소년의 발달과제

초기청소년기의 발달과제란 성숙한 인간으로 성장발달하기 위하여 청소년들이 마땅히 배워야 할 과제다. 발달과제를 제때에 성취하지 못하면 개인적으로는 자신에 대해 불만스럽고 사회적으로는 적응하기가 어려워진다.

그렇다면 초기청소년들이 획득해야 할 발달과제는 무엇이며 어떻게 도와야 하는지 살펴보자.

첫째, 부모에게 의존하던 것에서 점진적으로 독립해야 한다. 청소년기가 되면 부모로부터 정신적 · 심리적으로 독립하여 자신의 생각과 뜻을 찾아가야 하는 시기다. 아동기에는 부모님의 보호와 감독 하에 생활하였지만 청소년이 되면 독립하고 싶은 마음이 생긴다. 그런데 독립하고 싶어도 어떻게 해야 할지 방법도 모르고 용기도 없다. 그러나 청소년이 되면 스스로 판단하고 행동하려는 경향과 추상적으로 사고할 수 있는 사고 능력이 발달하므로 실수나 실패를 두려워하지 말고 자신을 찾아가도록 도와야 한다.

둘째, 자신만의 독특성과 고유성에 대한 의식을 발전시켜야 한다. 아동기의 꿈과 자신의 현재 모습을 비교해보고 미래의 자기 자신을 창조해나가기 위해 자아정체성을 확립해야 하는 시기다. '내가 누구인가'를 발견하는 것, '내가 얼마나 독특한가?' '나만이 갖고 있는 개성은 무엇인가?'에 대한 의식을 발전시켜야 한다. 에릭슨은 정체성을 '동일시하는 것(identifying)'이란 단어와 같은 것으로 설명하였다. 다시 말하면 자기 자신을 누구 또는 무엇과 동일시하면서 자신의 정체성을 확립해 나간다는 것이다. 그러므로 누군가를 모방하고 동일시하는 과정 중에 자신만의 고유성과 독특성을 찾아가도록 도와야 한다.

셋째, 친구들과 가족 이외의 다른 사람들과 의미 있는 관계를 발전시켜야 한다. 인간은 사회적 존재며 관계의 산물이다. 다른 사람들과의 관계를 통하여 인간은 성장하고 발달하므로 이 시기에 올바른 대화기술을 배워 다른 사람과 의미 있는 관계를 형성하도록 도와주어야 한다.

넷째, 성적인 정체성을 구체화하고 이성과 좋은 관계를 맺을 수 있어야 한다. 청소년기는 2차 성징이 나타나고 신체적 발육이 왕성한 때이므로 적절한 성 역할을 배우고 자신의 성을 수용해야 한다. 남자 혹은 여자로서의 역할이 무엇인지 이해하고 배우며, 주어진 자기의 성을 수용하고 만족할 수 있도록 해야 한다. 성을 부정적으로 보거나 회피할 것이 아니라 자신의 일부로 자연스럽게 받아들이도록 해야 한다. 청소년 후기에 들어서면 이성에 대한 호기심을 받아들이고 남자와 여자는 서로 협조하고 사랑할 대상임을 배워야 한다.

다섯째, 불안한 마음을 회피하기보다 불안을 인정하고 극복하기 위해 힘써야 한다. 이 시기에는 정서적으로 불안하다. 어른의 행동을 습득하다보면 시행착오를 겪게 되며, 이 과정에서 자신감을 잃게 되고 성격도 우유부단해지기 쉽다. 어른처럼 행동하기 위해 심리적, 경제적으로 독립하고 싶지만 현실적으로 독립하기가 매우 힘들다. 그래서 좌절을 경험하고 불만을 느끼지만 이러한 좌절을 잘 극복하도록 자신감과 자기의 은사를 개발하여 실제적인 능력을 키우도록 해야 한다.

2) 후기청소년의 발달과제

후기청소년들이 획득해야 할 발달과제는 무엇인지 살펴보자.

(1) 독립성 확립

후기청소년, 즉 청년이 되면 점진적인 독립의 과정을 통하여 대부분 실제적으로 부모로부터 독립을 하게 되는데 이는 청년들의 가장 중요한 과제 중의 하나다. 그가 지금까지 살아온 가정은 자존감 형성 및 정체성 형성의 근거가 되며, 대인 관계 기술을 습득하는 경험의 장이다. 가정에서 적절한 자율성과 독립성을 성취하지 않으면 동성친구관계뿐 아니라 이성관계, 진로결정, 정체성 성취도 기대하기가 어렵다. 실제로 한국 청년들은 대학을 마치는 시기(남성 26~27세, 여성은 24~25세) 까지 부모에게 경제적으로 의존하는 경우가 많다. 충분히 독립되어야 가족과 분리되어 자율성과 유능감을 발달시키고 자신의 삶을 책임질 수 있기 때문에 심리적·물리적 독립을 위한 준비를 해야 한다.

(2) 우정의 관계 확립

친구는 가족 외의 더욱 넓은 세계에 대한 정보를 제공해 준다. 그리고 부모에게 의존해 있던 시기를 지나서 독립성을 가질 수 있도록 돕는다. 친구들과의 상호작용을 통해 청년들은 성인기에 필요한 친구, 배우자와의 관계의 기초를 배우게 된다. 대개 만족스럽고 조화로운 친구 관계를 맺었을 때 청년들은 일반적으로 긍정적인 자기 존중감을 가지며,

타인의 감정에 대해 이해를 잘하며, 고독감을 적게 느낀다. 이러한 우정의 긍정적인 효과가 있음에도 대학을 졸업하고 사회 속으로 들어간 청년들에게 심한 상실감이 몰려오는 경우가 있는데 그 이유는 함께 했던 친구들이 가까이에 없기 때문이다. 각자가 사회 속에 갇혀 있어 학창시절에 가졌던 친밀함과 안정감을 되찾기란 쉽지 않다.

(3) 이성과의 건강한 만남

청년기의 이성과의 데이트는 성인기에 낭만적 관계를 맺고 배우자 선택을 하기 위한 중요한 과정이다. 근래에 한국은 앞서 서술한 다양한 이유로 결혼 연령이 늦어지고 있으며 성의식 또한 무너져 건강한 교제나 만남의 기회가 줄어들고 있다. 그러므로 건강한 이성과의 만남이 절실히 필요한 청년기에 바른 결혼관을 가지고 건강한 이성교제를 할 수 있는 만남의 자리가 필요하다.

(4) 자신에게 적합한 학업과 직업 선택

청년들은 진로 문제가 취업과 연관되기에 더 나은 취업을 위해 많은 노력을 하고 있다. 실제로 대학생들은 학문 탐구보다는 취업을 더 중시하고 있다. 학문 연구의 본질은 사라지고 취업만이 목표가 되어 버린 것이다. 직업은 생계유지 수단이자 자신의 사회 경제적 지위를 결정짓기 때문에 직업 선택은 매우 신중하게 이뤄져야 한다. 16년 이상(대학 졸업의 경우) 교육을 받은 청년들은 대학을 졸업할 즈음 다양한 직업 선택의 갈림길에 서게 된다. 취업을 앞둔 청년들은 최고로 좋은 직업을 선택하기 위해 필요한 정보들을 종합하여 합리적이고 현실적으로 자신의 진로를 결정하고자 노력한다.

하지만 많은 노력에도 불구하고 취업의 어려움에 부닥치게 되면 불안하고 우울해지기도 한다. 불안정한 삶의 기반, 끊임없이 변화하는 환경

속에서 어떤 선택을 해야 할지 몰라 방황할 때, 현실에 압도되어 무력감에 사로잡힐 수 있다. 대학 졸업 후 취업을 앞두고 갈 길을 결정하지 못하면 정상적으로 잘 살아오던 청년도 정체성의 붕괴로 말미암아 위기에 봉착할 수 있다.

위에서 언급한 여러 가지 불안을 해결하는 데에는 부모가 큰 도움이 될 수 있다. 최근의 연구에서 청년기의 부모와의 안정애착은 청년의 사회적 능력, 자아존중감, 자기통제, 정서적 적응, 신체적 건강과 긍정적인 상관관계가 있는 것으로 나타났다. 부모에 대한 애착은 청년이 새로운 환경에 적응하고, 자신의 세계를 넓혀 갈 때에 안전기지로서의 역할을 감당한다고 한다(Allen & Bell, 1995). 그리고 부모와의 안정애착은 아동기에서 성인기로 넘어가는 과도기와 관련된 불안, 우울, 정서적 혼란 등을 완화해주는 역할도 한다. 이 외에도 건전하고 합리적인 사고와 가치관을 갖고 있는 친구와 선배, 그리고 교사와 지도자의 도움을 받을 수 있다면 최소 5년, 또는 10년의 기간 동안 직면해야 하는 힘들고 불안한 시기를 견디는데 도움이 될 수 있다.

11장

청소년상담

　청소년상담도 아동상담이나 성인상담과 같이 상담이라는 점에서는 공통점이 있으나 대상이 청소년이라는 점에서 차이를 보인다. 이 장에서는 위기에 처한 청소년상담에서는 청소년의 특성과 함께 청소년들이 주로 겪는 어려움과 문제는 무엇인지 살펴보고 대안에 대해 설명하고자 한다.

1. 위기에 처한 청소년

청소년들은 자아정체성 확립, 학업 및 진로결정 등을 통하여 건강한 성인기를 위한 준비 과정을 거치는데 이러한 발달과제를 성취하는 과정에서 오는 압박감과 불안감, 혼란한 정서를 조절하지 못하여 충동적인 행동을 하기 쉽다. 이 시기에 지지체계가 무너지면 충동적 행위, 폭력, 가출, 우울증, 약물남용 등 예기치 못한 어려움에 직면하게 된다. 그리고 청소년 문제를 방치할 경우, 사회문제로 확대될 소지가 크다. 청소년들이 발달 과정에서 만나는 문제에 대하여 해결책을 찾지 못할 경우, 위기를 맞게 된다. 그래서 위기에 처한 청소년들에게 즉각적이면서도 구체적인 상담이 필요하다.

1) 위기 청소년의 심리

위기청소년은 발달적 측면에서 '신체·사회·정서적으로 매우 불안정하여 부적응 상태를 보이며, 이에 대한 대처가 미숙하여 문제 행동을 함으로써 정상적인 발달과제를 성취하기 어려운 청소년'이다. 특히 불안정한 정서는 적응에 어려움을 겪게 하며, 행동과 관계에도 많은 문제를 야기해, 건강한 성인기로 나아가는데 큰 지장을 초래하고, 비행, 범죄행위 등 심각한 청소년 문제를 일으킨다. 하지만 위기 상황에 처한다고 해서 모두 위기청소년이 되는 것은 아니다. 어떤 청소년은 위기를 건강하게 극복하여 발달과제를 이루어 나가지만 어떤 청소년은 위기나 스트레스를 극복하지 못하거나, 잘못된 방식을 선택함으로써 더 큰 좌절을 경험하고 헤어 나오지 못하며 문제 행동이 더 강화되기도 한다.

위기청소년은 다른 또래에 비해 정서적으로 취약하여 감정의 기복이

심하고 매우 자기중심적이어서 매사를 남 탓으로 돌리거나 자기과시 또
는 자기비하 성향이 강하다. 그러나 이들의 이러한 특징을 기질이나 성
격 탓으로 돌리는 것은 위험한 일이다. 연구 결과, 위기청소년들에게 가
정, 친구, 지역사회 등의 환경은 중요한 보호요인이자 지지체계이며, 위
기대처방식을 결정하는 데 중요한 역할을 한다. 위기청소년은 일반 청
소년에 비해 주변의 지지체계가 무너진 경우가 많으며, 이로 인하여 심
각한 정서적 불안정성과 부적응 상태를 보인다. 따라서 위기청소년들의
문제를 그들만의 문제로 돌려서는 안 되며, 이들에게 위험 요인과 지지
자원의 정도를 파악하여, 위험요인은 줄여주고, 지지자원을 더함으로써
위기를 극복할 수 있도록 도와주어야 한다.14)

2) 갈등 관계에 있는 청소년

청소년시기는 급격한 신체 발달과 함께 인지 수준은 형식적 조작기에
도달하여 성인 수준의 인지가 가능하며, 심리적으로는 어린 시절 해결
하지 못하고 억압해 있던 것들이 겉으로 드러나는 시기다. 청소년상담
을 하다보면 현재 드러나고 보이는 문제가 현재의 문제가 아니라 유아
기와 아동기 때 해결하지 못하고 억압했던 충동들이 청소년기에 와서
활성화되어 나타나는 것을 자주 볼 수 있다. 더욱이 이 시기는 미래에
대한 불확실성과 주변의 기대(성인으로서의 기대와 아동으로서의 기대)가
청소년을 더 힘들게 하기도 있다.
그리고 이 시기는 가정과 친구, 학교, 교사, 이성, 학원, 미디어 등
주위의 환경적 요인이 아동기에 비해 무척 다양해진다. 거기에 청소년

---

14) 학지사에서 발간한 『위기청소년을 위한 집단상담프로그램(천성문 외, 2016)』
에 나온 프로그램을 적용하여 실시하면 도움이 될 것이다.

기의 자살 충동은 다른 시기보다 더 강력한 문제로 대두되고 있다. 자살과 관련한 대부분의 요인들은 가정적 요인과 학교 폭력 경험 등 주위 환경이 큰 영향을 미친다는 점을 고려해 볼 때 개인적인 면 뿐 아니라 주변 환경에 대한 고려가 무엇보다 중요하다.

특히 이 시기에는 부모와의 갈등이 그 어느 때보다 극심해지는 시기이다. 많은 부모들은 어릴 때 고분고분하게 말을 잘 듣던 자녀가 청소년이 되자 버릇없이 굴고, 부모가 설정한 기준에 따르지 않으면 실망하고 화나고 당황해 한다. 청소년들은 이제 부모로부터 독립하고 싶어하는 동시에 자신이 얼마나 부모에게 의존하고 있는지 깨달으면서 끊임없이 갈등을 느낀다(정옥분, 2015). 이런 점에서 청소년의 갈등은 부모와의 갈등도 있지만 자기 자신하고도 갈등 관계에 있기 때문에 심리적으로 힘든 것이다.

부모와의 갈등은 주로 학교성적, 귀가 시간, 친구문제(특히 이성친구인 경우, 더 심함), 형제와의 갈등, 청결, 정리정돈, 집안일과 같은 일상적인 일에 관한 것이다. 그러나 부모 자녀 간의 갈등은 의사소통 기술만 잘 적용하기만 해도 충분히 해결될 수 있다. 갈등이 발생하면 부모들은 힘을 행사함으로써 갈등을 해결하려고 하지만, 대개의 경우 이 접근법은 역효과를 불러온다. 그래서 청소년상담을 진행할 때는 부모 상담이나 부모 교육을 병행하여 부모에게 건강한 의사소통 기술을 가르치는 것이 필요하다(이 부분은 뒤의 13장에서 다룰 것이다).

부모와의 갈등 뿐 아니라 친구와의 관계에서도 대인관계에 미숙한 청소년들은 친밀한 관계 구축에 미숙하여 어려움을 겪고 있다. 대인 상호 간의 친밀감에 대한 욕구가 충족되지 못해서 '군중 속의 고독'을 경험하게 되는 것이다(김계현 외, 2009) 또래 관계에서 우정 관계를 형성하지 못하는 경우, 외로움, 고독, 사회적 위축 등의 예견된 어려움을 겪고, 친구라는 지지체계가 무너져서 다양한 스트레스에 노출되어 등교거부

등의 행동을 보이기도 한다.

친구들과의 관계에서 겪는 어려움 외에도 교사와의 관계에서 겪는 문제도 있다. 교사가 다른 학생들과 차별 또는 편애하는 경우, 체벌과 폭력으로 반발과 반항심을 갖는 경우 등 교사와의 관계가 원활하지 못하여 어려움을 겪는 것들이 있다. 또한 선후배 관계가 원활하지 못하여 학교 생활에 어려움을 겪기도 한다.

청소년상담이 효과적으로 진행되기 위해서는 청소년의 대인관계 영역을 파악하여 긍정적이고 효율적인 대인관계를 형성하고 유지하며 부정적 대인관계를 효율적으로 바꾸어 나갈 수 있도록 도와주어야 한다. 관계 능력이 좋으면 긍정적인 자아정체감 형성에도 도움이 되고 건전한 인격 성장 및 자기 실현을 이루는 데에도 도움이 되어 삶의 질이 향상되고 풍요로워질 것이다.

3) 정서적으로 미성숙한 청소년

정서적으로 미성숙한 청소년들은 부정적인 정서 때문에 힘이 들기도 하지만 정서를 적절히 통제하지 못하는 것도 문제가 될 수 있다. 이 시기는 상황이나 대상에 관계없이 자신의 감정을 마음대로 표현하고, 무엇이든 남에게 묻고, 다른 사람이 하자는 대로 하는 경향이 있다. 그리고 상대방을 즐겁게 하기 위해 자기가 싫어하는 일임에도 불구하고 억지로 하기도 한다. 하지만 그렇게 했는데도 인정받지 못할 때 쉽게 낙심하고 분노하며 다시는 그 일을 하지 않겠다고 맹세하면서도 또 되풀이 한다.

정서적으로 미성숙한 청소년은 사소한 일에도 자주 흥분하고 불안정하며 자신의 결점을 은폐하려 하지만 정서적으로 성숙한 청소년은 자신과 타인의 정서를 효율적으로 조절할 줄 알며, 분별없이 행동하지 않고 발전적인 방향으로 정서에 주의를 기울인다.

정서적 성숙은 어떤 기준으로 판단할 수 있는지, 헐록(Hurlock, 1955)의 견해를 바탕으로 저자의 의견을 통합적으로 제시하고자 한다.

첫째, 자신의 신체 상태를 정확히 인식하고 처리할 수 있다. 신체적 피로, 수면부족, 소화불량, 질병, 낮은 학업 성취도, 그리고 힘든 인간관계의 발생 등 부정적 정서에 빠질 수 있는 상황에서도 정확한 자기 자기 인식을 바탕으로 통제력을 확립한다.

둘째, 환경에 대하여 자기 통제력을 갖고 환경의 지배를 받기보다 환경에 적응하며 산다. 청소년기에 흔히 하게 되는 무분별한 활동을 스스로 제한할 수 있고, 적응을 위해 필요하다면 자기가 원하는 대로 자유를 제한할 수 있다.

셋째, 정서적 긴장을 본인과 타인에게 해가 되지 않는 방향으로 해소시킬 수 있다. 정서적 표현을 억제하지 않고 보다 새롭고 건전한 방향으로 발산시킨다.

넷째, 사회 제반 현상과 미래 현상에 대하여 통찰력과 이해력을 갖는다. 지적 발달과 사회적 경험의 확대에 따라 사회 현상에 대해 통찰을 할 수 있으며, 반 기독교적인 철학과 사상에 대하여 분별할 수 있다.

다섯째, 정서의 표출 정도와 방식이 상황에 맞게 적절하다. 정서적 성숙은 불필요한 정서 억제나 정서 표출이 아닌 적절한 정서 표출을 중요시 한다. 정서 또는 감정은 없고 너무 이성적이어서 냉정한 느낌이 들거나, 너무 감정적이어서 쉽게 울고 화내고 웃고 두려워하며 슬퍼하는 등의 행동은 감정에 몰입되는 특징이 있어 불안정하다고 할 수 있다.

정리하면 정서적으로 성숙하다는 것은 자신의 정서 인식, 타인의 정서 평가, 정서조절방법, 그리고 정서의 적응적인 활용 능력 면에서 유능함을 말한다. 그러므로 감정의 지배를 받는 시기인 초·중기 청소년기에 건강하고 성숙한 정서를 가질 수 있도록 도우면 후기청소년의 성장에도 큰 도움이 될 수 있을 것이다.

4) 청소년상담의 영역

청소년기에 중요한 문제로 대두되는 것은 학업, 진로, 대인관계, 성격, 행동습관 등이다. 대부분의 청소년은 학생청소년에 해당되기 때문에 이들은 청소년기 내내 학업문제를 지니고 있다고 해도 과언이 아니다. 또한 청소년은 미래에 대한 다양한 가능성 속에서 성인기 생활을 계획하고 준비해야 한다. 그래서 진로 문제 역시 중요한 관심사가 된다(김춘경 외, 2023). 청소년기에 나타날 수 있는 다양한 발달적 문제를 중심으로 청소년상담에서 주로 다루는 문제 영역을 분류하면 다음과 같다(이미리, 김춘경, 여종일, 2019).

- 심리·사회발달 영역: 청소년은 자아정체성 형성 과정에서 자기 자신에게 깊이 몰두하게 되는데, 자신의 성격이나 행동습관, 외모에 대해 과도한 관심을 갖고 때로는 부적절감을 느낀다. 소심한 성격, 충동적 성격, 내성적 성격 등과 같은 자신의 성격에 대한 고민을 호소하기도 한다. 또한 행동습관에 대한 문제로 상담을 받기도 한다.
- 대인관계 영역: 청소년기에는 아동기에 보여주었던 가족과의 상호작용은 감소하는 반면 또래와의 상호작용은 증가한다. 대인관계 양상이 복잡해지면서 친구와의 갈등, 불량 또래집단 형성, 집단 따돌림, 교사와의 관계, 부모간의 갈등 등이 표출된다.
- 학교생활 영역: 대부분의 청소년은 학생 청소년에 해당되므로 학습

과 성적, 시험불안, 학업태만 등 다양한 학업문제를 호소한다. 또한 미래 진로에 대한 문제에 대해 고민하기도 한다.

- 사회적응 영역: 청소년은 주변 환경 내에서의 건강한 적응을 위해 성공적인 학교 생활에 관한 정보나 직업교육에 관한 정보를 필요로 한다. 따라서 효율적인 학습방법, 자기주장행동, 경청기술이나 의사소통기술, 친구 사귀는 법 등 구체적인 사회적응 기술을 습득하기 위해 노력할 필요가 있다.

2. 청소년 문제

앞에서 언급한 발달적 문제 외에 청소년기에 심각한 문제들이 많이 발생한다. 청소년기에 발생하는 문제는 그 영역이 다양한데 그 중에서도 성문제, 임신과 낙태, 가출 및 비행, 학교 폭력 및 따돌림, 각종 중독, 학업부진으로 인한 학업 중단 자살, 자해, 우울증, 약물오남용, 은둔형 외톨이 등이 있다. 여기에서는 그 중 몇 가지만 살펴보고자 한다.

1) 성문제

청소년들이 겪는 성문제는 자위행위, 원하지 않는 임신과 미혼모, 동성애, 성폭력 등 다양하다. 여기에서는 자위행위, 동성애, 성폭력에 대해 간단히 서술하고자 한다.

(1) 자위행위

청소년의 성상담 내용 가운데 자위행위와 관련된 상담 내용이 빈도가 높다. 청소년은 신체적 성장에 따른 성욕의 증가, 자극적인 성 매체물의 영향, 과도한 학업 부담과 입시 불안의 도피수단으로 자위행위에 탐닉하면서도 자위에 대해 후회나 죄책감을 갖고 고민하기도 한다. 예를 들어, '자위행위를 해도 되는가', '일주일에 몇 번 하는 것이 좋은가', '자위행위를 하면 머리가 나빠지는가' 등의 고민을 호소한다. 자위행위 자체보다 자위행위를 해서는 안 되는 것으로 인식하다 보니 그것에 대해 부끄러워하고 심지어 죄책감과 불안을 느낀다(김춘경 외, 2023).

청소년기의 자위행위는 비정상적인 것이라고 할 수는 없으나, 그 정도가 지나칠 경우 신경쇠약, 심신의 피로, 집중력 감소, 음낭 이완, 생식기의 상처로 이어질 수 있으며, 학업이나 다른 활동에 지장을 초래할 수 있다는 점에서 올바른 지도가 필요하다(김정옥, 2001). 상담자는 청소년이 언제, 어떻게 자위행위를 하며, 자위행위를 하는 것에 대해 어떤 심리 상태에 놓여 있는지를 파악하고 이에 대처하는 방법을 탐색하도록 조력한다. 또한 생산적이고 창조적인 활동에 성적 에너지를 활용할 수 있도록 안내하며 적절한 운동이나 취미 생활, 원만한 교우관계 등에 관심을 기울이고 자기조절 능력을 증진시킬 수 있도록 도와주어야 한다.

(2) 동성애

동성애는 남성 혹은 여성으로서 자신의 성 정체성을 유지하고 사회가 기대하는 방식으로 성역할 행동을 하기는 하지만 성과 애정의 관계에서는 자신과 동일한 성을 선호하거나 지향하는 것을 의미한다(김경호, 2009). 즉 자신의 생물학적 성을 바탕으로 성 정체성을 갖고 있으면서 자신과 동일한 성을 가진 상대에게 성적 지향(sexual orientation)을 갖는 것이다(윤가현, 2000).

청소년기는 성적인 측면이 자기정체성 발달의 중요한 요소가 되며 자신의 성 정체성에 대한 질문을 던지는 시기다. 이성애가 보편적인 준거가 되는 사회에서 청소년 동성애자는 동성애 혐오와 성소수자에 대한 비난과 낙인으로 인해 심리적 고통을 호소하고, 또래집단으로부터 배척을 받고 소외를 당하게 된다. 또한 자신의 감정을 부정하고 무감각해지기 위해 알코올이나 약물을 사용하며, 가족과의 갈등으로 인해 가출과 학교 중도탈락 위험성이 높은 것으로 알려져 있다(김춘경 외, 2023).

이러한 동성애 청소년을 대상으로 하는 상담이 효과적으로 이루어지기 위해 상담자는 먼저 청소년이 호소하는 문제에 초점을 두고, 청소년의 성적 지향을 섣불리 추측하지 않고 정확하게 사정해서 평가하도록 해야 한다. 만약 청소년이 동성애를 자신의 성 정체성으로 수용한 경우에는 커밍아웃에 관련된 실제적인 이슈들을 다루며, 상담자 스스로 자신의 가치와 신념을 지속적으로 평가하고 동성애에 관련된 교육을 받아야 한다(김경호, 2009).

(3) 성폭력

성폭력의 개념은 법률적·학문적·사회문화적 측면에서 다양하게 규정하고 있으며, 성폭력의 유형이나 범위에 대해서도 여러 관점이 존재한다. 일반적으로 성폭력은 강간뿐만 아니라 원치 않는 신체적 접촉, 음란 전화, 인터넷 등을 통해 접하게 되는 불쾌한 언어와 추근거림 등 성적으로 가해지는 신체적·언어적·정신적 폭력을 의미한다. 성폭력은 성(sexuality)과 폭력(violence)의 결합어인데 개인의 성적 자기결정권의 침해를 가져온다는 점에서 다른 폭력과 마찬가지로 강제성이 포함된 행위라고 할 수 있다. 성폭력의 대상이 미성년자인 경우 '아동·청소년성폭력'으로 분류된다. 19세 미만의 아동·청소년을 대상으로 성적 행위를 하도록 허용하거나 유도하는 것으로, 특정한 성적 행위만을 의미하기보다는 나체 및 성기 노출, 음란물 제공, 언어적 성희롱, 강간, 성기 접촉, 손가락 및 이물질의 성기 삽입, 구강 및 항문에 성기 삽입 등 포괄적으로 규정하고 있다(조은경 외, 2010).

특히 그루밍(grooming)은 청소년 대상 성폭력의 특징적 형태로, 청소년 피해자에 대한 성적 착취를 목표로 하며, 피해자가 성폭력을 제3자에게 누설하지 못하도록 하려는 데 그 목적이 있다. 신뢰와 안정감을 바탕으로 피해자를 길들이고 피해자의 심리를 이용해 성폭력을 행사하는 것을 뜻한다. 잠재적 가해자는 먼저 대인관계나 심리사회적 환경이 취약한 청소년을 대상으로, 원하는 관심과 선물 등을 제공하면서 청소년의 신뢰를 얻고, 그 후 두 사람만이 함께 있는 상황을 만들어 피해자를 고립시키고 성적 착취를 지속한다(차주환 외, 2019).[15]

청소년상담자는 성적 문제에 대하여 무슨 문제로 인해 발생한 것인지부터 파악하려는 노력을 해야 한다. 내담자의 성과 관련된 문제가 지식이나 정보 부족의 문제인지, 사회적 기술이나 태도의 문제인지, 심리적 갈등의 문제인지, 혹은 정신질환의 문제인지를 이해하는 것이 중요하다. 만약 청소년이 고민하는 성문제가 지식 부족에 기인하는 것이라면 정보 제공이나 교육을 통해 도와줄 수 있으며, 그 외의 문제는 일반적인 상담을 통해 조력할 수 있다.

일반적으로 성폭력 피해자들은 여성인 경우가 대부분이다. 이들은 여러 방면의 도움을 필요로 하는데, 강간같이 광범위한 후유증을 가져오는 성폭력은 심리적, 의료적, 법적, 사회적 자원이 필수적이다. 우선 피해 직후의 혼란스럽고 무기력한 상태에서 안전한 곳으로 옮겨서 보호해 주는 일이 요구된다. 피해자에게 필요한 의료적, 심리적 조치가 취해져야 하고 신고를 원할 경우, 증거보전 및 법적 절차에 대한 정보가 주어져야 한다. 신고를 하게 되면 이후의 수사, 재판 과정을 함께 하며 피해자를 옹호하는 한편, 그 과정에서 피해자가 겪게 될 사회적, 정신적 어려움을 덜어주는 도움이 필요하다.

---

15) 교육부 2019년 1차 학교폭력 실태조사 결과 발표(2019. 8. 27.)

구체적으로 다음과 같은 조처가 취해지도록 해야 한다(채규만, 2000; 이원숙, 1998).

- 위기에 처한 여성들의 요구와 필요에 즉각적이고 실질적으로 응답해야 한다.
- 상담자는 피해 여성을 믿고 있다는 것, 그리고 한 인간으로서 가치가 있다는 것을 믿게 한다.
- 자기가 처한 상황을 객관적으로 살펴 사회적으로 어떠한 맥락에 있는지 이해하도록 돕는다.
- 내담자가 주장할 수 있는 권리, 이용 가능한 지원서비스를 설명해 주고 문제를 해결하고 선택안을 탐색할 수 있도록 실제적인 정보를 제공해 준다.
- 피해 여성들은 대개 위축되어 있거나 부정적으로 투쟁하려 한다. 이때 긍정적인 방법으로 자신을 찾을 수 있도록 자기 느낌과 생각을 건설적으로 조절할 수 있도록 돕는다.
- 내담자가 가지고 있는 능력, 장점과 단점을 알아낼 수 있도록 도와준다.
- 비밀을 지켜줄 것을 알린다. 단 피해 여성을 도울 목적에 한해서 본인의 동의를 받고서 다른 상담원이나 기관과 의논할 것임을 알려준다.
- 상담자 자신의 한계를 분명히 인식하고 자신의 능력을 넘어서는 상담을 하지 않는다.
- 어떤 대응책을 원하고 있는지-심리적 불안감 해소, 혹은 복수심, 법적처벌, 경제적 보상, 의료적 조치 등-을 찾아내어 그에 대한 계획을 세우도록 도와주어야 한다.

성상담의 궁극적인 목적은 신체적·심리적 교육을 통한 건강한 성의식을 함양하고 이를 토대로 원만한 인간관계를 형성할 수 있도록 돕는 데 있다. 자기 자신을 이해하고 수용할 수 있도록 도와주는 것이 일반적인 상담이라고 한다면, 청소년 성상담은 청소년이 자신의 성을 받아들이고, 성에 대한 가치관을 올바르게 확립하며, 나아가 원만하고 건강한 이성관계를 형성하도록 돕는 데 초점을 둔다(이현림, 김지혜, 2003).

2) 청소년 비행

청소년비행은 오래전부터 사회적으로 많은 관심과 주목을 끌어온 주제다. 시대적·사회적 상황에 따라 청소년비행의 양상은 달라지고 있으며, 문제의 심각성에 대한 사회적 인식 정도도 다르다. 청소년비행은 절도, 강간, 약물사용 등과 같은 심각한 소년범죄와 더불어 음주 및 흡연과 같은 비교적 가벼운 일탈행동을 모두 포함하는 넓은 개념으로 이해된다. 인간행동 가운데 어느 정도까지를 비행으로 규정할 것인가는 사회의 전통, 도덕, 관습, 교육, 풍토, 법률에 따라 다르며, 한 사회 내에서도 하위 집단이나 개인에 따라 제각기 다른 관점을 제시하고 있다(한국카운슬링연구회, 1987).

청소년 비행과 관련해서 법률적 정의에 있어 소년법과 형법은 다르게 규정하고 있는데, 소년법 제4조에 따르면 소년비행이란 10세 이상 19세 미만의 소년에 의한 범죄 행위, 촉법 행위 및 우범행위를 말하는데 이러한 행위를 하거나 상태에 놓인 소년을 각각 범죄소년, 촉법소년, 우범소년이라고 한다. 범죄소년은 14세 이상 19세 미만의 소년, 그리고 촉법소년은 10세 이상 14세 미만의 소년으로서 형벌법령에 위배되는 행위를 한 자로 형사책임이 있다. 우범소년은 10세 이상 19세 미만의 소년으로서 장래에 형벌법령을 범할 우려가 있는 자를 말한다.

청소년비행은 보편화, 집단화, 누범(累犯)화의 특징을 가지고 있다(김춘경 외, 2023). 보편화는 청소년의 비행 비율이 점차 증가하고 있으며 대부분의 청소년이 사소한 비행(돈내기 도박, 음란서적 소지, 커닝 등)에서부터 흡연, 음주, 음란비디오 관람 등의 비행, 물건 파괴 등의 행위도 매년 증가함으로 보편적이 되어가고 있음을 의미한다. 집단화는 또래집단의 규범과 행동양식을 모방하고 동일시함으로 인해 또래집단화 현상이 증가하고 있는 것을 말한다. 누범(累犯)화는 최근 10년간 전과가 있는 청소년범죄자의 비율이 증가와 감소를 반복하고 있는데 청소년범죄는 상습화와 재범률이 높다고 한다.16) 따라서 재범률이 높은 청소년범죄자에 대한 체계적인 교정교육과 지속적인 사후관리가 필요하다. 또한 소년범죄자 중 성인범죄자로의 발전에 가장 큰 요인은 최초 범죄 연령이 다른 사람에 비해 대체로 낮고, 초범 연령이 어릴수록 범죄 횟수가 많았다는 것이다(김춘경 외, 2023).

청소년 비행의 효과적인 예방 프로그램을 적용하기 위해서는 많은 요인들 가운데 원인에 해당되는 '위험 요인(risk factors)'을 밝혀내는 것이 필요하다. 이는 단순한 상관관계가 아니라 인과관계까지 규명될 수 있는 요인이어야 한다. 청소년 비행과 관련이 있다고 주장된 많은 요인 가운데 특히 원인에 해당되는 위험 요인을 정리하면 다음과 같다.

낮은 자기통제감

낮은 자기통제감(low self-control)은 반항, 충동조절 결핍, 공격성 등의 성격적 특질을 포함한다. 자기통제감이 낮은 개인은 후일 비행을 포

---

16) 전과를 가진 청소년범죄자의 비율은 2008년 30.8%에서 2013년 46.1%까지 증가한 이후 감소세로 나타나 2018년 33.7%로 기록되었다. 그러나 4범 이상 청소년 범죄자의 비율은 계속 증가하고 있는데, 2008년 7.0%에서 2017년 14.1%, 2018년 13.4%로 2배 증가하였다.

함한 문제행동을 할 가능성이 높은 것으로 알려져 있다. 특히 유아기나 아동기에 측정된 이러한 특질은 후일 청소년기 문제행동의 예측 변인으로 확인되고 있다(Block & Block, & Keyes, 1988).

가족 기능

부모의 양육 태도와 가족구성원 간의 상호작용이 비행행동과 관련 있다는 연구 결과가 일관되게 나타나고 있다. 남자 청소년의 경우 가족 기능이 비행행동의 가장 주요한 예측 요인으로 확인되었다. 느슨하거나 무관심하거나 일관성이 없거나 지나치게 엄격한 부모의 양육 태도는 자녀를 비행으로 몰고 갈 수 있다. 또한 가족구성원 간의 친밀하지 못한 관계, 자녀와 함께하는 활동의 부재, 가족구조의 해체, 수동성 방치, 가족 여가시간의 부족, 자녀의 또래 친구에 대한 관심 부족, 자녀의 소재에 대한 무관심, 가정폭력 등은 청소년비행에 관련된 가족 요인이다(김춘경 외, 2023).

비행 또래 집단과의 교류

비행에 관여하는 또래 친구와 접촉할 때 개인도 일탈행동에 관여하게 될 가능성이 높다. 사회학습이론에서는 연합학습(associative learning) 과정을 통해 주위 또래집단 구성원의 영향을 받게 된다고 설명한다. 비행청소년은 주위 또래집단에게 보상과 처벌을 통해 특정 행동을 모방하도록 강요하고 그 행동을 강화한다(Dishion, McCord, & Poulin, 1999). 비행청소년은 그들 자신이 과거 또래 친구들에게 따돌림 당한 경험이 있는 것으로 조사되었다(Cowen et al., 1973).

청소년상담자는 이러한 위험 요인을 파악하여 줄여주기 위해 노력해야 하며, 사회적 지지(social support) 자원을 높여주기 위해 노력해야 한다.[17] 또한 청소년범죄자는 성인범죄자와 달리 아직 범죄적 생활양식에 깊이 개입되어 있지 않으며, 앞으로 건강한 사회구성원으로 변모할 수 있는 가능성이 잠재되어 있기 때문에 이들을 대상으로 하는 교정 및 치료 프로그램 등을 실시하여 도움을 주어야 한다. 비행청소년을 대상으로 하는 치료적 개입은 교정기관과 연계하여 실시할 수 있지만 현재 우리나라 소년원 등에서 실시하고 있는 프로그램은 주로 자원봉사자에 의해 이루어지고 있다(김춘경 외, 2013). 따라서 교정기관 및 다른 유관기관과 연계하여 전문적인 지원이 제공될 필요가 있다.

3) 집단따돌림

청소년들에게 개인적 · 집단적으로 가해지는 집단따돌림과 폭력은 학교와 그 외의 생활환경 곳곳에서 행해지고 있고, 심각한 사회문제로 대두된 지 오래다. 이러한 현상은 조화로운 인간관계를 위협하고 가해자나 피해자 모두에게 심각한 영향을 미칠 수 있다. 집단따돌림은 왕따, 집단 괴롭힘, 학교폭력 등의 용어와 혼용되어 사용되고 있다. 우리나라에서는 이지메란 용어가 소개되면서 쓰이기 시작했는데, 이는 '집단괴롭힘'을 의미한다. 그러나 괴롭힘이라는 용어에는 소외, 무시와 같은 심리적인 따돌림 현상을 나타내기에는 미흡한 점이 있으며 공식적으로 사용하기에 부적절하여 집단따돌림이라는 용어를 많이 사용하고 있다.

집단따돌림은 공격적인 행동, 고의적인 괴롭힘, 반복적이고 지속적인 특성, 그리고 힘의 불균형으로 특징지어진다(Olweus, 1994). 또한 다른 학생에게 신체적, 심리적인 해를 입히는 것으로 정의하고 있는데, 이때 가해자는 한 학생이거나 집단일 수 있다.

---

17) 사회적 지지는 어떤 사람을 둘러싸고 있는 중요한 타인 또는 외부환경에게서 얻는 여러 가지 형태의 원조이다. 사회적 지지망(Social Support Network) 또는 소셜 네트워크로도 언급될 수 있다.

집단따돌림의 구체적인 특징은 크게 네 가지로 나누어 볼 수 있다(김상균, 2004).

첫째, 집단따돌림은 가해자와 피해자가 함께 그들 주위의 아이들에 의해 만들어진다는 점이다. 그 주변 아이들은 집단따돌림을 즐길 뿐 모른 척하는 방관자로 남아 있다.

둘째, 집단따돌림에 어떤 형태로든 관계되는 아이들의 증가 추세다.

셋째, 집단따돌림의 가해자가 다른 학생들과의 관계에는 피해자가 될 수 있다는 점이다.

넷째, 집단따돌림의 피해가 학업성적이 우수한 학생으로까지 확산되고 있다는 점이다.

이상에서의 논의를 종합하면, 집단따돌림이란 특정인을 대상으로 두 명 이상이 집단을 이루어 행하는 고의적이고 공격적인 행동으로, 반복적이고 지속적으로 이루어지는 모든 언어적 · 신체적 행위라고 정의할 수 있다(김춘경 외, 2023).

박완성과 차명호(2013)는 집단따돌림의 유형을 소외(같이 놀지 않기, 상대 안 하기, 같이 급식 안 먹기), 괴롭힘(발 걸기, 말 따라 하며 놀리기, 분필이나 물건 던지기, 급식 반찬 빼앗아 먹기), 경멸(은근히 욕하고 빈정거리며 면박이나 핀잔 주기, 엉뚱한 소문내기와 같은 모함), 폭력(장난을 빙자하여 때리거나 가혹행위 하기) 등의 다양한 형태로 나누었다. 사이버 괴롭힘은 카톡 감옥(대화방에 초대한 뒤 무시하고 방을 나가지 못하게 하기), 방폭(단체 대화방에서 피해자만 남겨놓고 다른 참가자들이 한꺼번에 나가기), 데이터 셔틀(피해자 휴대전화를 여러 명이 인터넷 공유기처럼 사용, 데이터 뺏기), 떼카(특정 피해자를 향해 단체로 욕설, 폭언 퍼붓는 행위) 등으로 날로 심각해지고 있다(세계일보, 2018. 12. 6).

이러한 따돌림으로 인해 피해자는 극도의 무력감과 공포, 불안, 우울을 경험하며, 정서조절의 어려움과 낮은 자기존중감, 대인관계에서의 위축 등 여러 심리적·관계적인 어려움을 호소하고 있다. 심한 경우 우울증으로 이어져 자살시도로까지 이어진다. 게다가 이들의 심리적, 정신적 피해는 청소년기에 끝나지 않으며, 당사자 개인과 가족, 그리고 사회에까지 큰 피해를 입히고 있다. 학교폭력 문제에서 집단따돌림은 학생들 집단 안에서 언제나 있어 왔던 사사로운 일로 여길 것이 아니라 명백한 인권침해이며 범죄가 될 수 있다는 사실을 잊지 말고 철저한 예방과 치유가 이루어져야 할 것이다(한국학교폭력상담협회, 2015).

4) 각종 중독

여기에서는 현재 청소년들에게 가장 문제가 되고 있는 인터넷 중독과 스마트폰 중독의 실태를 중심으로 살펴보고자 한다. 삼성서울병원 홈페이지에서는 인터넷중독의 개념을 다음과 같이 정의하고 있다. "일상생활에 심각한 사회적·정신적·육체적 및 금전적 지장을 받고 있는 상태를 인터넷중독"이라고 본다.[18] 한국적 특성을 고려했을 때, 인터넷중독은 게임중독이라고 불러도 과언이 아닐 정도로 온라인 게임에 집중되어 나타나고 있다.

영(Kimberly Young, 1998)은 인터넷 중독을 "인터넷 사용에 의존하는 사람들이 중독적 행동양상을 보이는 것으로, 인터넷 사용이 병리적 도박이나 섭식장애, 알코올중독 등의 다른 중독들과 비슷한 양상으로 학문적·사회적·재정적·직업적 생활에 부정적 영향을 미치는 것"으로 정

---

18) 삼성서울병원 홈페이지 http://www.samsunghospital.com

의하고 있다. 하지만 의학계나 심리학계에서는 게임을 지나치게 많이 하는 행위에 대해 중독이라는 일상적 진단을 내릴 수 있는가에 대한 논쟁이 뜨겁다. 특히 게임의 금단 증상은 알코올이나 마약과 같은 중독성 물질로 인해 생기는 금단 증상에 비해 덜 병리적이기 때문에 2021년 현재 학계에서는 게임중독이라는 표현을 쓰지 않고, 대신 '게임 과몰입'이라는 표현을 쓴다. 한때 DSM-5에 게임중독이라는 새로운 항목을 추가해야 하는가에 대한 논의가 있었지만, 미국정신의학회(APA)는 게임에 중독될 수 있다는 구체적이고 실증적 자료가 부족해 포함시키지 않는다고 공식 발표하였다. 그래서 현재까지 게임중독에 대한 정확한 진단기준은 제시되지 않고 있다(김춘경 외, 2023, 재인용).

일반적으로 인터넷 과의존 상태에 빠질 경우 자율적 통제가 불가능할 뿐 아니라 과도한 집착이나 충동적인 행동을 보이고, 이로 인해 사회적 기능에 장애를 일으키게 된다. 경우에 따라서는 우울증, 사회적 고립, 충동조절장애와 약물남용 등의 문제를 일으키는 상태에 빠지기도 한다. 청소년이 인터넷 과의존 상태에 빠지게 될 경우 다음과 같은 증상을 나타내기도 한다.[19]

인터넷 과의존 상태에 빠진 청소년이 보이는 증상

- 자꾸 인터넷 생각만 나요(인터넷을 하지 않는 동안에도 인터넷에서 본 장면만 떠오르고 하루 종일 인터넷 생각만 한다).
- 인터넷을 끝내기가 힘들어요(인터넷을 한번 시작하면 인터넷 사용을 끝내지 못하고 시간 조절을 못한다).
- 거짓말이 늘어요(인터넷으로 인하여 가족과 친구에게 거짓말을 하게 된다).
- 인간관계가 소원해져요(친구들과의 관계가 소원해지고 가족 간 소통이 줄어든다).
- 생활이 불규칙해져요(지각과 결석이 잦아지고, 수면시간이 줄어든다).

---

19) 출처: 국립청소년인터넷드림마을 홈페이지 http://nyit.or.kr

- 인터넷을 못하면 불안해요(인터넷을 하지 못하면 우울, 초조, 불안감에 시달린다).
- 인터넷은 만능이에요(인터넷에 대한 과도한 긍정적 기대를 가지게 된다).
- 인터넷에서 새로운 일을 기대해요(인터넷에서 새로운 일이 일어날 것만 같아 컴퓨터를 끌 수가 없다).
- 성적이 떨어져요(학교 및 전반적인 학업 수행 능력이 떨어지게 된다).
- 인터넷 얘기만 하고 싶어요(대부분의 대화는 인터넷과 관련되어 있다).

현재 사용되고 있는 DSM-5에서는 인터넷게임장애(internet gaming disorder)의 진단기준을 다음과 같이 제시하고 있다(APA, 2013).

인터넷게임장애의 진단기준

게임을 하기 위해, 그리고 흔히 다른 사용자들과 함께 게임을 하기 위해 지속적이고 반복적으로 인터넷을 사용하는 행동이 임상적으로 현저한 손상이나 고통을 일으키며, 다음 중 다섯 가지(또는 그 이상) 증상이 12개월 동안 나타난다.

1. 인터넷 게임에 대한 몰두(이전 게임 내용을 생각하거나 다음 게임 실행에 대해 미리 예상함. 인터넷 게임이 하루 일과 중 가장 지배적인 활동이 됨)

※ 주의점: 이 장애는 도박장애 범주에 포함되는 인터넷 도박과 구분된다.

2. 인터넷 게임이 제지될 경우에 나타나는 금단 증상(이러한 증상은 전형적으로 과민성, 불안 또는 슬픔으로 나타나지만, 약리학적 금단 증상의 신체적 징후는 없음)
3. 내성: 더 오랜 시간 동안 인터넷 게임을 하려는 욕구
4. 인터넷 게임 참여를 통제하려는 시도에 실패함
5. 인터넷 게임을 제외하고 이전의 취미와 오락 활동에 대한 흥미가 감소함
6. 정신사회적 문제에 대해 알고 있음에도 불구하고 과도하게 인터넷 게임을 지속
7. 가족, 치료자 또는 타인에게 인터넷 게임을 한 시간을 속임
8. 부정적인 기분에서 벗어나거나 이를 완화시키기 위해 인터넷 게임을 함(예: 무력감, 죄책감, 불안)

9. 인터넷 게임 참여로 인해 중요한 대인관계, 직업, 학업 또는 진로 기회를 위태롭게 하거나 상실함

※ 주의점: 이 장애의 진단은 도박이 아닌 인터넷 게임만 포함한다. 업무 및 직업상 요구되는 활동으로서 인터넷 사용은 포함되지 않으며, 그 외의 기분 전환이나 사회적 목적의 인터넷 사용 또한 포함하지 않는다. 마찬가지로, 성적인 인터넷 사이트도 제외한다.

인터넷게임장애는 일상적 활동의 손상 정도에 따라 경도, 중등도, 고도로 나뉜다. 인터넷게임장애가 덜 심각한 사람은 증상이 더 적고 일상에서의 손상도 더 적을 것이다. 심각한 인터넷게임 장애가 있는 사람은 컴퓨터 앞에서 더 많은 시간을 보내며, 대인관계 또는 진로 및 학업기회에 있어서도 상실이 더 클 것이다.

인터넷중독은 무엇보다 예방이 중요하므로 여기에서는 예방지침에 대해 다음과 같은 원칙을 제시하고자 한다(오윤선, 2006).

- 하루 중 컴퓨터를 켜고 끄는 시간을 일정하게 정하고 꼭 지키도록 노력하라.
- 뚜렷한 목적이 없는 웹서핑을 하지 말아야 하며, 자신에게 주어진 일을 마친 뒤에 컴퓨터를 켜는 습관을 들이는 것이 좋다. 한 시간만 인터넷을 하고 공부를 하겠다는 생각도 중독증상의 하나일 뿐이다.
- 혼자서 컴퓨터를 사용하는 것을 피해라. 남에게 드러나지 않는다는 은밀성이 인터넷중독을 악화시키기 때문에 보다 공개된 장소로 위치를 옮기는 것도 좋은 방법이다.
- 오락과 휴식의 도구로서의 컴퓨터 사용을 줄여라. 컴퓨터 사용은 신체적, 정신적 긴장을 유발하므로 또 하나의 스트레스가 되는 경

우가 많으므로 과감하게 불필요한 게임은 삭제하는 것이 좋다.

- 신체적 활동을 하는 시간을 늘려라. 땀을 흘리는 적절한 운동을 규칙적으로 하고, 모니터 앞에서 식사를 절대 하지 않으며, 바쁘더라도 컴퓨터를 끈 채로 끼니를 해결하는 습관을 들이는 것이 좋다.
- 사이버 공간이 아닌 현실 공간에서의 대인관계를 늘려라. PC 게임방을 가더라도 누구와 동행하며 혼자 절대 가지 않는다는 원칙을 만드는 것도 좋다.
- 대안활동을 찾아라. 단순히 컴퓨터를 사용하는 시간만을 줄이는 데 목적을 두게 되면 남는 시간에 할 일이 없어서 다시 인터넷을 하게 된다. 인터넷 사용을 조절하기 원한다면 인터넷 말고 자신에게 즐거움을 주는 대안활동을 여러 가지 찾아서 즐기는 것도 좋다.

5) 학습부진

학업상담 촉진을 위해서는 학업 부적응 문제를 다룰 필요가 있으며, 학교현장에서는 특별한 신체적 장애를 가지고 있지 않으면서도 다양한 이유로 인해 학업 수행에 대한 어려움을 호소하는 학생들을 쉽게 발견할 수 있다. 특히 근래에 들어 학업 성취가 다른 학생들에 비해 현저히 떨어지는 소위 학습부진 학생들의 출현 빈도가 높고 그에 관한 관심이 커져, 교육청별로 학습부진아 현황을 파악하고 교사들이 학습부진아 일소에 노력하도록 여러 가지 대책을 내세우고 있다. 그러나 실제 학습부진아들에 대한 철저한 지도가 이루어지는지, 그리고 효과적인 지도방법을 적용하고 있는지도 의문스럽다(김춘경 외, 2023).

학습부진은 학생이 특정 영역에서 제대로 수행하지 못하거나 기대치보다 낮은 결과가 나왔을 때 통상적으로 쓰이는 용어나 실제로 정확하게 정의 내릴 수 없을 만큼 다양한 의미를 지닌 개념이다. 학습부진 학생을 다루는 교사나 학부모, 교육상담전문가 등의 학습부진에 대한 견해가 조금씩 다른 이유가 바로 이에 기인하는 것이다.

특히 학습부진은 지속 기간이나 심각성 정도, 범위(기초: 기본 학습부진), 원인 등의 각 차원에 따라 그 특성이 다르므로 학습부진을 좀 더 체계적으로 탐색할 필요가 있다. 그리고 학업 문제를 제대로 이해하기 위해서는 학습부진의 다양한 원인에 대한 정확한 분석이 선행되어야 한다. 덧붙여 용어의 명확한 사용을 위해 학습부진과는 다른 유사 개념들인 학습지진, 학업 저성취, 학습장애 등에 대한 이해도 필요하므로 이러한 유사 개념을 정리하여 제시해 보면 다음과 같다(김춘경 외, 2023).

첫째, 학습지진(slow learner)은 지적지수가 하위 3~25%에 속하는 학생으로 지적 능력이 평균 수준에 미치지 못해 학업성취 정도가 뒤떨어지는 경우를 말한다. 즉 지능지수의 변화는 거의 없으며, 이러한 학습지진의 문제를 가진 학생들의 경우에는 상담목표 설정에도 세심한 주의를 기울여야 한다.

둘째, 학업 저성취(low achievement)는 학업성취 수준의 결과를 중심으로 하는 개념으로서 학생이 가진 개인 내적 요인에 대한 고려 없이 일반적으로 학업성취 결과 기준 하위 5~20%의 성취수준을 보이는 것을 의미한다.

셋째, 학습장애는 일반적으로 인지적·정서적·사회적·환경적 문제는 없으면서 중추신경계의 기능장애로 인해 말하기, 읽기, 쓰기, 셈하기 등 특정 분야에서 한 가지 이상의 장애가 있는 것을 의미한다.

DSM-5에 따르면, 학습장애는 신경발달적인 장애에 속하며 읽기·산수·쓰기 표현 영역에서 생물학적 나이에 비해 학습기술을 습득하는 데 지속적으로 어려움이 있을 때 진단된다. 학습장애는 부모나 교사 면담, 학습에 장애를 줄 만한 신체 문제, 심리검사 등을 통해 진단할 수 있다.

상담자는 이러한 진단을 통해 얻은 자료를 바탕으로 학생이 학업과 관련된 어떤 문제라도 편하게 이야기할 수 있고 함께 해결해 나갈 조력자로서의 역할을 충실하게 해야 한다. 그러기 위해서는 가족과 주변 친구들에게 협조를 요청하기도 하고, 학습장애 학생의 특성을 고려한 특수교육 서비스 제공과 함께 많은 관심과 철저한 지도가 필수적이다. 또한 진단 시 드러난 신체적 문제들은 그 질환에 맞는 적절한 치료를 통해 효과적인 과제 수행이 가능하도록 도와주어야 한다(김춘경 외, 2023).

3. 청소년상담의 기술

청소년상담을 할 때는 청소년기가 아동과 성인의 과도기에 걸쳐있는 발달적 특성을 고려하여 성인상담에서 주로 사용하는 언어적 상담과 함께 아동상담에서 사용하는 활동 위주의 놀이치료나 미술치료기법을 필요에 따라 절충적으로 쓸 수 있다. 이 외에도 심리극이나 이야기치료, 영화를 매개로 한 영화 치료, 음악 치료 등 다양한 방법을 활용할 수 있다. 앞에서 소개한 아동상담 기법을 청소년의 개인적 특성에 맞추어 사용할 수 있다. 그래서 여기에서는 기법을 많이 소개하지 않고 위로가 필요한 청소년에게 필요한 대화기술 몇 가지만 설명하고자 한다.

게리 콜린스(Gary Collins, 1983)는 위로와 지침을 제공하고자 하는 모든 사람에게 유용한 5가지 기본 기술을 다음과 같이 제시하였는데, 그 기법을 청소년상담 기술로도 활용하면 좋을 것이다.

주의집중(attention)

주의집중은 상담자가 온 마음과 관심과 이해를 담은 눈으로 내담자를 바라보며 긴장을 풀고 편안한 자세로 가끔 내담자를 향하여 몸을 숙이는 자세를 가지는 것이다. 이때 너무 지나치게 주의집중해서 부담을 주지 않도록 하고 자연스러운 몸동작을 사용하는 것이 좋다.

경청(listening)

경청은 다른 사람의 말에 수동적이거나 열의 없이 듣는 것이 아니다. 효과적인 경청을 위해서 콜린스는 다음의 7가지를 제시하였다.

- 상담자 자신의 갈등과 선입견을 버리고 내담자가 전달하는 것에만 모든 관심을 집중할 수 있어야 한다.
- 내담자가 이야기하는 내용에 대해서는, 그것이 가끔 상담자에게 공격적인 내용이라고 할지라도 무시하고, 비판하는 표현은 언어적으로나, 비언어적으로 피해야 한다.
- 상담자의 눈과 귀를 사용하여 내담자의 목소리와 다른 비언어적인 표현을 통해서 전달하고자 하는 메시지를 정확하게 파악하려고 노력한다.
- 내담자가 이야기하는 것뿐만 아니라 이야기하지 못하는 부분까지 경청하고 주시한다.
- 침묵이나 눈물을 흘릴 때에 참고 기다림으로, 고통스러운 어떤 것을 나눌 수 있는 충분한 용기를 끌어 모을 수 있게 해주며, 자기의 생각을 다시 정리하고 침착함을 회복할 수 있게 한다.
- 내담자가 이야기할 때에 내담자를 주시하고 노려보거나 눈동자를 좌우로 굴리는 불안한 시선을 피한다.
- 상담자가 내담자의 행동이나 신념들을 그대로 보아 넘길 수 없는

경우라도 있는 그대로 받아들이고 있다는 사실을 깨닫게 한다.

반응하기(responding)

상담자는 단순히 듣기만 하고 다른 것을 하지 않고 가만히 있는 것이 아니라 내담자의 말에 적절히 반응하여 효과적으로 상담을 이끌어 갈 수 있어야 한다. 반응의 기술에는 대화를 이끌어 가는 기술, 반영, 질문하기, 직면하기, 정보 제공하기, 지지와 격려 등이 있다.

교육하기(teaching)

청소년상담자는 지도자와 교사 역할이 필요하다. 아직 성인이 아니고 성인이 되어가는 과정 중에 있기 때문에 청소년들은 문제를 만나면 어떻게 해야 될지 모를 때가 많다. 이때 여러 가지 교훈과 예시를 통하여 가르쳐주며 삶의 문제를 극복하는 방법과 전략에 대해서도 교육하는 것이 이들에게 도움이 된다. 그리고 알려줄 때는 분명하고 명확하게 알려주어야 한다. 교육하기에는 정보제공도 포함되므로 이 부분은 앞의 5장 아동상담의 과정을 참조바란다.

여과해서 듣기(filtering)

좋은 청소년상담자는 내담자가 이야기하는 것을 진심으로 들어주고 믿어주는 자다. 그러나 청소년의 특성상 현실을 과장하기도 하고, 상상 속의 일들을 현실인 것처럼 이야기하고, 긍정왜곡과 부정왜곡, 과잉일반화 등으로 사실이 아닌 것을 사실인 것처럼 이야기할 수 있다. 그리고 부모에 대하여 과하게 부정적으로 말하기도 한다. 그러므로 공감적으로 듣고 반응해 주고, 작업 동맹을 맺으면서도, 내담자의 말을 통하여 내담자가 진실로 이야기하고 싶은 것이 무엇인지 파악하려고 노력해야 한다. 즉 민감성과 직관을 가지고 여과해서 들어야 할 것은 여과할 수 있는 기술도 필요하다. 이때 주의해야 할 점은 내담자가 자신의 말을 믿지 못한다는 느낌이 들지 않도록 해야 한다. 그리고 '당신이 말하고 싶은 진실은 무엇인지? 당신이 진실로 원하는 것이 무엇인지? 당신이 말하고 있는 문제 외에 또 다른 문제는 없는지?' 등에 대하여 진지하게 듣고 알고 싶은 마음을 전달하도록 한다.

지지와 격려(supporting & encouraging)

지지는 상담자가 내담자의 느낌과 생각, 행동에 대하여 동의하고 믿어주고 인정해주는 것이다. 지지는 일종의 동의와 같은 의미로 사용될 수 있다. 또한 상담자가 내담자를 지지한다는 것은 상담자가 내담자의 변화 가능성을 믿고 신뢰하는 것, 내담자의 변화 의지를 격려하는 것, 그리고 내담자가 행동 변화를 지속할 수 있다고 믿고 내담자에 대한 희망을 전달하는 것을 포함한다(이수현, 최인화, 2020).

지지가 내담자에게 동의해주고 믿어주는 것이라면 격려는 용기를 북돋아주고 힘이 생기도록 하는 것이며 자신감을 가지도록 돕는 것이다. 내담자는 힘든 문제를 가지고 상담에 오지만 문제를 해결할 자신감이 없을 때가 많다. 그런데 상담자가 "잘할 수 있다. 당신은 문제를 해결해 나갈 수 있는 힘이 있다."라고 격려해주면 확신이 없고 자신감이 없는 내담자에게 힘이 될 수 있다. 이처럼 지지와 격려는 청소년 내담자에게 변화에 대한 소망을 가질 수 있도록 하여 상담 과정을 촉진하고 변화를 이끄는 기폭제가 될 수 있다. 지지와 격려는 상담 초기와 중기에 사용할 수 있으며 상담을 마칠 때에도 사용할 수 있다.

4. 청소년상담자의 자질

1) 효과적인 상담자

좋은 상담자가 되려고 하는 사람은 상담이 효과적이 되도록 노력해야 한다. 다음은 유능하고 효과적인 상담자의 특성을 요약한 것이다.

- 효과적인 상담자는 내담자에게 다가갈 수 있는 능숙한 대인관계기술을 가진다.
- 효과적인 상담자는 내담자에게 진실함, 신뢰감, 자신감을 야기한다.
- 효과적인 상담자는 내담자를 돌보고 존경한다.
- 효과적인 상담자는 타인이해 뿐 아니라 자기이해를 바탕으로 성숙된 삶을 영위한다.
- 효과적인 상담자는 내담자와의 갈등을 효과적으로 처리한다.
- 효과적인 상담자는 가치 판단을 강요함이 없이 내담자의 행동을 이해한다.
- 효과적인 상담자는 내담자의 자기파괴 행동패턴을 확인할 수 있고, 그러한 자기 파괴행동을 보다 바람직한 행동패턴으로 변화하도록 도울 수 있다.
- 효과적인 상담자는 내담자에게 특별한 가치가 있을 어떤 영역에 대한 전문적인 지식과 경험을 갖고 있다.
- 효과적인 상담자는 체계적으로 추론하고 생각할 수 있다.
- 효과적인 상담자는 문화에 대한 충분한 지식을 가지고 있다. 그는 사람들이 생활하는 사회적, 문화적, 정치적 맥락을 이해할 수 있다.
- 효과적인 상담자는 자신을 좋아하고 존중하며 자신의 욕구를 만족시키기 위해 내담자를 이용하지 않는다.

- 효과적인 상담자는 인간 행동에 대하여 심층적 이해를 할 수 있다.
- 효과적인 상담자는 바람직한 인간 모델을 가진다.

상담자는 '유능하며 효과적이며 좋은 상담자'가 되기 위해 노력해야 할 것이다.

2) 인간적인 자질

상담자가 갖추어야 할 인간적인 자질로는 인간에 대한 깊은 관심, 정서적 성숙, 존중, 심리적 안정감, 민감성, 유연성, 온정성, 진실성, 일치성, 객관성, 모델이 되어줌, 존경받는 삶을 사는 모습 등이 있다. 코미어와 코미어(Cormier & Cormier, 1985)는 청소년상담자의 자질로 지적 능력, 에너지, 융통성, 지지, 온정, 자기인식, 그리고 문화적 경험에 대한 인식이 필요하다고 하였다.

저자는 청소년의 특성을 고려해 볼 때 청소년상담자의 자질로 위의 여러 가지 요소 외에도 다음의 네 가지가 더 필요하다고 생각한다.

(1) 관심과 이해의 마음

청소년상담자는 내담자에게 사랑과 관심이 있으며, 내담자를 판단하지 않고 이해하려는 마음이 필요하다. 상담자는 내담자에 대하여 무비판적이고 무조건적으로 존중하고 소중히 여기는 마음이 있어야 한다. 내담자에 대한 관심과 이해하려는 마음은 내담자가 성장하고 발전할 수 있도록 집중하게 하여 궁극적으로 변화의 원동력이 된다. 관심과 이해하려는 마음 안에는 진지함과 주의 깊은 경청의 태도가 포함되며, 특히 청소년의 관점에서 사물을 보며, 청소년 고유의 감정을 알아차릴 수 있는 능력도 포함된다. 이러한 자질은 청소년을 깊이 만날 수 있으며, 그의 태도 및 문제를 보다 깊이 알 수 있게 한다.

(2) 수용

수용은 내담자가 어떠한 모습이든 있는 그대로 받아주고 존중하는 것이다. 수용은 내담자의 상태 그대로를 인정하고 공감해주는 마음을 전달하되 부정적으로 대하지 않고 순수하게 존중하고 관심을 가지며 모든 것에 대하여 안아주는 것이다. 상담을 하다보면 청소년들 중에는 더 호감이 가고 더 받아들이기 쉬운 청소년들이 있다. 그러나 내게 매력이 없는 청소년이라 할지라도 사랑의 마음으로 받아들일 수 있는 것이 수용의 마음이다. 하나님은 매력이 없는 죄인들(롬 5:8)도 사랑하셨기 때문에 혹시 상담 중에 매력적으로 보이지 않는 내담자를 만나게 되면 성령님께 간구하라. 성령님께서는 사랑스럽지 않은 사람들도 받아들일 수 있도록 우리를 도우실 것이다(심수명, 2019).

(3) 분위기를 이끄는 힘

청소년상담자에게는 상담 분위기를 편안하면서도 즐거운 분위기로 이끄는 힘이 필요하다. 이것은 청소년상담에서 특히 중요하다. 말하기를 꺼려하거나 위축된 내담자들이 마음을 열도록 상담자가 자극해야만 할 때가 있다. 이때 때로는 개그맨처럼, 때로는 내담자가 좋아하는 연예인을 함께 좋아해주고 즐거워하는 등의 행동을 해야 할 때도 있다. 그래야 내담자가 마음을 열고 마음이 업(up) 되어 자발적으로 자신의 이야기를 할 가능성이 높아진다. 어떤 경우에는 별 의미없는 말들을 너무 급하게 하려고 하면 이를 조정해야 할 때도 있다. 충동적이거나 감정적인 청소년에게는 좀 더 차분해지도록 이끌어주어야 할 때도 있다.

상담자는 내담자가 자유롭게 자기의 내면세계를 탐색하고 상담자와 소통이 잘 되어 상담이 생산적인 방향으로 흘러가고 있다는 느낌을 갖도록 해야 한다. 즉 내담자의 문제 해결에 중점을 두면서도 상담 과정이 즐겁고 다시 오고 싶은 마음이 들도록 분위기를 형성하고, 상담 분위기가 무거워지지 않도록 주의해야 한다. 그리고 상담시간에는 이유 없이 빠지거나 늦지 않도록 약속하고 약속한 것은 지키도록 하는 것이 좋다.

저자는 청소년상담을 할 때 비자발적인 경우, 상담 시간을 평소보다 짧게 함으로써 상담이 지루하지 않다는 느낌을 갖게 하여 다음 상담에 기대를 갖도록 한다. 또한 상담을 너무 힘들어하면 1주에 하는 것을 2주로 연기하여 내담자가 상담 시간을 지킬 수 있도록 만들어준다. 그리고 무엇보다 서로 존중하면서도 자유롭고 진지한 상호 교류가 되는 환경을 조성하고 청소년도 그것이 몸에 배도록 연습시킨다.

(4) 친밀감

친밀감이란 상담기술로만 사람을 대하지 않는 것으로서 다른 사람과 편안하게 관계하며 어울릴 수 있는 능력을 의미한다. 친밀감이 있는 사람은 사랑을 표현하는 데 어려움을 느끼지 않으며, 감정 표현도 자유롭게 하고, 자신의 마음도 솔직하고 편안하게 개방하고 삶을 나눈다. 상담자가 친밀감의 능력이 없으면 내담자에게도 전달이 되어 서로 어색한 분위기가 형성될 수 있다. 그러므로 상담자는 지도자 자세보다는, 한 인간으로서 대화하고 만나려는 자세로 만나고, 일상적인 삶에서도 친밀감을 느끼는 사람이 되도록 노력하고, 편안한 사람으로 느껴지도록 해야 한다. 실제적으로 친밀감이 있는 사람이 상담 중에도 친밀하게 느껴질 가능성이 많다(심수명, 2019).

5. 부모 교육

부모로부터 독립하고 정서적 의존에서 벗어나고자 하는 청소년이 부모와 갖는 관계는 아동기 때 가졌던 부모와의 관계와는 다르다. 청소년의 급속한 신체적 성장은 부모의 체벌이나 통제를 어렵게 만든다. 그 결과 부모의 권위는 도전을 받게 되고, 지금까지의 부모-자녀 관계를 수정해야 하는 상황이 초래한다.

또한 형식적 조작적 사고가 가능한 청년은 부모가 설정한 규칙이나 가치관에 대해 논리적 모순을 발견하고 의문을 제기한다. 즉 증대된 인지 기술로 인해 청소년은 이제 더 이상 무조건 부모가 시키는 대로 따라 하지 않는다.

한국, 중국, 일본 등 동양 세 나라의 청소년을 대상으로 부모의 간섭 정도, 부모에 대한 반항, 가출 충동, 체벌 경험에 관한 문항을 구성하여 청년과 부모의 갈등 정도를 조사하였다(문화체육부, 1997). 연구 결과, "부모로부터 간섭을 많이 받고 있는가?"에 대한 답변으로 한국 청소년의 경우, 전체 응답자의 64.4%가 '그렇다.'고 대답해 일본(50.2%)과 중국(27.5%)에 비해 월등히 높은 것으로 나타났다.

한편 이 시기에 부모들은 자녀가 독립하기를 바라면서 동시에 그들이 계속해서 부모를 의존해주기를 바라기 때문에, 종종 십대 자녀들에게 '이중메시지'를 전달한다. 부모의 의사소통기술 부족은 십대 자녀와의 관계를 더 어렵게 만들고 갈등을 심화시킨다. 청소년 자녀와의 갈등 해결에 있어 많은 부모들이 힘과 압력을 행사함으로써 갈등을 해결하려고 하지만, 대개의 경우 이 접근법은 역효과를 가져온다. 갈등을 해결하는 효율적인 방법은 가족의 중요한 의사결정에 청소년을 참여시키고, 그들의 의견을 존중해주고, 합리적이고 일관성 있는 규칙을 적용하고, 십대들이 하는 일에 관심을 보이고 지원해주되 통제적이지 않은 방식으로 지원해주는 것이다. 그리고 청소년 부모 상담 시에 상담자는 부모에게 다음과 같은 교육을 함으로써 부모와 자녀의 관계가 좋아지도록 도와야 한다(정옥분, 정순화, 2017).

- 부모가 보는 시각이 아니라 자녀의 시각으로 자녀를 이해하도록 한다.
- 자녀를 문제아로 보지 말고 문제가 있는 귀하고 독특한 자녀로 보도록 한다.
- 부모에게 자녀의 단점보다 장점을 발견하여 장점을 중심으로 자녀에 대해 통합된 시각을 가질 것을 권한다.
- 청소년기는 부모로부터 독립해야 할 시기임을 부모에게 알려주도록 한다.
- 내담자의 자녀만 문제가 있는 것이 아님을 받아들이고 위안 얻도록 돕는다.
- 자녀가 대화를 원할 때에는 진지하게 귀를 기울이도록 한다.
- 자녀의 행동이 탐탁하지 않더라도 그들의 감정을 이해하려고 노력한다.
- 어떤 주제에 대해서도 마음을 열고, 의논 상대가 될 수 있는 부모가 된다.
- 자신이 선택한 활동에 참여하도록 격려해줌으로써 자신감을 갖도록 돕는다.
- 자녀들이 가족의 의사결정에 참여하고, 부모와 함께 가족문제를 해결해 나가도록 격려한다.

그리고 청소년에게도 부모와의 관계를 위해 필요한 것이 무엇인지 교육하면서 부모의 간섭을 받기 싫으면 자신의 삶을 책임지는 모습을 보여야 할 것과 부모에게 인격적인 태도를 유지하도록 가르칠 필요가 있다. 구체적인 내용은 다음과 같다.

- 비록 부모의 표현방식이 마음에 들지 않더라도 부모도 자신의 삶과 생각이 있음을 헤아리도록 한다.
- 부모도 그들 나름대로의 불안, 욕구, 감정을 가진 인간이라는 것을 이해하려고 노력한다.
- 마음을 열고 부모의 말에 귀를 기울이며, 부모 입장에서 상황을 보려고 노력한다.
- 부모와 자신의 느낌을 서로 이야기함으로써 부모가 자신을 좀 더 이해할 수 있도록 노력한다.
- 자신이 원하는 종류의 독립을 인정받을 수 있도록 가정과 학교에서 책임을 다한다.

4부

건강한 부모와
건강한 가족

12장

부모의 양육태도와 건강한 자녀

부모의 양육태도가 자녀의 성격에 영향을 미친다는 연구는 그 동안 수없이 많이 이루어져 왔다. 미국의 한 연구에서, 비평 속에서 자란 아이는 비난을 하는 아이로, 조종과 통제를 받고 자란 아이는 자신을 부끄러워하는 아이로, 수치를 받고 자란 아이는 죄책감을 느끼는 아이로, 아량 속에서 자란 아이는 인내하는 아이로, 격려와 칭찬을 받고 자란 아이는 자신감이 있는 아이로, 애정을 받고 자란 아이는 사랑이 많은 아이로 성장한다고 한다. 이처럼 부모의 양육태도는 아이의 성격에 큰 영향을 준다.

1. 부모의 양육태도

부모의 양육태도가 자녀의 성격에 영향을 미친다는 연구는 많지만 사실상 어떠한 양육태도가 좋다는 것에 대해서는 정형은 없다. 부모의 양육태도 뿐 아니라 자녀가 성장하면서 겪는 수많은 환경과 변화 요인이 자극이 되어 자녀의 성격 형성과 인격에 큰 영향을 미치는 경우도 있기 때문이다. 그런데 수많은 환경 중에서 가장 중요한 환경은 가정환경이며, 그 중에서도 부모의 양육태도가 자녀의 성격에 가장 중대한 영향을 미친다.

1) 부모의 양육 태도

교육학사전 편찬위원(1996)에 따르면, '양육태도란 양육자가 아동에 대해서 취하는 일반적인 태도와 행동 즉 유아기의 훈육, 생활훈련 및 전반적인 유아의 행위에 대한 부모의 태도'로 정의하고 있다. 부모의 양육태도에 대한 관심이 증가하면서, 학자들은 다양한 방법을 통하여 양육태도 유형을 분류하려고 시도하였다. 먼저 부모가 자녀를 양육하는 방식에 따라 가정을 크게 권위적 가정, 방임적 가정, 인격적 가정으로 나눈다. 여러 연구들에 의하면 세 종류의 가정 중에서 자녀를 너무 많이 통제하는 권위적 가정과 거의 통제하지 않는 방임적 가정의 자녀들에 비해 인격적 가정의 자녀들이 보다 더 바람직한 성격을 지니고 재능이 더 많은 것으로 나타났다. 부모가 자녀를 무조건 통제하거나, 무조건 자유롭게 내버려 두는 것은 바람직한 훈계방식이 아니다. 때로는 엄격하게 통제하다가 때로는 방임하는 일관성 없는 훈계방식도 바람직하지 않다.

자녀를 적절하고 일관성있게 통제하고 자녀의 권리도 인정해 주는 인격적 가정의 자녀들이 충동을 잘 조정하며 연령이 증가함에 따라 지능도 증가하는 경향을 보였다. 또한 비행청소년의 발생률도 인격적 가정의 자녀들이 권위주의적 가정과 방임적 가정의 자녀들보다 더 낮게 나타났다.

바움린드(Baumrind, 1991, 2012)는 부모 자녀 관계에 대한 연구에서 애정과 통제의 두 차원에 의해 부모 유형을 분류하였다. 애정 차원은 부모가 아이에게 얼마나 애정적이고, 지원적이며, 얼마나 민감한 반응을 보이고, 얼마나 관심을 가지고 있는가 하는 것을 말한다. 그러면 아이는 부모와 함께 있을 때 편안함을 느끼며, 그가 한 사람으로서 받아들여지고 있다고 느낀다. 통제는 부모가 보기에 바람직한 행동을 자녀에게 요구하고, 그 행동을 조종하는 것이다.

애정과 통제의 높고 낮음에 따른 부모 유형은 아래 그림과 같다.

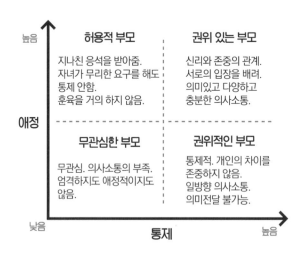

[그림 12-1] 애정과 통제의 두 차원에 의한 부모유형

애정과 통제 차원이 둘 다 높은 경우는 '권위 있는(authoritative) 부모', 통제 차원은 높지만 애정 차원이 낮은 경우는 '권위주의적(authoritarian)

부모', 애정 차원은 높은데 통제 차원이 낮은 경우는 '허용적(indulgent) 부모', 애정과 통제 차원이 둘 다 낮은 경우는 '무관심한(neglectful) 부모'로 명명하였다.

부모의 양육태도와 청년의 사회적 행동 간의 관계를 살펴보았더니 다음과 같은 양상을 보여주었다.

<표 12-1> 부모유형과 청년의 사회적 행동(정옥분, 2015)

부모 유형	특성	청년의 사회적 행동
권위 있는 부모	애정적, 반응적이고 자녀와 항상 대화를 갖는다. 자녀의 독립심을 격려하고 훈육 시 논리적 설명을 한다.	책임감, 자신감, 사회성이 높다.
권위주의적 부모	엄격한 통제와 설정해놓은 규칙을 따르도록 강요한다. 훈육 시 체벌을 사용하고 논리적 설명을 하지 않는다.	비효율적 대인관계, 사회성 부족, 의존적, 복종적, 반항적 성격이 될 가능성이 높다.
허용적 부모	애정적, 반응적이나 자녀에 대한 통제가 거의 없다. 일관성 없는 훈육을 한다.	자신감이 있고 적응을 잘하는 편이나, 규율을 무시하고 제멋대로 행동한다.
무관심한 부모	애정이 없고, 냉담하고, 엄격하지도 않으며, 무관심하다.	독립심이 없고 자기통제력이 부족하다. 문제행동을 많이 보인다.

2) 다양한 부모 유형

다음은 다양한 부모 유형을 양육태도를 중심으로 간략하게 정리한 것이다(나의 현재의 자녀 양육방법은 부모로부터 물려받을 확률이 높으므로 부모의 양육방식은 어떠했는지 '부록'의 자녀양육방식을 참고해보자).

(1) 독재형
독재적인 부모는 기본적으로 '아이는 미숙하다.'라는 생각을 갖고 자신들이 아이들을 이끌어 주고 훈육해야 한다고 생각한다. 독재적인 부모는 잔인함, 비융통성, 그리고 화를 잘 내는 형태로 아이들을 다룬다. 이들은 자녀들에게 항상 지시, 감독, 훈계하며 자녀의 기억을 늘 상기시킨다. 이것이 자녀를 위한 것이며 시간과 노력을 절약하는 방법이라고 생각하기 때문이다. 그런데 그렇게 함으로써 자녀의 의지와 통찰을 빼앗고, 자녀가 스스로 자신의 생각, 꿈, 감정 및 관계나 기호에 대해 관심을 갖지 못하게 만들어 독립적으로 발전할 수 있는 기회를 빼앗는다.

이러한 환경에서 자란 자녀는 다른 사람의 지시에 순응하고 그 명령에 복종한다. 반대로 부모의 지나친 강압을 거부하는 자녀는 그가 해야할 것을 망각하거나, 미루거나, 공상으로 회피하거나 혹은 빈둥거림으로써 거부감을 나타내기도 한다. 만약 지나친 강압에 복종하는 것을 어린 시절에 배웠다면 그는 어른이 되어도 외부의 압력에 의한 지시를 쉽게 따른다. 혹은 부모처럼 다른 사람에게 명령과 훈계를 내리며, 다른 사람이 자신에게 강압적인 명령을 하면 거부하기도 한다. 부모처럼 자신도 독재형이 되어서 자신의 자녀에게도 강압적이고 독재적으로 대하거나, 그와 정반대로 자신의 자녀를 무조건 허용하고 과보호하기도 한다.

(2) 방치형

방치형은 부모가 자녀에게서 떠나 있거나 다른 일에 몰두해 있어서 자녀의 성장에 관심을 갖지 못할 때 생긴다. 방치형의 부모는 사회의 어떤 계층에서든지 찾아볼 수 있다. 어린 시절에 부모에게서 방치되었던 경험이 있는 자녀는 다른 사람들과 친밀한 교제를 나누며 의미있는 관계를 맺는 능력이 부족하다. 또한 어린아이였을 때 아무도 필요한 규칙과 한계를 정해주지 않았기 때문에 자신의 행동이나 능력에 대한 한계를 스스로 규정하는 것이 어렵다.

방치형 부모 밑에서 자란 경우, 또래들보다 외로움과 허전함을 느끼는 경우가 많으며, 부모로부터 적절한 돌봄과 보호를 받지 못해서 생긴 외로움을 채우기 위해 주변 사람에게 의존하는 것으로 나타나기도 한다. 부모가 행동에 대한 규칙이나 절제를 알려주지 못한 경우, 다른 사람을 배려하는 법을 모르고 자기 마음대로 행동하는 경향을 보이기도 하며, 대인관계에서 건강한 관계를 하는 법을 몰라 어려움을 느낀다.

(3) 과보호형

이 유형은 강압형의 반대이다. 과보호형의 부모는 자녀의 요구나 떼쓰는 행동, 충동적인 행동 등을 그대로 받아줌으로 자녀를 다스릴 힘을 잃어버린다. 과보호를 받은 자녀는 규칙을 무시하고 자기가 원하는 대로 부모를 조종하려 한다. 과보호 부모는 자녀를 사랑한다는 이유로 원하는 것을 다 허용해주지만 이것은 자녀를 위하는 것이 아니라 망치는 것이다. 이렇게 길들여진 자녀는 더욱더 자신의 욕구를 채우려고 하며 다른 사람의 권리를 존중하지 않는 사람이 된다. '안 된다.'라는 단어가 그에게는 생소하게 들린다.

어린 시절에 부모로부터 받아야 할 제재를 받지 못했기 때문에 어른이 되어서도 '안 된다.'라는 단어의 의미를 여전히 이해하지 못한다. 이렇게 자라서 성인이 된 경우, 어린 아이 같이 미성숙한 태도, 충동적 행동을 갖게 된다. 음식을 절제하지 못하고 마구 먹거나, 술과 담배를 과하게 하거나, 쉽게 화를 내거나 하는 등의 행동을 하고 다른 사람의 권리를 존중하지 않는 행동으로 나타날 수 있다.

(4) 신임형

이 유형은 부모가 자녀의 일에 관해 결정할 때 자녀의 특징, 흥미,

그리고 관심에 맞도록 고려한다. 부모는 부모의 결정이 자녀가 생각하기에 동의가 안 될 때는 솔직하게 표현할 수 있게 하고 부모의 결정에 대해 자녀의 의견이 합리적이면 받아들인다. 그러나 최종결정은 어디까지나 부모가 하되 한 번 결정된 사항이나 규칙에 대해서는 반드시 지키도록 엄격하게 요구한다. 부모들이 자녀를 인격적으로 존중하고 수용하면 자녀는 스스로 독립심을 키워나갈 수 있고, 자기통제를 개발시킬 수 있는 기회를 부여받게 된다. 그렇다고 부모가 무조건 이해하고 수용하는 것이 아니라 기본적인 태도는 수용하고 이해하되 잘못한 행동에 대해서는 존재와 행위를 구분하여 분명히 알려주고 훈계하는 부모가 신임형 부모다.

(5) 완전주의형

이 유형은 보통 성공한 사람 가운데서 찾아볼 수 있다. 완전주의자는 자신의 성취 수준에 만족하지 못한다. 이 사람에게는 어떤 것이든지 결코 충분치 못하다. 완전주의는 대개 조건적으로 자녀를 용납했던 가정을 통해서 배운다. 부모가 자녀에게 자녀가 감당할 수 있는 수준 이상의 성취를 기대하고 그러한 기대가 충족될 때만 가치를 인정해 주면 자녀는 인정을 받기 위해 죽도록 노력하고 성취욕에 지나치게 몰두한다. 그는 부모가 기대하는 수준에 도달하지 못한다는 느낌 때문에 자신이 가치 있는 존재라는 것을 느끼지 못한다.

어린 시절부터 자신의 존재 가치를 결과에 따라 인정받아왔기에 이러한 태도는 어른이 되어서도 몸에 배어 있게 된다. 완전주의자는 자신이 성취한 것에 실망하고 생에 대한 기쁨을 잘 느끼지 못한다. 다른 사람은 그가 성취한 것을 칭찬하며 괜찮다고 말해도 그는 만족하지 못한다.

(6) 무절제형

무절제형은 자녀에게 필요한 것이면 무엇이든지 넘치도록 채워주는 가정에서 생긴다. 여기에서 문제가 되는 것은 자녀가 정말 원하는 것이 무엇인지를 고려하지 않은 채 자녀가 원하는 것을 부모가 무절제하게 일방적으로 채워주는 것이다. 계속해서 과도하게 공급을 받으면 아이는 받아도 기쁨이 없으며, 독창성과 자발성도 키우지 못하게 된다. 그는 열심히 일해서 받는 대가가 어떤 것인지 경험해 본 적이 없기 때문에 어떤 일에도 꾸준히 지속적으로 인내하지 못한다. 무절제형은 과보호형과 비슷한 양상을 보여준다.

이렇게 양육받은 사람이 커서 어른이 되면 자신의 비위를 맞춰주는 사람과만 사귀려 하고 자기를 맞춰주는 사람이 없으면 삶을 비관하거나 주위에 있는 사람들을 나쁘다고 비난하기도 한다. 그는 자신의 욕구를 채워주고 비위를 맞춰 줄 사람을 계속 찾는다. 그러나 그런 사람이 나타나면 금방 싫증내며 무감각하게 대하기 쉽다. 어린 시절에 익힌 유형이 다시 재현되는 것이다.

(7) 체벌형

체벌형의 양육방식은 부모가 자녀에게 드러내는 표면적인 분노와 공격을 포함한 여러 가지 방법으로 나타난다. 이것은 종종 강압형과 완전주의형을 합친 형태다. 부모는 자녀에게 벌을 줄 때 스스로 정당하다고 느끼지만 대개 자녀의 행동과 태도 때문이 아니라 자신의 분노, 좌절, 인내심 부족 때문에 화를 내고 만다. 이렇게 부모에게 혹독한 취급을 받은 자녀는 벌을 받아 마땅하다고 벌을 정당화시키거나 벌을 자초하는 행동에 익숙해진다.

부모로부터 혹독한 취급을 받은 아이는 성인이 된 후 다른 사람에게 보복하는 행동을 할 수 있다. 다른 사람과 즐거운 관계를 경험해 본 적이 없기 때문에 타인에 대해 부정적인 생각을 가지고 관계할 가능성이 많다. 반면에 부모가 자녀에게 지나친 체벌을 하면서도 애정을 함께 준 경우, 자녀는 부모를 비판할 힘을 잃어버리고 자기 스스로를 비판하거나 죄책감을 갖는 경우가 많다. 이렇게 함으로 스스로를 책망하며 낮은 자존감과 자기비하 속에 살게 된다.

(8) 거부형

일반적으로 부모는 자기 자녀의 양육을 책임지고 그들의 필요를 충족시키면서 자녀를 양육하기 때문에 '거부형'은 그리 흔한 유형은 아니다. 단어의 의미만을 생각해도 부모가 자녀를 거부한다는 것은 흔치 않은 일이기 때문이다. 자녀를 거부하거나 버리는 부모는 인생을 사는 과정에서 겪는 경제적인 어려움, 이혼, 자살 또는 심리적인 이유로 자녀를 버린다. 심리적인 이유는 굉장히 다양한데 대표적으로 원하지 않는 성별을 가지고 태어난 경우(딸을 원했는데 아들이거나, 아들을 원했는데 딸인 경우), 자신을 너무 안 닮았거나, 반대로 자신의 외모나 성격이 너무 싫은데 자신과 너무 닮은 경우, 그리고 조부모가 유난히 편애하는 경우 등 아주 다양하다. 어떠한 이유건 간에 계속해서 거부감을 경험한 자녀는 부정적인 자아상과 낮은 자존감을 갖게 된다. 그리고 마음속에 생긴 상처는 부정적 정서를 만들고, 무력감을 느끼게 하며 자신의 가치를 인정하지 못하게 한다.

부모가 자녀에게 너무 많은 책임을 지게 하면 자녀는 거부감이 들 수 있다. 준비가 되지 않은 아이에게 어른이 져야 할 책임을 부과하는 경우, 어린이로서 누릴 수 있는 경험을 누리지 못한다. 그래서 마땅히 누려야 했던 경험, 부모로부터 받아야 했던 용납과 사랑과 칭찬을 그리워하게 된다. 성인이 되어서도 많은 책임을 떠맡으려고만 하고, 여유를 가지고 쉼을 갖거나 즐기는 것은 결코 하지 않는다. 그리고 자신의 생활을 제한할 뿐 아니라 주변 사람들의 삶까지도 구속하려 한다.

2. 건강하고 바람직한 부모 역할

아동상담이나 청소년상담이 보다 효과적으로 진행되도록 하기 위해서는 부모를 대상으로 부모상담이나 부모 교육을 실시하는 것이 좋다. 그리고 부모 상담 중에 자녀에 대한 이해 및 자녀의 문제 해결 전략, 그리고 부모의 역할과 건강한 가족에 대해서 교육하면 개인과 가족의 변화에 기여할 수 있다.

건강하고 바람직한 부모 역할에는 어떤 것들이 필요한지 다음의 것들을 제시하고자 한다.[20]

1) 고유한 기질과 성격에 따라 양육하기

같은 부모에게서 출생한 자녀라 하더라도 모든 아이들은 똑같지 않다. 그들은 자신만의 특성과 경향을 가지고 있다. 그 차이점은 주로 기질과 흥미와 능력, 그리고 사랑을 표현하고 받는 방식에서 나타난다. 그러므로 상담자와 부모는 각 아이에게 어떤 고유성이 있는지 발견하고 그것을 살려줄 필요가 있다.

---

20) 기독교적 가치관에 근거한 부모의 역할과 자세에 대하여 더 많은 내용을 알고 싶은 사람은 심수명교수의 『위대한 부모 위대한 자녀(도서출판 다세움)』를 참고하기 바란다.

아이의 기질은 앞에서 살펴보았지만 여러 유형으로 나눌 수 있다. 그러나 이 세상의 모든 유아는 기질과 성격이 다르다. 어느 정도 비슷한 유형으로 묶을 수 있겠지만 하나님이 창조한 자녀는 지문이 다르고, 얼굴이 다르고, 행동도 다르듯이 기질과 성격도 다 다르다. 그러므로 어떤 기질인지 유형은 잘 모른다 하더라도 부모들은 자신의 자녀가 어떤 특징을 가지고 있는지 파악할 수 있어야 한다. 예를 들어, 잠이 많은 아이, 잠이 적은 아이, 잘 먹는 아이, 잘 먹지 않는 아이 등 무수히 많은 기질과 성격이 존재한다. 그렇다면 어떻게 해야 아이가 건강하게 자랄 수 있을까?

아주 단순하고도 간단하다. 자녀의 기질에 맞게 관계하고 그 아이에게 필요한 환경을 제공해 줄 때 아이는 건강한 인격으로 성장할 수 있다. 잠이 많은 아이는 잠을 충분히 자도록 도와주고, 잠을 잘 자지 못하고 자다가 깨고 보채는 아이라면, 육체적으로 피곤하겠지만 아기가 잘 수 있는 환경을 마련해 주면 된다. 먹는 것도 마찬가지다. 젖이나 분유를 구분하지 않고 '꿀떡 꿀떡' 잘 먹는 아기가 있는가 하면, 젖과 분유를 구분하면서 젖만 먹으려는 아기, 반대로 젖은 빨기 힘드니까 쉽게 나오는 분유를 더 좋아하고 젖은 싫어하는 아기도 있다. 이것은 무엇이 좋고 나쁜 것이 아니다. 좀 더 키우기 쉬운 아기일 때 엄마 편에서는 좋은 아기라는 생각이 들겠지만, 이 세상에 좋은 아기, 나쁜 아기가 어디 있겠는가? 모든 아기들이 다 소중하고 귀한 인격체다. 아기는 저마다의 고유한 특성을 가지고 있을 뿐이다.

그러므로 부모, 특히 엄마는 자녀의 고유한 기질과 성격 특성에 맞추어 양육하되 건강하지 않은 기질은 온정적인 양육태도와 아이의 기질에 맞추어주면서 변화시켜야 할 것은 바꾸도록 도와야 한다. 예를 들어, 너무 예민하고 까칠한 기질, 무서움을 많이 느끼는 기질, 산만한 기질 등은 인내심을 가지고 오랜 시간 꾸준히 도우면서 좀 더 잘 적응하도록 도와주어야 한다. 아이들의 기질과 성격은 변한다. 변화가 없다면 교육은 필요 없는 것이 되어 버린다. 좋은 양육자와 교사, 상담자, 그리고 성령님의 도우심으로 인생은 변화할 수 있다. 그러므로 자녀의 좋지 않은 부분을 변화시키기 위해서 어떻게 해야 하는지 연구하고 배워야 한다. 그런 면에서 좋은 부모는 꾸준히 노력하고 배우며, 스스로도 성장하고 변화하는 부모인 셈이다.

혼자서 조용히 놀기를 좋아하는 아기에게는 조용한 환경에서 혼자 지낼 수 있는 환경을 제공해주고, 활동하기를 좋아하고 강한 자극을 좋아하는 아이는 활동을 많이 하도록 하는 것이 좋다. 여기에서 중요한 점은 같은 부모에게서도 다른 기질의 자녀가 태어나는데 부모가 자녀의 기질을 싫어할 때 자녀의 인격 형성에 문제가 될 수 있다. 내 자녀인데도 나(또는 배우자)와 전혀 다른 기질을 가지고 태어난 것은 조부모나 다른 가족의 성격을 물려받았거나, 부모의 기질이 잠재되어 있다가 나타나기도 한 것이다. 나와 다른 기질과 성격을 가진 자녀를 보고 부정적으로 생각하면 자녀는 건강하게 성장할 수 없다. 속으로는 맘에 안 들지만 겉으로 표현은 안 해도 된다고 생각하는 것도 오산이다. 어린 자녀는 직관이 발달되어 있어서 표현을 하지 않더라도 느낌으로 부모의 마음을 알아차리는 경우가 많다. 예민한 아이인 경우 그것을 더 잘 알아차린다.

자녀의 기질과 부모의 양육이 조화 적합성을 보일 때 건강하게 성장한다. '조화 적합성(goodness of fit)'이란 개인의 기질과 환경적 요구가 조화를 이룰 때 발달이 잘 된다는 개념으로 종종 '왈츠 추기'로 비유된다. 각자가 아무리 춤을 잘 춘다 해도 서로 따로 논다면 제대로 된 왈츠를 출 수 없다. 서로 상대방의 스타일을 존중하고 맞춰줄 때 훌륭한 춤을 추게 되는 것과 같다. 그러므로 나와 기질이 다르고 나와 맞지 않는 자녀라 하더라도 "쟤는 왜 저런지 모르겠네."라고 생각하지 말고 훌륭한 작품을 감상하듯, 자녀가 가지고 있는 고유한 기질을 긍정적으로 봐 주어야 한다.

자신을 잘 모르는 사람은 자녀에 대해서도 모를 가능성이 많다. 거꾸로 말한다면 자신을 잘 알고 있는 사람은 타인, 특히 자녀에 대해서도 잘 알고 있을 가능성이 많다. 자녀 문제로 상담을 오는 부모님에게 자녀에 대해 여러 질문을 하면, "글쎄요, 그건 잘 모르겠는데요."라고 말을 하는 분들이 있다. 물론 모를 수도 있지만 알 수 있는데도 모른다고 말을 하는 경우가 많다. 그래서 상담 중에 이런 분을 만나면, "네, 잘 모를 수 있으시죠. 그래도 아주 작은 거라도 자녀가 이럴 때는 어떻게 행동하고, 어떤 말을 하는지 생각해보고 얘기해주시면 좋겠네요. 아주 작은 것이라도 상담에 많은 도움이 되거든요."라고 하면서 알고 싶은 마음이 들도록 이끈다. 모른다고 말하면 진짜 모른 채 살아가게 된다. 모르는 것도 알려고 주의를 기울이면 알게 된다.

그래서 좋은 엄마는 무엇보다 자신의 자녀에 대해 민감성이 있어야 하는데, 민감성을 키우는 최상의 방법은 '온 감각을 동원하여 주의를 기울이는 것'이며, '사랑과 정성을 모아 알기 위해 애쓰는 것'이다. 그러므로 두 눈을 반짝이고, 두 귀와 모든 감각을 총동원하여, 정성을 다해 관찰하고 자녀의 감정과 마음, 그리고 행동을 알기 위해 노력해보자. 이러한 노력을 하다 보면 처음에는 모르더라도 시간이 갈수록 정보가 쌓여지고 감각이 발달되어 자녀를 잘 알게 될 것이다.

2) 사랑을 표현하기

사랑은 반드시 표현되고 전달되어야 한다. 전달되지 않는 사랑은 아무 소용이 없다. 마치 종이 울려야 종의 역할을 감당하듯이 사랑은 표현되어야 그 효과가 발휘된다. 마음속에 사랑을 가지고 있어도 표현하지 않으면 자녀는 사랑을 전혀 느끼지 못한다.

"너는 참 귀하구나." "어이구 귀해라." "정말 사랑스럽다." "엄마는 너만 보면 좋다." "아빠가 피곤했는데 우리 아들(딸)을 보니 피곤이 싹 가시는구나." "네가 없었으면 어쩔 뻔 했을까?" 이런 표현 속에는 부모가 어떠한 일이 있어도 나를 사랑한다는 귀한 메시지가 들어 있다.

바람직한 부모는 사랑을 주고 사랑을 느끼도록 하는 부모다. 부모에게 사랑을 느끼지 못하고 자라난 자녀는 거부적인 행동과 함께 공격적인 성향을 보이는 데 반해 부모의 충분한 사랑을 받고 자란 자녀는 수용적이며 이해력이 높은 편이다. 자녀들에게 사랑을 느끼게 하려면 사랑의 언어를 사용해야 한다. 그리고 '아무런 조건 없이' 칭찬과 격려를 해주어야 한다. 이것은 존재 그 자체에 대한 지지다.

그리고 '조건이 있는' 칭찬도 필요하다. 이것은 자녀들에게 '네가 이러이러한 일을 해서 고맙다.'고 하는 것이다. 예를 들면 "동생이 울었을 때 네가 어린 여동생을 달래 주는 게 참 보기 좋더라." "네가 그린 그림이 정말 멋지다." "노래를 정말 잘하네." 등의 말이다. 아이가 보여준 행동을 가지고 칭찬할 때 아이는 자신감이 생기며, 계속해서 칭찬받는 행동을 하고 싶은 마음이 들어 정적인 강화를 받는다. 사랑과 함께 자녀의 자율성을 존중하는 태도가 함께 있을 때, 애정적이면서 동시에 자율적인 태도를 가지고 있을 때 자녀가 건강하게 자랄 수 있다.

3) 충분히 칭찬하고 적절히 훈계하기

'자녀는 칭찬을 먹고 자란다.'라는 말이 있듯이 우리 자녀들은 매일 칭찬을 들어야 건강하게 성장한다. 칭찬은 칭찬받을 만한 일을 했을 때 즉각적으로 칭찬하고, 실수했을 때는 질책하는 대신 약한 부분을 도와주고 계속해서 격려하는 것이 중요하다. 인정을 받고 칭찬을 받으면 힘이 난다. 자녀를 칭찬하면 아이가 교만해지거나 건방져지면 어쩌나 염려하는 부모는 마음껏 아이를 칭찬하기가 어렵다고 말한다. 진심으로 칭찬받은 아이는 자존감이 높아서 부모의 책망을 들을 수 있다. 칭찬을 주고 사랑을 주었을 때 훈계를 할 수 있다. 즉 마음껏 칭찬한 부모만이 책망할 자격이 있는 것이다.

자녀가 모르고 실수했을 때 "괜찮다."고 꼭 말해 주어야 한다. 많은 부모들이 자녀의 실수를 용납하려고 하지 않는다. 자녀가 컵을 깨뜨렸을 때, "너 또 실수했구나." "왜 그렇게 부주의하니?" "엄마가 조심하라고 그랬지?"라고 무심코 던진 말들에서 자녀는 실패에 대한 두려움과 거부감을 느낀다. 실수하지 않는 사람은 아무도 없다. 실수는 배움의 기회이기도 하다. 실수를 해서 그 실수를 극복했을 때 더 성장하고 발전할 수 있다.

자녀가 실수했을 때 "괜찮아, 다치지 않았니?" "사람은 누구나 실수하는 거야. 그러니 실수를 겁내지 마라." "엄마도 실수하고 아빠도 실수해."라고 말해주면 자녀는 두려움 없이 새로운 도전을 시도하며 건강하게 자라날 수 있다. 또한 자신의 실수뿐 아니라 다른 사람의 실수까지도 용납하는 마음을 가질 수 있다.

칭찬과 함께 잘못했을 때는 적절하게 훈계하는 것도 필요하다. 훈계할 때는 원칙을 가지고 훈계하며, 훈계하기 전에 이런 경우는 혼난다는 사실을 미리 알려주어야 자녀가 인격에 상처를 받지 않는다. 잘못한 것을 혼내더라도 인격은 존중해야 한다. 성경적 훈계는 죄는 미워하되 죄인은 사랑하는 것이다. 즉 잘못은 책망하지만 잘못을 저지른 그 자녀는 여전히 용납받고 사랑받고 존중받아야 할 존재임을 느끼게 해 주어야 한다. 진정한 훈계는 잘못된 행동을 저지르는 자녀를 거부하는 것이 아니라 잘못된 행동 자체를 수정하는 것에 목적을 두어야 한다. 예를 들어, 거짓말하는 자녀에게, "엄마(아빠)는 여전히 너를 사랑하지만, 거짓말하는 것은 옳지 않다."라고 단호하고 강하게 말하면서도 마음은 사랑의 자세를 가져야 한다. "거짓말 하는 너는 아주 나쁘다." 또는 "너는 거짓말쟁이."라고 말하는 '너 메시지'로 말해서는 안 된다. 나쁜 일을 저질러도 내 존재는 거부되지 않고 여전히 사랑받고 존중받는다는 확신이 있어야 훈계가 효과적이다. 존재에 대해서는 뭐라 하지 말고 잘못된 행동만 지적하도록 하고, 훈계하기 전에 자녀의 이야기를 한번 들어보는 것도 인격 존중의 방법이다.

자녀를 훈계할 때, 엄마와 아빠가 불일치를 보이면 훈계는 효과를 보기 어렵다. 이를테면 아빠가 자녀를 훈계하는데, 엄마가 아이를 감싸면서 "당신은 뭐 잘했다고 아이한테 그러느냐."고 말한다면 자녀는 눈치를 보며 자신에게 유리한 쪽으로 회피한다. 이때 아이는 훈계에 대한 혼돈된 메시지를 전달받고, 그렇게 되면 훈계는 효과가 없으며 부모 모두 권위를 잃게 된다. 효과적인 훈계를 위해서는 부모가 서로 자녀의 잘못된 행동에 대한 사전 대화가 필요하며 대화 후에는 누가 이 문제를 훈계할 것인가를 결정하는 것이 좋다. 그리고 한 사람이 훈계할 때 다른 사람은 간섭해서는 안 된다.

훈계할 때, 다른 사람과 비교하면 오히려 역효과만 생긴다. 누구나 자신이 남과 비교당하면 분노하는 마음이 생기기 때문이다. "누구 집 아무개는 이번에 일등 했다더라." "그 집 아이는 공부도 잘하고 부모 말도 얼마나 잘 듣는 지 몰라." 이런 말은 삼가야 한다. 더욱이 같은 형제나 자매를 놓고 비교하는 것은 금물이다. 형제자매 사이에 경쟁과 미움과 불화를 일으키기 때문이다.

자녀가 성장해 갈수록 훈계는 더욱 인격적이어야 한다. 10세만 넘어도 단순한 체벌만으로는 행동 수정이 어렵다. 자녀가 마음에 감동을 받을 때 진정한 훈계가 될 수 있다. 자녀가 클수록 마음에 동의가 되지 않으면 행동의 변화도 뒤따르지 않기 때문에 진솔한 대화와 진심을 담아 호소해야 효과가 있다. '부모님은 어떠한 일이 있어도 나를 사랑하신다.'는 것이 가슴으로 느껴질 때 자녀는 감동을 받고 자발적으로 자신의 행동을 성찰하고 변화하려는 마음이 생기는데 이것이 가장 좋은 훈계의 결과다. 이것은 말로 설명하는 것이 아니라 부모의 얼굴 표정에서, 동작에서, 눈빛에서 드러나야 한다. 부모가 화를 내면서 꾸짖는 것이 아니라 내면에서 사랑의 동기로 훈계하는 것을 알아차리도록 대화해야 한다.

화가 날 때는 잠시 시간을 두고 분노의 감정을 다스린 후, 부드러운 마음 상태가 되었을 때 훈계해야 자녀에게 상처를 주지 않을 수 있다. 어떤 분은 죄책감을 불러 일으켜서 변화를 유도하기 위해 자녀가 얼마나 잘못했는지 부풀리기도 하는데, 이렇게 되면 자녀는 반발심을 가지거나 의기소침해지거나 부모에게 거리감을 느낄 뿐이다. 부모의 부정적인 감정과 행동은 자녀에게 공포를 자아내게 만들며 이런 과정이 지속되면 자녀의 마음속에 지울 수 없는 상처를 만들면서 부모에 대해 적개심을 품게 된다는 것을 기억하자.

4) 인격적인 태도 유지하기

바람직한 부모는 부모 역할에 대하여 분명한 인식을 가지고 있으며, 자녀 양육에 대한 충분한 지식과 이론적 바탕 위에서 자녀와 인격적인 관계를 유지하려고 한다. 아동은 하나의 인격체다. 이 말은, 아동은 자신과 타인에 대하여, 그리고 자신의 주변에서 일어나는 일에 대하여, 그리고 세상의 변화에 대하여 느끼고 있으며, 미약하고 불완전하지만 나름의 생각을 가지고 있다는 말이다. 그런데 부모들은 아동에 대하여 무심할뿐더러 아동 자체에 관심을 갖기보다 부모의 기대와 원함을 아동이 얼마나 잘 따라오는지에 모든 관심을 기울이고 있는 것 같다. 이것은 아동을 인격체로 대하는 태도가 아니다. 아동은 자신을 인격체로 대하지 않을 때 상처를 받으며 문제를 일으킨다.

상담을 하면서 느끼는 것은 대부분의 부모가 자신의 자녀를 인격적으로 대하지 않는 것 같다. 참으로 안타까운 일이 아닐 수 없다. 부모가 자녀에게 인격적인 태도로 양육하려면 인격적인 하나님의 무한한 사랑인 아가페를 끊임없이 공급받아야 한다. 인격적인 태도는 하나님과의 개인적이고 인격적인 만남에서 시작되며 완성될 수 있다. 인격적인 만남을 추구하는 사람은 하나님 앞에서나 다른 사람, 그리고 경우에 따라서는 자녀에게라도 자신의 결점과 약점까지 정직하게 고백할 수 있는 겸손의 사람이다. 그리스도께 삶을 의뢰하고 주께서 불완전한 나를 인도하시는 것을 온전히 믿음으로 받아들이는 것처럼, 다른 사람에 대해서 그렇게 믿어주는 사람이 바로 인격적인 사람이다. 부모인 내가 이러한 인격적인 만남과 관계를 하려는 결단과 수고가 있을 때 나의 자녀도 인격적인 관계를 맺어갈 수 있을 것이다.

5) 스트레스를 받고 있는 자녀 이해하기

부모들은 아동이 환경에 얼마나 민감하며 부적절한 환경에 상처를 받는지 모르고 있다. 부모들은 아이들이 친구로부터 거절당할 때 얼마나 힘들어하는지, 심지어는 죽고 싶은 마음을 가질 때도 있는데, 모르는 경우가 많다. 물론 아동의 고민, 압박감, 스트레스 그리고 책임감은 어른만큼 크지는 않다. 그러나 아동이 아직 어리다는 것을 고려해 볼 때 이들이 느끼는 무게감은 결코 작다고 할 수 없다. 어른과 아동은 신체적으로나 심리적으로 감당할 수 있는 크기가 다르다. 몸무게가 100kg인 사람이 30kg짜리 쌀가마니를 드는 것과 몸무게가 30kg인 아동이 30kg짜리 쌀가마니를 드는 것을 비교해 보라. 아동은 그 무게를 감당할 수가 없다. 아동은 5분의 1에 해당하는 6kg짜리 쌀도 감당하기 힘들 것이다.

이와 같은 원리가 작용하기 때문에 아동이 현재 겪고 있는 문제가 부모의 문제의 반의 반 밖에 안 된다 하더라도 아동에게는 부모만큼 또는 부모보다 더 큰 무게와 짐을 지고 살아가는 것과 같다. 그런데 부모들은 아동의 삶의 무게를 자신의 삶의 무게와 비교하면서, 아동이 아직 힘이 없고 연약한 것은 생각하지 않고, 무엇이 힘드냐고 하거나, 아예 힘들지 않을 것이라 생각하면서 아이가 느끼는 대로 들여다볼 생각을 하지 않는다.

이와 반대로 아동의 연약함을 너무 크게 공감한 나머지 아동에게 힘든 일은 아예 시키지 않고 부모가 힘든 것을 대신 해 줌으로써 청소년이나 청년이 되어도 여전히 연약한 아동으로 살게 끔 하는 경우도 많다. 그리고 그 아동이 청년쯤 되었을 때 갑자기 '네 인생이니 이제 네가 책임지고 살아가라.'고 요구하거나, 성인이 되어서도 부모가 책임질 테니 힘든 일은 하지 말라고 응석받이로 키우는 경우도 있다. 만약에 부모가 이렇게 양육했다면 그 아동은 지금 고통을 겪고 있을 것이다. 또는 부모가 생각한 그대로 (문제가 있는데도) 문제가 없다고 여기며 살아가고 있을 수도 있다. 그리고 나서 한참 후에, 또는 1~2년 후에, 숨겨둔 문제가 '쾅'하고 폭발해버리거나, 아무 생각 없이 살아가는 것으로 나타날 수도 있다.

그러므로 좋은 부모나 좋은 교사가 되고 싶은 사람은 자녀(학생)의 특성을 알고, 그들에게 필요한 것이 무엇인지 배우고, 올바로 양육해야 할 것이다. 그리고 그동안 잘못 행동한 것이 있다면 자책이나 자기비하로 가지 말고 새롭게 배워서 새로운 관계를 만들기 위한 결심을 하도록 해야 한다. 부모(교사)가 변화를 위해 노력하고 실천할 때 자녀(학생)는 새롭고 아름답게 변화될 수 있다.

6) 문제의 수용 수준 높이기

토마스 고든(Thomas Gordon)은 아이들도 성인과 마찬가지로 인간이기에 사려 깊게 대해야 하며, 인간적인 면에서 미성숙한 존재가 아니라 성장과정에 있는 존재로 존중받아야 한다고 하였다(Gordon, 2000). 부모와 자녀의 관계는 부모의 노력만으로 이루어지는 것도 아니고 자녀의 노력만으로 이루어지는 것이 아니라 상호작용에 의해 결정되므로 양면을 고려해야 한다고 하였다. 그리고 갈등이 있을 때는 문제의 소유자를 분명히 파악하여 해결할 것을 제안하면서 PET(효율적 부모훈련: Parent Effectiveness Training) 훈련을 제안하였다.

이 훈련에서는 먼저 문제의 수용 수준을 파악하여 부모가 수용 수준을 높여야 갈등을 원만히 해결할 수 있다고 말한다. 아래 그림에서 볼 수 있듯이 같은 종류의 행동도 B부모는 문제로 여기고, A부모는 정상적 행동으로 여긴다. 수용 수준이 낮은 부모는, 수용 수준이 높은 부모보다 자녀를 문제아로 보는 경향이 높다. 부모는 자신의 수용 수준이 어느 정도인지 파악하여 수용 수준을 높이려는 노력을 해야 한다.[21]

---

21) 자녀의 행동을 수용하는 수준은 부모들의 기분, 집안환경, 사회 분위기에 따라 변화하고 자녀의 출생순위에 따라서도 달라지는데, 첫째 아이의 행동과 막내 아이의 행동을 판단하는 기준이 다른 것이 그 예다.

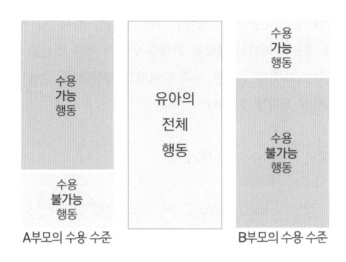

[그림 12-2] 자녀의 행동에 대한 수용성 수준

　수용 수준을 파악한 다음에는 문제의 소유자를 찾아서 해결해야 한다. 부모-자녀 관계에서의 문제해결에 선행되어야 할 과제는 문제가 누구에게 있는지를 가려내는 것이다. 이는 누가 문제인지에 따라 문제해결을 위한 기술, 즉 부모의 역할이 달라지기 때문이다. 문제는 부모 혹은 자녀에게 있는데 자녀의 어떤 행동이 스트레스가 되거나 욕구충족에 방해가 되었다면 문제의 소유자는 부모다. 이 경우 부모는 자신의 생각과 감정을 자녀에게 솔직하게 표현하는 '나 전달법'을 사용하여 문제를 해결한다. 반면, 문제 소유자가 자녀인 경우에는, 자녀의 문제에 귀를 기울이는 반영적 경청의 방법을 통해 부모와 자녀가 좋은 관계를 유지하면서 해결책을 제시해 주면 된다.

　자녀를 양육하는 부모들이 어려움을 느끼는 이유는 아이들이 소유한 문제를 부모의 문제로 받아들이고 해결해 주려고 하기 때문이다. 비록 아이라 할지라도 부모가 문제를 다 해결해 줄 수 없으며, 있다 하더라도 부모가 떠안아 해결해 주면 아이의 적응력을 발달시키지 못하는 결과를 초래한다. 아이들은 어른들이 생각하는 것 이상으로 자신의 문제를 현명하게 처리할 수 있는 능력이 있다. 또 미래에 부딪히게 될 문제들을 해결해 나가려면 어려서부터 문제를 해결하는 경험을 해야 한다. 이렇게 함으로써 부모들은 객관적인 태도를 갖고 아이를 심리적으로 도와줄 수 있다.

건강한 부모는 자녀의 문제에 대해 높은 수용성을 가지고 자녀를 바라보는 부모다. 문제에 대한 수용성이 크다는 것은 문제를 무조건 덮어둔다는 것이 아니라 현실적인 시각과 합리적인 시각으로 문제를 파악하되 아이를 수용해준다는 것이다. 자녀는 성장해감에 따라 무수히 많은 실수를 하고 시행착오를 겪는다. 시행착오를 많이 겪으면 겪을수록 그것을 통해 배우고 교훈받는다. 건강한 부모는 자녀가 문제가 있다 하더라도 자녀를 한 인간으로 존중하면서 대화하고 소통하면서 문제를 해결해 나갈 수 있는 힘을 키워준다. 그리고 자녀의 문제는 자녀 스스로 문제를 해결해나가도록 능력을 키워주며, 부모와 자녀의 관계가 서로 존중하고 도움을 주고받는 관계로 발전시켜 나가도록 한다.

13장

건강한 의사소통

    가족이 사랑의 소통을 하려면 자신의 감정과 기분을 자유롭게 표현할 수 있도록 해야 하며, 어떤 이야기를 해도 안정감이 있고 보호받을 수 있는 환경이 조성되어야 한다. 아무 조건 없이 지지하고 배려하는 관계가 형성이 되어 있을 때 열린 마음으로 소통을 할 수 있다. 그런데 의사소통이 건강하지 않으면 아동은 심리적으로 많은 문제를 갖게 된다.

1. 건강하지 않은 의사소통

건강하지 않은 의사소통을 방어적 의사소통이라고 하는데 방어적 의사소통은 자신을 보호하기 위해 무의식적으로 행하는 소통방식을 의미한다. 사랑받고 있고 자신을 믿어주는 사람 앞에서는 방어하지 않아도 되는데, 방어를 하고 있다는 것은 잘하지 못하면 사랑과 인정을 받을 수 없다는 인식이 생긴 것이다. 그래서 방어적 의사소통은 상처받지 않기 위해서 자신의 마음을 숨기고, 혼나지 않기 위한 방어전략을 쓰는 것이다. 그래서 자신의 진짜 마음도 잘 모르고, 자신이 무엇을 잘못하는지도 모른 채 타인의 기분과 타인의 말에 예민해지게 되어 자기(Self)를 잃어버린 채 살아가게 된다. 이렇게 되면 예민한 성격이 되어 타인에게 방어적이 되는 것이다. 타인이 자신을 공격한다고 여길 때 자신도 모르는 사이에 상대방을 공격하게 된다. 그러다 보면 상대방은 자신이 받은 모멸감과 상처에서 벗어나려고 다시 맞서며, 그 과정에서 더 방어적인 태도를 취하게 되는 악순환이 이어진다.

다음은 건강하지 않은 소통방식들이다(Humphreys, 2004).

1) 판단 소통

판단 소통은 지배하려고 하는 부모나 배우자가 자주 사용하는 대화방식이다. 판단 메시지는 자신의 생각이나 마음은 숨기고 상대방을 일방적으로 복종하게 하려는 협박적 메시지다. 협박의 메시지는 주로 비난과 무시, 경멸과 통제, 정죄의 분위기로 이루어진다. 판단 소통의 예로는, "넌 어디다 쓰겠니?", "너 그러는 거 누가 알까 부끄럽다!", "이 게으른 놈아, 너처럼 형편없는 놈은 처음 본다. 정말!", "넌 왜 그렇게 지저분하니?" 등이 있다. 이러한 소통 방식은 받는 사람에게 낮은 자존감을 갖게 하고 무시받는 느낌을 갖게 한다.

2) 통제 소통

통제 소통은 남을 지배하려는 사람이나 지나치게 헌신하는 사람 모두 자주 쓰는 소통방식이다. 지배하려는 목적이든 헌신하려는 목적이든, 통제 메시지는 상대방에게 초점을 맞춤으로써 자신의 위험부담을 줄이고 자신의 나약함을 숨기는 기능을 한다.

<표 13-1> 통제 소통 방식

지배하는 사람의 통제 메시지	헌신하는 사람의 통제 메시지
"이건 부탁이 아니라 명령이야. 시키는 대로 해"	"무슨 일 있니?(너의 모든 것을 알고 싶어)"
"그게 뭐니? 그 색은 너하고 전혀 어울리지 않아."	"오늘 나 보고 싶었어?"
"내가 너라면 이렇게 말하겠다."	"어째 한 번도 전화하지 않니?"

3) 중립 소통

중립 소통은 감정 표현이 적고 사실적인 이야기를 주로 나누며, 애정 표현을 전혀 하지 않는 가족에서 많이 볼 수 있는 소통패턴이다. 가족 누군가가 진실한 감정을 드러내어도 전혀 반응을 보이지 않거나, 못 들은 척하거나, 대화의 주제를 바꾸거나, "감정표현이 지나치다.", "이기적이다.", "또 히스테리야."라고 말하면서 대화를 끊어버린다. 감정을 보이는 것은 이들에게 큰 위협이다. 이런 부모 밑에서 자란 아이도 감정 표현에 아예 반응을 보이지 않거나 다른 곳으로 화제를 돌리거나 무시하는 것과 같은 비슷한 반응을 보인다. 이들은 메시지를 주고받지 않고 주로 침묵하는 패턴을 보이기에 겉으로 드러난 메시지나 숨어있는 메시지, 둘 다 알 수 없는 특징을 보인다.

4) 우월 소통

가족 안에서 우월적으로 행동하는 사람은 역설적으로 자신 안에 열등감 콤플렉스가 있는 경우다. 우월 소통은 지배적인 관계유형에서 자주 나타나는데 자신의 열등감을 숨기고 보호하기 위해 자신의 우월감을 드러내려 한다. 우월 소통을 하는 사람의 대화 방식은 굉장히 확신에 차 있다. 지배적인 부모와 헌신하는 부모 모두에게서 나타나는데 지배적인 부모는 자신의 욕구가 우선되어야 한다고 단언한다. 반면 헌신하는 부모는 "네 욕구가 나보다 훨씬 더 중요하다."고 단언한다. 공생가족에서도 "가족은 똑같이 생각하고 행동해야 해. 인생에서 가장 중요한 것이 가족이야."라며 굳은 신념을 드러낸다. 이런 메시지에는 빠져나갈 틈이 없다.

<표 13-2> 우월 소통 방식

우월 메시지	숨은 메시지
"뭐든지 나한테 상담하러 와."	"될 수 있으면 나를 보러 꼭 좀 와."
"그 문제에 대해선 내가 다 알아."	"제발 나의 약점은 보지 마."
"나보다 큰 도움을 줄 수 있는 사람은 없을 걸."	"네가 날 좋아해주면 정말 좋겠어."

5) 모순 소통

방어적인 소통 패턴 중에서 가장 혼란스런 형태가 모순 소통이다. 평상시에는 자상하고 사랑이 많은 부모가 갑자기 화를 내면서 무서운 눈빛으로 째려보는 경우, 말은 안했어도 분위기로 사람을 죽이는 것이다. 좋은 말을 하는 것 같으나 차갑고 냉정한 목소리로 공포심을 조장하는 부모가 바로 모순 소통을 하는 경우다. 이것이 이중구속 메시지, 즉 말과 행동이 다른 메시지다. 말의 내용은 말과 목소리, 그리고 얼굴 표정으로 전달된다. 그런데 그 비중은 말이 7%, 목소리(말의 톤이나 강약)가 38%를 차지하며 나머지 55%는 얼굴 표정(눈짓, 몸짓)이 차지한다. 언어적 요소가 중요한 것 같지만 실제로 대화에서 언어적 요소가 차지하는 분량은 7%밖에 안 된다. 나머지 93%는 비언어로 전달이 된다.

아버지가 아들의 생일선물을 사 와서, 아들이 선물을 뜯어봤더니 넥타이가 두 개 들어 있었다. 기쁜 마음에 넥타이 하나를 매고 거실로 나와 말한다.

"아빠, 이것 봐."

아버지는 무표정하고 차가운 표정으로 이렇게 말한다.

"다른 건 마음에 안 드니?"

기쁜 마음으로 매고 나왔는데 다른 건 마음에 안 드는지 물어보니, 뭐라고 답할 수가 없다. 이중 메시지는 말과 느낌이 다른 모순된 방식으로 메시지를 전달하기에 어떤 말과 어떤 행동을 해야 할지 혼란에 빠진다. 표정은 굳어 있어 전혀 반갑지 않은데 사랑한다고 말하면서 차갑게 아이를 대하면 서로 엇갈리는 메시지를 보내는 모순 소통이다.

<표 13-3> 모순 소통 방식

모순 소통	전달되는 메시지
"(화가 난 표정으로) 괜찮아. 됐어. 그만둬."	"어떻게 하라는 거지? 그만하라는 건가? 된 건가? 어떻게 해야 될지 모르겠다."
"(무표정한 태도로) 반갑다. 아들(딸)"	"내가 반가운지 안 반가운지 모르겠다. 어떻게 하지?"
"(아주 힘이 없는 목소리로) 사랑해. 엄만 너 밖에 없는 거 알지?"	"엄마는 나 밖에 없다고 하니까 엄마를 위해 살아야지. 그럼 난 뭐가 되지?"

6) 자기화

자기화는 상대방의 메시지를 내 것으로 만들어 순응하는 소통 패턴이다. 예를 들어, 상대방이 "당신은 너무 이기적이야."라고 말하면 그 말을 자기 것으로 받아들여 '내가 너무 이기적인 사람'이라고 의심 없이 믿어버린다. 비난을 들으면 자신에 대한 메시지가 아니라, 상대방이 성질이 나쁘다든지, 내가 무슨 잘못을 해서 화가 났다고 생각하면서 관계의 진전을 위해 애쓰면 되는데, 이러한 패턴을 가진 사람은 '내가 문제'라고 생각하면서 자기 탓을 하곤 한다.

<표 13-4> 자기화 소통 방식

상대방의 메시지	자기화의 예
"넌 너무 이기적이고 못됐어."	"(실제로 이기적이고 못됐는지 생각해보지도 않고) 그래 난 못됐으니 사람들이 날 싫어하겠네."
"넌 그렇게 못생기고 공부 못하니 누가 널 좋아하겠니?"	"(다른 사람에 비해 못생기거나 공부를 못하는 편이 아닌데도) 우리 집에서 내가 제일 문제야. 난 무가치한 존재인가 봐."

방어소통의 7가지 유형을 보면서 각 가정에서는 어떤 소통 방식을 사용하고 있는지 살펴볼 필요가 있다. 다음의 방어 행동과 숨어있는 메시지는 화목하지 않은 가족에서 일상적으로 일어나는 상황이다.

\<표 13-5\> 방어 행동과 숨은 메시지

아이들의 방어 행동	부모에게 보내는 메시지
가능한 한 밖에서 시간을 보내며 부모와 마주치려 하지 않음	'곁에만 가면 당신은 늘 내 마음을 아프게 해!'
지나칠 정도로 부모의 비위를 맞추려 함	'당신이 원하는 걸 다 해줄게. 그러면 날 받아주고 더 이상 상처 주지 않을 거지?'
반격 (불같은 부모의 성질에 불같이 대항하기)	'나도 당신처럼 행동할게. 그럼 날 공격하지 않고 인정해 줄거지?'
공상 속에서 살기	'당신과 함께하는 현실에서는 그 어떤 행복도 느낄 수 없어.'
망상 또는 환각 (자신이 특별한 존재라고 믿거나 세상 사람이 모두 자신을 안다고 생각)	'내가 나 자신이 아니라 다른 사람이 되면 인정해 줄 거야?'
약이나 술에 의존하거나 환각제를 복용	'맨 정신으로는 당신에게 거부당하는 아픔을 도저히 참을 수가 없어. 정신이 몽롱하면 그나마 아픔을 달랠 수 있지.'
병이나 사고를 냄	'내가 아프면 이제 날 받아들여줄 거지?'
냉담 또는 무관심	'아무 신경도 쓰지 않으면 문제 될 것도 없잖아.' 또는 '이 집에서는 뭘 해도 욕을 먹으니 아예 잠자코 있는 편이 낫지.'
절도, 강도, 폭력, 성폭행 등 사회 일탈행위	'당신의 강요가 날 이렇게 만들었어. 어때? 이제 속이 시원해?' 또는 '당신이 내게 가르친 게 바로 이거잖아.'

2. 건강한 의사소통

가족 안에서 서로 소통이 잘 되고 있다면 아이는 건강하게 자랄 수 있다. 부모는 자녀와 대화할 때 다음의 사항을 염두에 두고 대화하도록 노력해야 한다.

1) 판단하지 않기

나쁜 행동이든 올바른 행동이든 상대방의 행동에 대해 이야기할 때, 이야기의 초점을 상대방을 판단하거나 정죄하지 않는 태도를 유지해야 한다. 소통을 할 때 판단을 하면 상대방은 죄의식과 양심의 가책을 느끼거나, 자신이 적절치 못하다는 느낌을 받기 때문에 자아존중감이 손상된다. 판단하는 말은 다음과 같은 것들이 있다.

<표 13-6> 판단 유형 메시지

판단 유형	예
딱지 붙이기	"이런 미련한 것 같으니." "아주 못됐네. 아주 이기적이야." "왜 그렇게 공격적이니?" "정말 구제불능이구나."
흠잡고 비난하기	"왜 만날 대드니?" "늘 네 생각만 하지." "잘난 체하지 마." "너 같은 애가 내 자식이라니…"
해석하기	"너 지금 나 성질나게 하려고 일부러 그러는 거지?" "지금 나 무시하는 거냐? 도대체 뭐냐?" "꾀병 부리지 마라, 다 보인다!"

판단하지 않고 대화하면 전달하는 메시지도 분명해지고, 관계는 온전하게 유지된다. 또한 협상이 가능해서 소통이 잘 된다.

2) 어떤 말이든 수용하기

어떤 말이든 수용하는 소통은 상대방을 자기 마음대로 움직이고 통제하려고 하지 않는다. 누구나 자신의 관점, 생각, 의견, 감정 등을 표현하고 자기 방식대로 행동하도록 허용한다. 수용하는 소통을 하려면 다음 사항을 지켜야 한다(Humphreys, 2004).

- 상대방을 강요하거나 통제하려고 하지 않는다.
- 상대방이 요구하지 않는 한 조언하지 않는다.
- 상대방의 행동에 흠을 잡고 비난하지 않는다.
- 자기 뜻대로 상대방을 움직이기 위해 속이거나 조종하지 않는다.
- 자신의 생각, 욕구, 감정 등 마음껏 드러낼 수 있도록 허용한다.

3) '나 메시지' 사용하기

'너 메시지'는 자신에 대해 낮은 자존감을 갖게 하며 말하는 사람에 대해서 반발심을 일으키게 한다. 비효과적인 메시지를 자세히 조사해 보면 놀랍게도 대부분의 경우에 '너'라는 단어로부터 시작하거나 '너'가 생략되어 있다는 사실을 발견할 수 있다(심수명, 2012).

다음은 '너 메시지'의 예들이다.

'(너는) 게으르다, 칠칠치 못하다, 멍청하다.'

'(너는) 골칫덩어리, 계집애가 어디…….'

'(너는) 쪼그만 게 뭘 안다고…….'

'(너는) 지만 아는 욕심쟁이, 바보, 미친 놈'

'(너는) 귀찮은 자식, 지저분한 놈, 게으르고 느린 놈'

'(너는) 경솔하다, 무분별하다, 머리가 나쁘다, 배짱이 없다, 못났다'

'(너는) 꼭 지 아비 닮아가지고…….'

'나 메시지'를 사용하면 듣는 사람이 부정적인 느낌이 들지 않을 뿐만 아니라, 말하는 사람의 의도가 분명히 전달된다. '나 메시지'가 되기 위해서는 다음의 3가지 요소를 갖추어야 한다.

첫째, 상대방의 행동에 대해서 비난하거나 판단하지 않고 단순한 진술로 시작한다.

둘째, 앞에서 말한 '행동적 묘사' 뒤에 '분명한 결과'를 덧붙인다.

셋째, '너의 행동' 때문에 가지게 되는 '나의 느낌'을 진술한다.

예를 들어서, "네가 마감 시간을 지키지 않아서(행동적 묘사), 나는 조급한 마음으로 몇 시간을 기다렸고(분명한 결과) 그래서 지치고 화가 났어(느낌)."

이러한 세 가지 구성요소를 잘 연계하는 것이 중요하긴 하지만, 꼭 이대로 하지 않더라도 '나 메시지'로 말할 때, 나의 입장과 감정을 진실하고 솔직하게 전달하여 상대방과 소통이 되도록 하면 된다.

일상적인 '너 메시지'를 '나 메시지'로 바꾸어 보면 다음과 같이 표현할 수 있다.

<표 13-7> '너 메시지'와 '나 메시지'

'너 메시지'	'나 메시지'
공부 좀 해라, 공부 좀.	네가 공부하지 않고 노는 것 같아서 답답해.
어디서 말대꾸야.	네가 자꾸 말대답을 하니까 속상해.
너 도대체 커서 뭐가 될래.	네 행동 때문에 걱정이야.
네가 웬일이니, 공부를 다 하게.	네가 공부하는 모습을 보니 너무 기뻐.
넌 왜 늘 그 모양이니.	네가 예전보다 좀 달라졌으면 좋겠어.
한번만 더 그래봐, 가만두지 않겠어.	네가 그런 행동을 하지 않았으면 좋겠어.

4) 공감하기

공감의 언어는 말하는 사람과 듣는 사람이 같은 수준에서 느끼는 것을 의미한다. 즉 상대방의 눈으로 보고, 그가 느끼는 대로 느끼며, 그 사람 속으로 들어가 그의 생각이나 말하는 구조로 세계를 보는 것이 바로 공감이다(심수명, 2018a). 공감을 하게 되면 그가 깨달은 대로 이해할 수 있게 되며 그의 감정과 행동을 알게 된다. 상대방의 메시지에 공감하는 반응을 보이는 것은 건강한 의사소통의 본질이다. 상대방의 말에 공감하면 상대방은 계속 신나게 말한다. 공감은 평온한 감정이든 위급한 감정이든 마음껏 드러낼 수 있는 심리적 안정감을 준다.

5) 자존감을 높여주기

자녀를 격려하고 꿈을 심어주면 자녀의 자존감은 높아지고 미래가 희망차게 만들어진다. 부모와 사랑과 신뢰의 관계를 가진 아이는 자신을 신뢰할 뿐 아니라 타인에 대해서도 신뢰하게 된다. 이런 아이들은 좌절이 와도 "나는 할 수 있다."라는 소망을 품고 있기 때문에 끊임없는 도전의 마음을 가지게 된다.

자녀에게 힘이 되는 말, 다섯 가지 사랑의 말이 있다.

① 이 세상에서 네가 제일 소중하다. 나는 네가 제일이다.
② 나는 너를 위해 늘 기도하고 있다.
③ 아빠와 엄마는 너를 언제나 사랑한다.
④ 나는 너를 믿는다.
⑤ 네가 자랑스럽다.

부모가 자녀에게 사랑의 마음, 사랑의 눈빛, 사랑의 분위기로 이 다섯 가지를 전달하면 그 자녀는 복된 자녀로 살아갈 것이다.

저자가 알고 있는 한 청년이 있다. 이 청년은 엄마가 초등학교 3학년 때 돌아가셨지만 엄마의 사랑을 느끼며 살아갔으며, 특히 엄마가 신앙을 소중하게 생각하였기에 신앙을 소중히 여기며 하나님의 뜻대로 살아가기 위해 노력하고 있었다.

어떻게 이러한 일이 가능했을까? 그것은 엄마가 이 청년이 어렸을 때부터 자존감을 높여주는 말을 해주었으며, 자녀를 믿어주고 신앙 안에서 잘 자랄 것이라는 믿음을 가지고 양육했기 때문이다. 그 청년이 엄마가 자기 첫돌 때 써준 편지라고 하면서 간직하고 있었던 편지를 보여주었다(그 청년은 이 편지를 실어도 된다고 허락해주었다).

Postcard

사랑하는 내 아들 OOO아
엄마는 늘 감사하며 살아간다.
하나님 이렇게 건강하고 또 지혜롭고
말씀에 순종하는 아들을
저에게 주셔서 감사합니다.
OOO아
엄마가 부족해서 다른 것은
풍족하게 해줄 수 없다 해도
기도와 신앙 만큼은 그 누구보다도
풍성한 삶으로 인도하고 싶구나.

소중한 OOO아,
첫 번째 생일을 축하한다.
우리 늘 사랑하며 말씀 안에서
살아가자. OO이를 모태신앙으로
인도해주신 하나님.
우리 늘 감사하며
순종하며 살아가자.
언제나 멋진 꿈을 간직하며
따뜻한 마음을 지니고 살아가자.
199*년 **월 엄마

place
stamp
here

참으로 감동이 되는 편지다. 제 3자가 보기에도 그 어머니의 마음과 신앙, 사랑이 절절히 느껴지는데 그 아들은 어떠했을지 상상이 간다. 부모가 자녀에게 심어주어야 할 것은 성공이나 어떤 기대가 아니라 바로 사랑의 마음, 믿어주는 마음, 미래에 대한 소망의 마음이다. 부모가 이런 마음으로 자녀를 대하고 소통한다면 그것은 자녀에게 엄청난 자원이 될 것이다.

14장

건강한 가족 세우기

가족상담에서는 자녀의 문제를 자녀만의 문제로 보지 않고 문제를 가진 부모나 역기능적인 가족체계를 더 주된 요인으로 본다. 상담자는 가족 전체를 대상으로 건강한 가족을 세우기 위해 필요한 것이 무엇인지 알려주고 교육해야 한다. 가족치료이론에서 말하는 건강한 가족이 무엇인지, 한국적인 상황에서 보는 건강한 가족은 어떤 가족인지 살펴보자.

1. 가족치료의 기본 개념

가족치료이론의 가장 큰 특징은 체계적 관점을 가지고 있다는 점이다. 체계적 관점은 하나가 변하면 다른 것도 변한다고 믿는다. 가족치료는 역기능적 가족체계를 치료하는 상담접근 방법이며, 가족을 유기적인 관계를 지닌 한 단위로 취급하여, 문제행동을 내담자 개인이 지닌 증상이나 문제로 보고 치료하는 것이 아니라 가족 전체의 왜곡으로 본다. 그리고 가족 내의 교류패턴에 직접, 간접으로 개입하여 가족체계의 문제점을 개선시키고자 한다. 가족치료에서 중요한 개념은 가족관계와 가족체계인데, 상담자는 아동문제를 진단할 때 아동과 가족과의 관계와 가족체계론적 입장에서, 아동의 문제를 볼 줄 아는 시각이 필요하다. 체계이론은 개인을 고정된 성격이나 고정된 특성으로 보지 않는다. 또한 가족구성원들도 작용과 반작용의 끊임없이 반복되는 패턴을 가진 순환적, 인과적 상호관계를 가지고 있다고 본다.

가족상담을 하는 목적은 다음과 같다.

- 감정과 생각을 자유롭게 표현하며 원하는 변화를 설명하도록 한다.
- 의사소통능력을 향상시키고 구성원의 문제행동 원인을 좀 더 이해하도록 한다.
- 견해가 다르고 혼돈된 가족구성원들 간의 욕구를 인정하고 존중하며 수용할 수 있는 개인능력을 향상시킨다.
- 구성원들의 역할과 기능을 수행하도록 한다,
- 가족규칙을 명백히 한다. 가족 전체가 각자의 역할과 기능을 제대로 수행하도록 함으로써 각 가족구성원과 가족 전체가 성장하도록 도와준다.

2. 가족치료 이론가에 따른 건강한 가족

가족체계 이론가들은 각각의 이론에 따라 건강한 가족과 건강하지 않은 가족에 대한 나름대로의 시각을 가지고 있는데 여기에서는 여러 가족치료자들의 견해를 대략적으로 정리하고자 한다.

1) 미누친(Minuchin)

가족의 체계에 관심을 둔 구조적 가족치료이론가인 미누친(Salvador Minuchin: 1921~2017)은 가족을 체계적이며 통합된 전체로 보았다. 그리고 가족은 지역사회에 속해있는 하위체계이며 하위체계는 가족의 기본적인 구조와 상호교류에 영향을 준다고 보았다. 미누친은 가족의 하위체계와 경계선을 가족이 건강하게 기능하는 척도로 보았다. 가족 안에는 여러 다양한 시스템, 즉 체계가 존재한다. 부부체계, 부모체계, 부자와 부녀체계, 모자와 모녀체계, 형과 동생 체계 등 다양한 체계가 존재하는데 이러한 체계들을 가족 안에 있는 하위체계라고 한다. 건강한 가족은 하위체계의 구성원이 고유의 역할과 기능을 충실히 수행한다. 또한 부모 하위체계와 부부 하위체계가 분리되어 존재한다. 또한 건강한 가족은 위계질서가 잘 세워져 있으며 명확히 정의된 가족 규칙을 가지고 있다고 하였다.

미누친은 가족구성원들 간에 경계가 지나치게 약하거나 강한 것을 병리적인 것으로 보았고, 분명한 경계가 되어 있을 때 건강하다고 하였다. 가족구성원들 간의 경계가 지나치게 분명한 경우, 가족 상호간에 서로 간섭하거나 침투하지 않으며, 가족구성원들 사이에 거리감이 있고, 각자 고립되어 생활한다. 이런 가족은 자율성과 독립성이 심하게 강조되는 반면, 소속감이 부족하여 도움이 필요할 때 도움과 지원을 바라지도 않고 각자 알아서 생활한다. 경직된 경계선은 '나는 나, 너는 너'식의 태도로 아무 상관이 없이 서로를 대하기 때문에 가족 간 의사소통도 거의 없다. 강한 경계를 가진 가족의 자녀들은 자폐적 성격이나 고립 상태에 빠질 가능성이 있다.

경계가 너무 약한 경우는 가족구성원들 간에 분리가 되지 않고 밀착되어 있는 상태를 말한다. 심하게 밀착된 가족구조 내에서는 한 가족구성원의 행동이 즉각 다른 가족구성원에게 영향을 준다. 그리고 한 개인의 긴장은 경계를 넘어 쉽게 전파되며 다른 하위체계로 빨리 전달된다. 이들 가족구성원은 마치 '너의 일은 모두 나의 일'이라는 태도를 가진다. 가족구성원들 사이의 구분은 희미하고, 강한 소속감을 유지하는 것을 중요하게 생각한다. 밀착된 가족은 신체적, 정신적 독립성과 개별성을 허용하지 않으며 모든 가족구성원들은 하나의 단위로서 다함께 똑같이 생각하고 느껴야 된다고 생각하는 경향이 있다. 이처럼 경계가 분리되어 있지 않고 밀착된 경우, 다른 가족의 긴장과 불안이 약한 자아를 가지고 있는 가족구성원에게 그대로 전달되기 때문에 융합상태가 지속되면 청년시기에 정신분열이 발현될 수도 있다. 또한 자율성을 형성하기 어려워서[22], 의존적인 성인이 될 가능성이 높고, 고유의 개체성과 자발성이 존중받지 못하는 문제가 발생한다.

가장 기능적인 가족은 분명한 경계선이 있으면서도 상황에 따라 유연한 가족이다. 분명한 경계를 가지고 있는 가족구성원들은 '우리'라는 집단의식과 함께 '나 자신'의 감정을 잃지 않는다. 그래서 서로가 필요로 할 때는 가까운 관계를 유지하면서도 개인이 존중되어야 할 때는 어느 정도 거리를 유지할 수 있는 탄력성과 융통성을 가진다(심수명, 2018b).

---

22) 자율성은 성숙하고 건강한 성격 요인 중 가장 중요한 요소 중의 하나라고 할 수 있다.

가족구성원들은 서로 간에 적당한 거리를 가지고 있으면서도 각자 독립적일 수 있으며, 대등하게 관계할 수 있다. 이러한 가족 구조에서는 지지, 돌봄, 자율, 개별화 등이 균형을 이루고 있다. 분명한 경계를 가지고 있는 가족에서는 하위체계들이 협상할 수 있으며, 가족들이 당면하는 상황적이고 발달적인 변화에 적응할 수 있다. 뿐만 아니라 가족에서 의사소통 기회가 자주 있으며, 변화를 위해 서로 협상하고 적응하여 가족의 안정을 유지한다.

2) 보웬(Bowen)

보웬(Murray Bowen: 1913~1990)은 인간의 자아 속에는 감정과 지성이 서로 분리되어 있다고 보고, 감정과 사고가 뚜렷하게 구분된 사람을 자아 분화정도가 높다고 하였다. 자아분화란 아이가 어머니의 융합에서 서서히 벗어나 자기 자신의 정서적 자주성을 향해 나아가는 장기적 과정을 의미하는 용어다. 분화가 잘되었다는 것은 부모의 사고와 정서에서 자신을 분리시킬 수 있는 능력을 가지고 있으며, 심각한 위기상황에서도 흔들리지 않는 사고를 바탕으로 정서적 안정을 이룰 수 있는 능력을 가지고 있는 것을 의미한다. 개인이 가정으로부터 개성화되어 있는 정도가 그 사람의 분화수준이다.

분화가 잘되어 있으면 다른 사람과의 연결을 유지하면서도 자신이 독립된 개체로서 통합을 유지할 수 있다. 그리고 뚜렷한 신념과 의견을 가지고 있으면서도 관계를 소홀히 하지 않는다. 또한 스트레스를 받고 있는 기간에도 완전하지는 않지만 상당한 자율성을 가지며, 주위 사람의 정서에 의해 큰 영향을 받지 않는다(심수명, 2018a).

가족 간에 분화가 안 된 경우, 그 가족은 가족 자아 덩어리(family ego mass)로 움직이며, 가족들이 정서적으로 융합된 상태로 있어서 서로의 생각과 감정에 지배를 받는다. 개인 자아가 가족 자아 덩어리에서 분화될수록 융통성이 많고 생활의 스트레스에 잘 대처한다. 반면에 자아의식이 가족으로부터 분화되어 있지 않은 경우(미분화) 불안을 잘 느끼며, 자아 분화수준이 낮은 사람은 지성이 정서에 지배되기 때문에 객관적인 사고를 하기가 어렵다. 관계에서도 자신의 것을 주장하지 못하고 체제를 유지하는 데 모든 에너지를 낭비한다. 또한 자아에 대한 개념이 분명하지 않기 때문에 스트레스 상황에서는 쉽게 자신의 신념을 포기한다.

보웬은 가족문제의 대부분은 가족구성원이 자신의 원가족에서 심리적으로 분화되지 못하는 데서 기인한다고 보았다. 부부관계에서는, 원가족의 부모 문제에 강하게 휘말려 있을 경우 부부관계가 악화되는 경우가 많다. 이런 경우 부모는 원가족의 자아집합체 또는 정서체계의 일부인 셈이다. 그러므로 치료 목표는 가족구성원을 이러한 자아집합체로부터 분리시켜 독립하여 자율적으로 기능할 수 있도록 돕는 것이다. 부부 관계에서도 자아분화수준이 높은 부부일수록 원만한 부부관계를 유지하며 결혼생활에 대한 만족도가 높은 반면, 자아분화수준이 낮은 부부일수록 상호 얽힘이 많아 부부간의 갈등, 의심, 우울, 불안 등 여러 가지 역기능적 행동과 정신장애가 많이 나타난다.

3) 사티어(Satir)

사티어(Virginia Satir: 1916~1988)는 개인의 낮은 자아존중감을 회복시켜 자신의 가치를 인정하고, 장점과 자원을 발견하고 활용하도록 도와 스스로 문제 상황에 잘 대처할 수 있도록 해야 한다고 하였다. 사티어는 개인을 성장시키기 위해 자아존중감을 높이고 자기 인생에 대한 선택권을 갖도록 돕는 것을 최대의 목표로 삼았다. 이러한 목표를 달성하기 위해서 가족이 서로 협력하는 과정과 기술을 강화하도록 도우면서 개인의 낮은 자존감을 회복시켜 자신의 가치를 인정할 수 있는 감정과 자원을 개발하도록 돕는 과정을 강조하였다.

사티어는 '지금-여기'에서 치료자와 가족 사이에 매순간 일어나는 상황과 경험을 중요시하여 이러한 경험을 통해 가족이나 개인이 성장한다고 보았다. 그래서 이 이론을 경험적 가족치료라고 하였으며 치료과정에서 내담자의 경험을 중시하고 내담자의 가족에 대한 치료자의 관여가 치료적 변화를 촉진한다고 하였다. 그리고 사티어 가족치료를 성장모델이라고 부르기도 하는데, 그 이유는 치료란 무엇보다도 성장과정의 체험 연습이므로 가족이 성숙한 인간으로 성장할 수 있도록 도와야 한다고 생각했기 때문이다. 사티어는 개인의 심리내적 과정의 변화를 통해 가족과의 의사소통이 건강하고 원만하게 되면 결과적으로 성장을 경험한다고 주장하였다.23) 사티어는 역기능이란 적절하게 기능하지 못하고 문제해결 능력이 낮아서 발달적, 상황적 위기에 적절하게 대응할 수 없는 것이라고 보았다. 사티어 모델의 핵심이며 치료의 결과이자 목적은 자아존중감, 의사소통 및 대처유형 그리고 가족규칙이다.

사티어는 자아존중감의 3요소로 '자기, 타인 그리고 상황'을 말하였다. '자기'는 애착, 사랑, 신뢰, 존중을 통해 갖는 자신에 대한 가치와 자신의 유일성을 의미한다. '타인'은 다른 사람과의 관계에서 형성되며 다른 사람에 대해 느끼는 것으로 다른 사람과의 동질성과 이질성 그리고 상호작용에 대한 것이다. '상황'은 주어진 여건과 맥락을 의미하는데, 주로 부모나 원가족 삼인군(primary triad)24)에서의 상황을 말한다.

---

23) 최근에는 사티어의 제자이면서 계승자로 알려진 반맨이 전통적인 경험적 가족 치료에서 진일보하여 체계적 단기경험치료 모델로 발전시켜 나가고 있다.
24) 부모와 한 명의 자녀로 구성된 관계로 삼자관계라고도 함.

사티어는 임상활동을 하면서 사람들이 긴장할 때 보여주는 의사소통 및 대처유형을 발견하고 긴장을 처리할 때의 방식은 일종의 생존유형으로 자아존중감이 낮고 불균형 상태에 있을 때 주로 나타나며, 이것은 결국 자아존중감에 문제가 있음을 의미한다고 했다. 자아존중감에 문제가 있는 사람은 역기능적 대처방식인 회유형, 비난형, 초이성형, 산만형 의사소통 및 대처유형을 사용하며, 자아존중감이 건강한 사람은 기능적 대처방식인 일치형 의사소통을 사용한다. 그러므로 상담자는 내담자와 그 가족의 유형을 파악하여 일치형 의사소통방식을 실제 삶에서 경험할 수 있도록 구체적이면서 적극적인 개입을 통해 경험하도록 도와야 한다.

　가족규칙이란 일종의 명령으로서 인간이 원가족 삼인군에서 경험한 것을 내면에 지니고 있는 것을 말하며 행동이나 반응으로 나타나며 인간 대처방식의 일부가 된다. 규칙에는 합리적이고 융통성이 있으며 인간적이어서 인간의 성장에 도움이 되는 규칙과 도움이 되지 않는 규칙이 있다. 어릴 때는 규칙을 엄수함으로써 생존이 가능하지만 성인이 되어서도 비합리적이고, 비현실적이며, 비인간적인 규칙을 준수해야 한다면 이는 자녀의 건강한 성장을 방해한다. 비합리적인 가족규칙을 따름으로써 생기는 것은 낮은 자아존중감이다. 가족규칙 중에서 개인과 가족의 역기능의 원인이 되며 성장에 방해가 되는 것은 수정되어야 하는데 그 방법은 이 규칙들의 기본적인 교훈은 간직하되 규칙을 지침으로 재구성해 보는 것이다. 규칙을 지침으로 바꿈으로써 일치된 의사소통을 하여 자아존중감을 높이고 생활을 여유있고 자유롭게 하며 자신의 가치와 진실을 깨닫게 될 때 건강한 개인과 가족이 될 수 있다.

　가족치료적 관점에서 보는 건강한 가족을 정리하면 다음과 같다.
　첫째, 부모가 먼저 건강한 자아존중감을 가지고 있으며, 가족구성원끼리 상호 존중한다.

둘째, 가족구성원끼리 서로 명확한 경계선과 분명한 체계를 가지고 있어서 지나치게 밀착되어 있거나 이탈되어 있지 않은 가족이다.

셋째, 부모가 불안한 정서를 가지고 있지 않고 건강한 정서를 가지고 있어서 자녀와 융합하지 않고, 자녀가 성장함에 따라 적절한 분화를 할 수 있는 가족이다.

넷째, 부모가 자녀보다 큰 권위를 가지고 권위에 따른 위계구조가 잘 세워져 있는 가족이다.

다섯째, 가족 안에 자녀의 발달단계에 따른 합리적인 규칙을 가지고 있다.

여섯째, 가족구성원 간에 합리적이며 일치적인 의사소통이 잘 이루어지는 가족이다.

3. 이론가에 따른 가족상담방법

1) 미누친의 구조적 가족상담

미누친의 구조적 가족치료의 네 가지 기본적 구성 요소는 구조, 하위체계, 경계선, 위계구조다. 상담자는 가족구조의 맥락에서 아동의 문제를 이해하고, 가족구조를 재구성하는 것을 촉진시키기 위해 구조적 가족치료의 개념을 가지고 각 가족의 구성원들을 돕고 교육할 수 있어야 한다. 이때에 상담자들은 가족이 가족구조를 인식하고 재배열하는 것을 시작하고, 타인과 상호작용하는 새로운 방법을 배울 수 있도록 도와야 한다.

(1) 가족 구조의 변화

구조적 가족치료는 가족구조를 변형시켜서 가족이 문제를 해결할 수 있도록 방향을 제시한다. 가족의 궁극적인 목표는 가족구조의 변화다. 그러기 위해서 가장 중요한 것은 상담자가 가족구성원들에게 적절한 경계를 유지하는 방법을 교육하여, 가족이 건강한 경계를 가지고 살아갈 때 얼마나 힘이 나고 서로 도우며 생활할 수 있는지 알게 하는 것이다. 상담자는 역기능적인 가족구조를 기능적인 가족구조로 바꾸기 위해 필요한 것이 무엇인지 적극적으로 교육하고 코치한다.

(2) 기능적인 하위체계와 경계선 유지

가족 구조 내의 경계가 없이 심하게 밀착되어 있거나 너무 강한 경계선을 가지고 있는 경우 가족구성원의 건강성은 위협받게 된다. 따라서 가족의 경계는 가족구성원들의 상황과 가족의 발달주기, 자녀들의 성장에 따라 변화와 융통성을 가져야 건강하다. 부적절한 경계선은 조정이 필요하다. 가족상담자는 가족 상담이나 부모 교육, 또는 부모 상담 시간에 이 부분에 대하여 구체적이면서도 심도 있게 교육하여 가족 구조가 건강한 구조가 되도록 교육해야 한다. 가족의 경계는 분명하면서도, 상황에 따라 약간의 융통성은 필요하다고 교육해야 한다.

가족의 하위체계 개념과 경계는 밀접한 연관성이 있다. 따라서 하위체계와 경계는 서로 균형을 이루어야 한다. 가족이 적절한 역할과 기능을 충실히 수행하기 위해서 각 하위체계는 분명한 경계를 가지고 있어야 한다. 미누친은 하위체계들이 친밀함을 유지하면서도, 적절하게 융통성 있는 경계선을 가지고 있을 때 건강한 가족이라고 하였다. 그리고 자녀의 성장과 발달에 책임을 지는 부모 하위체계가 자녀 하위체계보다 위계구조의 위에 있어야 한다고 하였다.

상담자는 하위 체계의 효과적인 역할 수행과 기능적인 위계질서를 새롭게 창조하도록 도와야 한다. 상담자가 가족구조를 이해하는 최선의 방법은 관찰이다. 구조적 가족상담자들은 가족상호작용을 관찰하고 가족 내에 있는 하위체계들이 수행해야만 하는 역할과 기능들을 알려주어야 한다.

부부 하위체계는 가족이 기능하는 데 필수적이며, 과제를 수행하는 데 필요한 주요기술은 상보성과 상호적응이다. 부부는 상대방의 기능을 지지하는 상보적 대화 방식을 발달시켜야 한다. 또한 부부하위체계는 다른 하위체계의 간섭을 받지 않도록 경계선을 만들어야 한다. 부부의 경계선이 너무 느슨하게 되면 다른 하위체계들이 부부기능을 간섭하여 가족 내의 질서가 산만해진다. 자녀의 출생과 함께 가족구조는 변형되어야 하는데 부모자녀간의 하위체계 상호작용 패턴은 자녀의 발달 단계 및 환경에 맞게 수정되어야 한다.

형제 하위체계는 자녀들이 그들 또래집단과의 관계를 배울 수 있는 사회화의 장이다. 이때 경계가 너무 경직되어 있거나 밀착되어 있으면 자녀들이 다른 사회체계에 들어가는 데 어려움을 갖게 된다. 경직된 경계선을 가진 가족의 구성원들은 서로 또는 외부체계와 거의 접촉이 없다. 반면 밀착된 하위체계들은 서로 높은 상호지원을 제공해 주지만, 독립과 자율성은 부족하다. 부모와 밀착된 아이는 부모와의 경계선이 미분화되어 있고 거리감이 없으며, 강한 소속감으로 부모에게 의존하려는 경향이 있다. 명확한 경계선을 가진 가족에서는 대인관계의 접촉과 자율성에 융통성 있는 범위가 있다. 상담자는 부모, 그리고 아이들과 지지적인 관계를 가지면서, 각각의 구성원들의 역할과 나이에 맞게 독립심을 가지도록 교육해야 한다.

(3) 위계질서 확립

가족이 적절히 기능하기 위해서는 효율적인 위계구조가 확립됨으로써 가족구성원들이 각자 적합한 위치에 있어야 한다. 부모는 먼저 인격적으로 합당한 권위를 가지고 부모의 역할과 기능을, 자녀는 자녀의 역할과 기능을 감당하도록 가르친다. 그리고 상담자는 부부관계에서 남편은 남편의 기능을, 아내는 아내의 기능을 잘 감당할 수 있도록 지도해야 한다. 이렇게 가족 구조가 올바로 세워져 있을 때 자녀에게 건강한 인격 형성과 사회화를 훈련시키는 장소, 사회와 교량역할을 하는 가족이 될 수 있다.

2) 보웬의 다세대 가족상담

보웬은 '각각의 가족은 정서적 관계의 체계'라는 생각을 기본으로, 한 명의 가족구성원과 나머지 가족구성원이 어떻게 연결되어 있는지에 중점을 두고 가족에게 접근했다.[25]

(1) 분화수준 높이기

보웬의 가족치료의 목적은 불안을 감소시키고 분화수준을 높이는 것이다. 분화수준이 낮은 원가족을 가진 사람은 비슷한 분화수준의 사람에게 매력을 느끼게 되며, 이러한 패턴은 불안정한 핵가족 정서체계를 만든다. 보웬은 심각한 정신적 문제는 미분화된 개인이 몇 세대 동안 결합된 영향 때문이라고 하였다. 구성원들이 약한 분화를 가질수록, 불

---

25) 보웬의 이론은 자기분화, 삼각관계, 핵가족 정서체계, 가족투사과정, 정서적 단절, 다세대 전수과정, 자녀의 위치, 사회적 퇴행의 8가지 연결된 개념들로 구성된다.

안과 융합이 증가된다.

가족상담자의 기본적인 역할은 '미분화된 가족자아군'에서 분리되는 연속적인 과정에 있는 가족구성원들을 돕는 것이다. 가족구성원이 분화되면 분화될수록, 가족스트레스에 덜 취약하고 자신의 행동에 대해 더 많은 책임감을 가지고 또래와 가족압력에 더욱 저항할 수 있게 된다. 보웬은 '미분화된 가족자아군'이란 용어를 체계론적 개념인 '융합과 분화'라는 용어로 바꾸어 사용하였다.

가족 상담자는 미분화(융합)가 가족구성원에게 미치는 부정적이면서도 병리적인 요소가 무엇인지 분명히 알고, 아동이나 청소년을 건강하게 성장시키기 위해 먼저 부모의 분화수준을 높이기 위한 부모 교육과 부모 상담을 해야 한다. 먼저 부모의 가계도를 검사하여 미분화가 세대 간 전수되고 있는 경우, 불안의 심리적인 이유와 원인을 밝히고 도와줄 필요가 있다. 상담자가 미분화로 인한 가족구성원들의 문제를 분명히 이해하고 있을 때 가족 모두를 잘 도울 수 있다.

(2) 삼각관계 해결

두 사람의 관계는 근본적으로 불안정하여 더 안정된 상호작용을 위하여 제3자를 끌어와 삼각관계를 만든다. 삼각관계는 긴장을 완화시키지만, 두 사람간의 문제 해결을 방해한다. 가족관계에서 삼각관계가 지속적으로 반복되면, 가족구성원들은 개인으로 분화되기보다는 서로간의 상호작용에서 고정적인 역할을 맡게 된다. 부-모-자 삼각관계는 가족체계에서 가장 흔한 삼각관계의 형태다. 가정에서의 삼각관계는 아동의 개별화의 과정을 방해하기 때문에 문제가 된다. 또한 부부간 긴장의 희생양이 되기도 한다. 보웬은 문제는 여러 세대를 거쳐 내려오는 것이라고 했다. 가족 문제 유형을 추적하는 목적은 과정과 구조를 사정하기 위한 것이다.

가족체계에서 진정한 변화는 가족구성원들의 자율성을 조장하며 개인들의 성장을 촉진하기 위해서 폐쇄적인 가족관계를 개방하고 삼각관계에서 벗어나도록 해야 한다. 체계를 변화시키고 가족구성원들의 분화수준을 향상시키기 위해 부부가 삼각관계를 벗어나는 것이 중요한데, 상담자가 부부와 새로운 삼각관계를 만들어 접촉하면서 중립을 지키며 삼각관계에서 벗어나게 하면 가족체계를 변화시킬 수 있게 된다. 보웬은 아동이 문제를 가지더라도, 상담자는 부모가 그들 안에, 그리고 그들의 관계에 기본적인 어려움이 있다는 생각을 받아들여야 한다고 강하게 주장하였다.

3) 사티어의 의사소통적 가족상담

가족치료에 관한 사티어의 일반신념은 성장지향적 관점이다. 사티어는 가족이 계속해서 변화하며 성장가능하다고 생각하면서 다음과 같은 신념을 가지고 있었으며, 이러한 신념을 가족들에게도 갖도록 하였다.

(1) 성장지향적 신념

치료에 참여한 가족구성원들이 성장적 신념을 가지게 되는 것을 상담목표로 하였다. 그리고 치료 중에 이런 경험을 하게 되면 변화가 더 잘 일어난다고 생각했다.

① 변화는 모든 사람에게 가능하다. 과거 경험한 사건들을 변화시킬 수는 없지만, 그것에서 우리가 받은 영향은 변화시킬 수 있다.
② 우리 모두는 문제에 성공적으로 대처할 수 있는 내적 자원(생명력)을 가진다.

③ 우리는 상황에 반응할 수 있는 선택권을 가지고 있다. 그러므로 내담자가 자기 자신의 선택권자가 되도록 도와주는 것이 상담 목표가 된다.

④ 우리 모두는 감정을 가지고 있고 자신의 감정에 책임을 져야 한다. 문제는 문제 그 자체가 아니고 대처 방식인데, 자존감이 높을수록 대처방식은 건전하다. 높은 자존감과 일치하는 사티어 모델의 주목표이다.

⑤ 과거에 대한 수용과 감사는 현재를 발전시킬 수 있는 능력을 증진시킨다. 상담은 건강성과 가능성에 초점을 둔다.

(2) 상호 존중을 통한 높은 자존감 획득

사티어는 가족에서 문제가 생기는 근본적인 이유는 가족구성원들의 낮은 자존감때문이라고 생각했다. 그래서 자존감이 높아질 때 가족은 더 적절하게 관계를 맺고 솔직하게 의사소통을 하게 된다고 믿었다. 사티어는 감정 측면을 중요시하며 가족구성원들이 서로 존중하게 될 때 자존감이 증가된다고 생각하여 치료 중에 서로 존중하는 의사소통을 실제적으로 경험하게끔 이끌었다. 개인의 자아존중감을 가장 중요하게 본 사티어는 가족구조와 부모와의 관계, 그리고 인생 초기에 자녀가 어떠한 관계를 경험했는지에 따라 자아존중감이 형성된다고 보았다. 상담자는 가족구성원의 낮은 자아존중감을 회복시켜 자신의 가치를 인정하고, 장점과 자원을 발견하고 활용하도록 함으로써 문제 상황에 잘 대처할 수 있게 해야 한다.

(3) 일치형 의사소통

사티어는 가족의사소통에 초점을 두고 가족과 함께 하는 작업의 한 방법으로 의사소통 방법을 새롭게 개척하였다. 사티어는 가족의사소통 패턴이 재구성되면 가족이 건강해진다고 믿었다. 사티어는 가족이 스트레스 상황에서 생존하기 위한 대처방식으로 발달시킨 역기능적 의사소통 유형으로 회유형, 비난형, 초이성형, 산만형의 개념을 소개하였다. 각각의 특징은 다음과 같다.

- 회유형: 다른 사람과 상호작용하는 상황은 존중하지만 자기 자신의 가치나 진정한 감정은 무시한다. 다른 사람들의 요구를 거의 수용하고 들어 준다(자기 무시).
- 비난형: 회유형과 정반대 유형이다. 다른 사람들은 무시하고 오로지 자신만을 생각하는 사람이다. 자신을 방어하기 위해 다른 사람을 괴롭히고 비난하며 자기 자신과 상황에만 가치를 둔다. 감정은 경직되어 있고 융통성이 없다(타인 무시).
- 초이성형: 비인간적인 객관성과 논리성의 소유자이며 자신과 다른 사람을 과소평가하고 상황만을 중요시한다. 감정을 내보이지 않고, 매우 정확하고 이성적이고 냉정하며 차분하고 침착하다(자기, 타인 무시).
- 산만형: 초이성형의 반대 유형으로 산만한 행동에 의해 혼란스럽다. 요점이 없는 말을 나열하고 횡설수설을 한다(자기, 타인, 상황 무시).
- 일치형: 솔직한 사고와 감정, 일관된 의사소통으로 구성된 의사소통 형태를 사용하는 일치형은 사티어 모델의 주된 개념이다. 일치형의 사람들은 자신, 타인, 상황 모두를 존중하며 신뢰한다.

사티어가 말한 의사소통유형의 특징을 정리하면 다음과 같다.

<표 14-1> 의사소통의 특징 정리

유형	특성	심리 증상	자원
회유형	자신의 감정, 생각 무시. 타인의 비위 맞춤. 타인의 의견 무조건 동조. 비굴한 자세, 사죄와 변명 지나치게 착한 행동 보임.	감정억제 짜증, 걱정, 공황, 자살	돌봄과 양육 민감성
비난형	타인 무시. 타인의 말이나 행동 비난. 통제, 명령. (외적) 공격적 행동. (내적) 소외감, 외로움.	분노. 짜증. 반항. 적대적. 편집증. 폭력. 반사회적.	주장성 지도력 에너지
초이성형	자신과 타인 모두 무시. 상황만 중시. 규칙과 옳은 것 절대시 극단적 객관성. 매우 완고하고 냉담함 내적으로 쉽게 상처받음	우울증. 정신병. 집착, 강박증. 사회적 철회. 공감 부족. 자폐성.	지성 세부사항에 주의 집중. 문제해결능력
산만형	자신, 타인, 상황모두 무시. 말이 되지 않는 이야기 산만하게 행동.	혼란, 부적절함. 낮은 충동통제. 공감 부족. 타인권리침해. 학습 불능.	유머 자발성 창조성.
일치형	의사소통이 진실. 자기 감정을 잘 알아차리고 적절하게 표현. 매우 생동적, 창조적. 독특, 유능한 행동양식.	건강한 상태	높은 자아존중감

사티어는 가족에서의 규칙이 가족변화를 위한 과정에서 중요한 것이라고 믿었다. 은밀한 규칙들은 구성원들이 명확하고 직접적으로 의사소통하는 것을 방해한다. 이들 규칙을 탐색할 때, 상담자는 가족구성원에게 요청하여 은밀한 규칙들을 분명하고 명확하게 하도록 돕고 일치형 의사소통방식을 사용하도록 교육해야 한다.

4. 가족의 건강성

1) 가족건강성이란

현대 사회와 가족은 가족에 대한 가치관 및 결혼관에 많은 변화가 일어났다. 그 결과 맞벌이 가족, 편부모가족, 재혼가족, 위성가족 등 다양한 가족 형태가 존재하게 되어 전통 가족의 구조는 무너지고 가족구성원의 단순화, 가족 기능의 축소, 권위구조의 변화가 생기게 되었다. 이러한 변화로 인해 기존에 존재하던 가족 기능만으로는 현대의 여러 다양한 가족의 기능을 다 수용할 수 없게 되었다. 엄마, 아빠, 자녀라는 구조로 이루어진 온전한 가족 형태와 기능에만 치중하는 전통적인 관점을 취한다면 오늘날의 많은 가족들이 모두 문제가족으로 인식될 수 있다.

그동안 가족에 대한 많은 연구들은 부정적인 측면과 병리적인 측면에 주로 초점을 두고 진행되어왔다. 그러나 가족의 부정적인 기능보다 긍정적인 기능을 찾아 발전시킬 때 건강한 가족을 이루기 쉽다는 측면에서 건강가족에 대한 연구가 이루어지기 시작했다. '가족건강성(family strength)' 개념은 건강한 사회를 유지하고 개인의 성장을 도모하기 위해서는 먼저 가족이 건강해야 한다는 것을 의미한다. 또한 모든 가족이 강점과 도전, 성장의 역량을 가지고 있다는 전제를 가지고 가족의 문제에 집중하지 않고 강점과 성공에 초점을 둔다.

가족건강성에 대해 처음으로 그 개념을 이야기한 오토(Otto, 1962)에 의하면 건강한 가족은 가족구성원 간 여러 가치 등을 공유하며, 공동의 관심사를 목표로 하고, 원칙은 합의를 통해 도출하며, 가족의 개별성에 대한 이해와 열정을 가지고 있다고 하였다. 그는 강점(strength)이 개인에게만 있는 것이 아니라 가정에도 있다고 보았다. 오토 이후로 가족건강성에 초점을 둔 연구가 국내외에서도 많이 제시되었는데 그 개념을 정리하면 다음과 같다(유영주, 2002, 재인용).

<표 14-2> 학자별 '가족건강성'에 대한 정의

학자	정의
Otto (1962)	가족구성원간 여러 가치 등을 공유하며 공동의 관심사를 목표로 하고, 원칙은 합의를 통해 도출하며 가족의 개별성에 대한 이해와 열정을 가지고 있는 가족
Prat (1976)	가족구성원이 다양한 상호작용을 하며, 가족구성원의 적극적인 참여로 사회와 유대를 가지며, 가족구성원의 개별성과 자율성을 장려하며 문제해결과 대처에 있어 적극적인 모습을 취하는 가족
Lewis (1976)	가족구성원간 사고와 감정을 나눌 수 있으며, 권위적이지 않고 적응과 협상을 통하며 친밀하면서도 개별성과 자율성을 존중하는 등의 특성을 가지는 가족
Stinnett & Sauer (1977)	가족구성원 모두 서로의 관계에서 느끼는 행복도가 높으며, 서로의 욕구를 만족시켜줄 수 있으며, 가족 개인의 자아 성취와 자아실현이 이루어질 수 있는 가족. 애정과 감사 표현능력, 가족과 함께 시간보내기, 가족에 대한 책임감과 몰입감, 긍정적 의사소통 능력, 종교적 태도, 문제와 위기 대처 능력 등
유영주 (1994)	가족구성원 개개인의 성장과 발달을 도모하며, 가족구성원간 상호작용이 원만하고 가족 가치관을 발전시키는 가족
어은주 (1996)	의사소통과 문제해결에 있어 원활한 상호작용을 하며 유대를 강화하며 가치체계를 공유하는 가족
정성화 (2010)	가족구성원간에 규칙적이며 다양한 상호작용을 적절히 수행하며, 가족의 공동체적·정서적·도덕적 관계 향상을 도모하며 신체적·정신적·사회적으로 안정된 상태를 유지하는 가족
조희금 외 (2006)	경제적인 안정과 민주적이고 평등한 관계를 갖추고 있으며, 휴식과 여가를 공유하고 사회적으로는 일과 가정을 조화시키며 지역사회와 연결되며 이러한 생활문화를 유지하고 창조하는 가족
박명희 (2012)	가족구성원의 개별성을 인정하면서도 가족구성원간 유대를 도모하고, 긍정적인 대화를 나누며 가족 문제나 위기에 잘 대처하며 가족 내 공통의 가치관과 규칙을 공유하는 가족

전문가들은 건강한 가족의 장애요인으로 다음의 요인들을 언급하였다.

<표 14-3> 건강한 가족의 장애요인

순위	건강가족 장애요인	백분율
1	자율성 부족/ 권위주의	21.9
2	애정결핍/ 왜곡(이기심)	16.7
3	경제적 문제	14.6
4	의사소통 문제	13.4
5	신체적 건강문제	9.8
6	불신	5.1
7	시간 부족	3.1
8	유연성 부족	2.6
9	문제해결능력 부족	2.1
10	가족 결손 / 가족해체	1.6
11	신념 체계갈등, 스트레스 / 폭력, 사회 환경 문제	4.2
12	기타(책임감부족, 부모역할 부족 등)	5.1
계		100

이러한 연구 결과들을 종합해 볼 때 건강한 가족은 가족구성원들 간에 긴밀한 유대 관계를 가지고 있으며, 가족구성원들 간의 의사소통이 잘 이루어지며, 가족들이 서로 비슷한 가치관을 공유하고 있으며, 갈등이 일어나거나 어려운 일이 일어났을 때 문제를 해결할 수 있는 능력을 가지고 있는 가족이라고 할 수 있다.

커란(Curran, 1983)은 건강한 가족의 15가지 특징을 다음과 같이 목록화하였다.

① 경청하고 의사소통한다.

② 서로를 지지하고 확신한다.

③ 타인을 존중하는 것을 서로에게 가르친다.

④ 다른 사람을 신뢰한다.

⑤ 유머감각을 가지고 놀이를 한다.

⑥ 공유된 책임감을 보인다.

⑦ 옳고 그름을 서로에게 가르친다.

⑧ 전통과 공유된 의식이 중요하다는 강한 유대감을 가진다.

⑨ 서로간의 상호작용에서 균형감을 가진다.

⑩ 종교적 또는 영적 핵심을 공유한다.

⑪ 서로의 사생활을 존중한다.

⑫ 타인을 위한 서비스를 높이 평가한다.

⑬ 함께 나누고 대화하기 위해 함께 식사시간을 가진다.

⑭ 여가활동을 공유한다.

⑮ 서로 그리고 가족 외의 자원으로부터, 도움을 구하고 어려움을 인식하고 인정한다.

2) 한국의 가족건강성

어은주와 유영주(1995)는 우리나라 사람들이 생각하는 건강한 가족의 개념과 특성을 설정하고, 건강성을 측정할 수 있는 도구를 개발하여 가족건강성의 요인으로 '가족구성원간의 유대', '가족구성원간의 의사소통', '가족의 문제해결 수행능력', '가족구성원간의 가치체계 공유'의 4가지 요인을 구성하였다.26)

또한 유영주(2004)는 한국형 가족건강성 척도(KFSS)를 개발하여 한국

---

26) 총 34문항의 측정 도구를 최종 개발하였다. 부록에 수록하였다.

인들이 생각하는 건강한 가족의 특성을 설문조사를 실시하여 9개 요인으로 도출하였다. 그것은 '가족구성원에 대한 존중', '유대의식', '감사와 애정', '긍정적인 의사소통', '가치관 및 목표 공유', '역할 충실', '문제해결 능력', '경제적 안정과 협력', '가족·사회와의 유대'이다. 측정 내용을 개략적으로 정리하면 다음과 같으며 그 정도가 높을수록 건강한 가족이라고 할 수 있다.

- 가족구성원에 대한 존중: 가족구성원 서로에 대한 이해, 지지, 신뢰를 가지고 있다.
- 유대 의식: 가족구성원간의 소속감, 연대감, 협동 및 여가시간을 공유하고 있다.
- 감사와 애정: 정서적인 요인으로 가족구성원들이 서로 고마움과 친밀감을 표현하고 서로에게서 심리적으로 안정감을 느끼고 있다.
- 긍정적인 의사소통: 가족 간에 개방적이고 민주적인 의사소통을 하고 있다.
- 가치관 및 목표 공유: 가족 간 가치관, 가족 규칙, 종교적 믿음, 위계질서 등을 공유하고 있다.
- 역할 충실: 가족구성원간에 역할 분담이 잘 되어 있으며 각자의 역할을 잘 수행하고 있다.
- 문제해결 능력: 가족구성원들이 문제와 위기 등을 맞이했을 때, 이에 대처하는 능력이 있다.
- 경제적 안정과 협력: 가족구성원들의 소비 생활과 태도가 경제 규모에 맞게 적절하다.
- 가족·사회와의 유대: 가족들이 이웃과 사회에 관심을 가지고 있으며 봉사활동에 참여하고 있다.

이 외에도 건강한 가족에 대한 개념과 요인이 학자마다 다양하다. 그러므로 상담자는 건강한 가족이 되기 위해서는 어떤 것들이 필요한지 알고 상담을 오는 부모들에게 건강한 가족을 세워나갈 수 있는 구체적인 방법을 제시하여 가족이 건강하게 세워지도록 도와야 한다. 가족이 건강한 구조가 되면 아동, 청소년, 청년도 건강한 성격, 건강한 개인으로 성장할 가능성이 매우 높다.

부록

1. 성인 애착검사

아래의 문항들은 정서적으로 친밀한 관계에서 경험하는 생각과 느낌에 관한 것이다. 자신의 경험과 생각을 나타내는 숫자에 "○" 표시하세요.

전혀 그렇지 않다	그렇지 않다	약간 그렇지 않다	보통	약간 그렇다	그렇다	매우 그렇다
1	2	3	4	5	6	7

	문항	1	2	3	4	5	6	7
1	다른 사람과 지나치게 가까워지는 것을 원치 않는 편이다.	1	2	3	4	5	6	7
2	때로 다른 사람들은 분명한 이유 없이 나에 대한 그들의 감정을 바꾸곤 한다.	1	2	3	4	5	6	7
3	다른 사람들과 가까워지는 것은 비교적 쉽다.	1	2	3	4	5	6	7
4	다른 사람들이 내게 가까워지려고 하면 불편하다.	1	2	3	4	5	6	7
5	다른 사람들에게 모든 것을 다 이야기한다.	1	2	3	4	5	6	7
6	다른 사람들은 내가 화가 나있을 때만 나에게 주목하는 것 같다.	1	2	3	4	5	6	7
7	다른 사람들은 나와 내 욕구를 잘 이해한다.	1	2	3	4	5	6	7
8	버림받을까봐 걱정하는 일은 별로 없다.	1	2	3	4	5	6	7
9	다른 사람들과 여러 가지에 대해 의논한다.	1	2	3	4	5	6	7
10	내가 다른 사람들에게 관심을 갖는 것만큼, 다른 사람들도 내게 관심을 가져주지 않을까봐 걱정된다.	1	2	3	4	5	6	7
11	다른 사람들에게 내 마음 속 깊은 감정을 드러내는 것을 원치 않는 편이다.	1	2	3	4	5	6	7
12	다른 사람들의 기대에 못 미칠까봐 걱정된다.	1	2	3	4	5	6	7
13	다른 사람들이 내가 얻고자 하는 애정과 지지를 보내 주지 않을 때는 화가 난다.	1	2	3	4	5	6	7

14	내가 다른 사람들에게 호감을 표현했을 때, 그들이 나에 대해 같은 감정이 아닐까 봐 걱정된다.	1	2	3	4	5	6	7
15	다른 사람들이 나를 진심으로 사랑하지 않을까봐 자주 걱정한다.	1	2	3	4	5	6	7
16	다른 사람들에게 속내를 털어놓는 것이 편하지 않다.	1	2	3	4	5	6	7
17	다른 사람들과 관계를 하다보면 내 자신에 대해 회의가 든다.	1	2	3	4	5	6	7
18	필요할 때 다른 사람들에게 의지하는 것은 도움이 된다.	1	2	3	4	5	6	7
19	다른 사람들을 의지하는 것이 어렵다.	1	2	3	4	5	6	7
20	내가 다른 사람들에게 갖는 호감만큼 그들도 내게 강한 호감을 가지기를 자주 원한다.	1	2	3	4	5	6	7
21	다른 사람들과의 대인관계에 대해 걱정이 많다.	1	2	3	4	5	6	7
22	매우 가까워지고 싶은 나의 욕구 때문에 사람들이 내게서 멀어지기도 한다.	1	2	3	4	5	6	7
23	다른 사람들이 나를 떠날까봐 걱정하는 일은 거의 없다.	1	2	3	4	5	6	7
24	다른 사람들은 내가 바라는 만큼 나와 가까워지려고 하지 않는다.	1	2	3	4	5	6	7
25	다른 사람들이 잠시 떠나 있으면 그들이 나 아닌 누군가에게 관심을 갖게 될까봐 걱정한다.	1	2	3	4	5	6	7
26	다른 사람들의 사랑을 잃을까봐 두렵다.	1	2	3	4	5	6	7
27	다른 사람들과 가깝게 지내는 것이 매우 편하다.	1	2	3	4	5	6	7
28	다른 사람들에게 다정히 대하는 것은 쉬운 일이다.	1	2	3	4	5	6	7
29	다른 사람들에게 의지하는 것이 편하게 느껴진다.	1	2	3	4	5	6	7
30	다른 사람들에게 의지하는 것은 쉬운 일이다.	1	2	3	4	5	6	7
31	다른 사람들이 나와 함께 있는 것을 좋아하지 않을까봐 자주 걱정한다.	1	2	3	4	5	6	7
32	다른 사람들과 가까워지는 것은 어렵지 않다.	1	2	3	4	5	6	7
33	내 문제나 걱정거리를 다른 사람들과 의논한다.	1	2	3	4	5	6	7
34	사적인 생각과 감정을 다른 사람들과 나누는 것에 대해 편안하게 느낀다.	1	2	3	4	5	6	7
35	다른 사람들이 너무 가까워지려고 하면 불안하다.	1	2	3	4	5	6	7
36	다른 사람들이 나에 대해 알게 되면, 그들이 있는 그대로의 내 모습을 좋아하지 않을까봐 두렵다.	1	2	3	4	5	6	7

성인 애착 검사 채점기록지

성인 애착 검사는 어린 시절의 애착이 현재 성인이 되어 어떠한지 측정하는 것으로, 애착불안은 관계에 대한 지나친 몰두 또는 버림받음과 거절당함에 대한 두려움의 정도를 나타내는 것이며, 애착회피는 친밀한 관계에 대해 불편을 느끼고 꺼리는 정도를 측정하는 것이다. 점수가 낮을수록 안정된 애착패턴을 가지고 있음을 나타낸다.

역채점 문항 12개(**3**, **7**, **8**, **9**, **23**, **27**, **28**, **29**, **30**, **32**, **33**, **34**)의 점수는 반대로 채점한다.

유형	문항번호																		합계
불안 애착	2	6	**8**	10	12	13	14	15	17	20	21	22	**23**	24	25	26	31	36	
점수																			
회피 애착	1	**3**	4	5	**7**	**9**	11	16	18	19	**27**	**28**	**29**	**30**	**32**	**33**	**34**	35	
점수																			
전체	각 유형의 평균점: 54점																		

2. 대상관계 수준 척도

이 질문지를 읽고 당신에게 해당된다고 생각하면 'O'에, 해당되지 않으면 'X'에 표시하세요. 너무 오래 생각하지 마시고 솔직하게 응답해 주십시오.

	내용	O	X
1	나는 적어도 한 사람 이상과 안정되고 만족스러운 관계를 유지하고 있다.		
2	누군가 나를 싫어한다면, 나는 그 사람에게 좋은 사람이 되기 위해 항상 더 열심히 노력한다.		
3	나는 계속 조용한 곳에서 혼자 살고 싶다.		
4	나는 몇 주씩 사람들로부터 떨어져서 아무와 말하지 않고 지낼 수 있다.		
5	나는 대개 가장 가까운 사람들에게 상처를 주는 것으로 관계를 끝낸다.		
6	내 주위 사람들은 나를 어른 취급하기보다 아이 취급한다.		
7	내가 잘 아는 누군가가 어디론지 멀리 떠난다면 나는 그 사람을 그리워할지 모른다.		
8	가정 내에서 의견 불일치가 있을 때 나는 가족관계를 해치지 않으면서 그것을 다룰 수 있다.		
9	나는 비판에 매우 예민하다.		
10	나는 다른 사람들에게 내가 가진 힘을 행사하는 것을 은밀하게 즐긴다.		
11	때때로 나는 내가 원하는 것을 얻기 위해 어떤 일이라도 한다.		
12	나와 가까운 사람이 나에게 충분한 관심을 쏟지 않을 때 나는 상처받고 거부당한 느낌이 종종 든다.		
13	내가 누군가와 친해졌는데 그 사람이 믿을 수 없는 사람이라는 걸 알게 된다면 상황이 그렇게 된 것에 대해 아마도 나 자신을 미워할지도 모른다.		
14	나는 다른 사람과 가까워지는 데에 어려움이 있다.		
15	나의 성생활(sex life)은 만족스럽다.		
16	나는 남들이 기대하는 대로 되려는 경향이 있다.		
17	어떤 사람과 관계가 아무리 나빠지더라도 그 관계를 지속하려고 한다.		
18	나는 내 주위 누구에게도 영향을 끼치지 못한다.		
19	사람들을 내가 직접 볼 수 없다면, 그들은 내 마음에도 존재하지 않는다.		
20	나는 살면서 상처를 많이 받았다.		

21	나는 깊은 감정을 나눌 수 있는 누군가가 있다.		
22	내가 아무리 애써서 피하려 해도 나의 중요한 관계들에서 똑같은 어려움들이 나타난다.		
23	나는 누군가와 완전히 일치하기를 갈망한다.		
24	다른 사람과의 관계에서, 나는 그 사람과 항상 같이 하지 않는다면, 만족하지 못한다.		
25	나에게는 다른 사람들을 정확히 보는 눈이 있다.		
26	나의 이성(異性) 관계는 항상 똑같은 방식으로 끝이 난다.		
27	다른 사람들은 나를 자주 모욕하려고 한다.		
28	나는 나를 위한 결정을 할 때, 보통 남들에게 의존한다.		
29	나는 어느 누군가를 믿고 나서 대개 후회한다.		
30	나는 친한 사람에게 화났을 때 그것에 대해 툭 터놓고 이야기 할 수 있다.		
31	내가 원하는 것을 얻기 위한 가장 좋은 방법은 남들에게 그렇게 하도록 만드는 것이다.		
32	이성(異性)이 내 주위에 있을 때 종종 초조함을 느낀다.		
33	나는 소외당할까봐 종종 두려워한다.		
34	나는 모든 사람들을 기쁘게 해야 하고 그렇지 않으면 그들이 나를 거부할지 모른다고 느낀다.		
35	나는 몇 달 씩 집 밖에 나가지 않고 어느 누구와도 만나지 않는다.		
36	나는 중요한 사람들에게서 거부당할 까봐 신경을 쓴다.		
37	친구 사귀는 일은 내게 어려운 일이 아니다.		
38	나는 이성과 어떻게 만나는지 또는 어떻게 대화하는지 잘 모른다.		
39	나와 친한 사람이 내가 원하는 것을 하도록 만들 수 없을 때, 나는 상처받거나 화가 난다.		
40	외롭게 살아가는 것이 나의 운명이다.		
41	사람들은 결코 상대방에게 솔직하지 않다.		
42	나는 인간관계에서 많은 것을 투자하고, 많은 것을 얻는다.		
43	나는 이성과 만나거나 이야기할 때 수줍음을 탄다.		
44	내가 인간관계에서 가장 중요하다고 생각하는 것은 다른 사람에게 내가 가진 힘을 행사하는 것이다.		
45	나는 좋은 어머니란 자기 자녀들을 항상 기쁘게 해주어야 한다고 믿는다.		

대상관계 수준 척도 요인별 내용과 해석

대인관계에서 개인이 보여주는 자아기능을 평가하는 척도로, '예(○)'는 2점, '아니오(X)'는 1점으로 계산하며, 역채점 문항 6개(1, 8, 15, 21, 30, 42)는 반대로 채점한다.

요인	문항번호												합계
불안정 애착	5	8	9	12	13	17	20	22	26	33	34	36	
점수													
사회적 무능력	14	15	28	30	32	37	38	43					
점수													
소외	1	3	4	7	18	19	21	27	29	35	40	41	42
점수													
자아 중심성	2	6	10	11	16	23	24	25	31	39	44	45	
점수													

* 해석: 4요인 중 가장 높은 것: 부정적인 대상관계내용 의미함. /요인별로 평균 점수가 높을수록 대상관계 수준이 낮은 것이다.

1) 불안정애착: 대인관계의 고통스러움, 거절에 예민, 사랑받고 인정받는 것에 대한 지나친 관심, 고독감, 대상상실에 대한 두려움을 측정.
2) 사회적 무능력: 상호작용 시의 수줍음, 친밀한 관계의 부재, 안절부절, 친구를 사귀기 힘들어함, 불확실성을 측정.
3) 소외: 신뢰의 부족, 친밀한 관계 맺기 어려움, 안정되고 만족스러운 인간관계를 유지하는 것에 대한 회의감을 측정.
4) 자아중심성: 혼자 존재하는 것처럼 타인을 인식하는 경향, 타인의 동기를 믿지 못하며 타인을 자기중심적 목표를 위해 조종하는 등의 태도 측정.

3. 아동용 문장완성검사

아래의 문장은 뒷부분이 빠져있다. 각 문장을 읽으면서 맨 먼저 떠오르는 생각을 빠진 부분에 써서 문장을 완성해보세요. 시간제한은 없으나 가능한 한 빨리 써 보세요.

1. 내가 가장 행복했던 때는 _____

2. 내가 좀 더 어렸다면 _____

3. 나는 친구가 _____

4. 다른 사람들은 나를 _____

5. 우리 엄마는 _____

6. 나는 _____ 공상을 잘 한다.

7. 내게 일어났던 가장 좋은 일은 _____

8. 내가 제일 걱정하는 것은 _____

9. 대부분의 아이들은 _____

10. 내가 좀 더 나이가 많다면 _____

11. 내가 가장 좋아하는 사람은 _____

12. 내가 가장 싫어하는 사람은 _____

13. 우리 아빠는 _____

14. 내가 가장 무서워하는 것은 _____

15. 내가 가장 좋아하는 놀이는 _____

16. 내가 가지고 있는 것 중에서 제일 아끼는 것은 _____

17. 내가 가장 가지고 싶은 것은 _____

18. 여자 애들은 _____

19. 나의 좋은 점은 _____

20. 나는 때때로 _____

21. 내가 꾼 꿈 중에서 제일 좋은 꿈은 _____

22. 나의 나쁜 점은 _____

23. 나를 가장 슬프게 하는 것은 _____

24. 남자 애들은 _____

25. 선생님들은 _____

26. 나를 가장 화나게 하는 것은 _____

27. 나는 공부를 _____

28. 내가 꾼 꿈 중에서 제일 무서운 꿈은 _____

29. 우리 엄마와 아빠는 _____

30. 나는 커서 _____ 이 되고 싶다.

    왜냐하면 _____

31. 내 소원이 마음대로 이루어진다면,

    첫째 소원은 _____

    둘째 소원은 _____

    셋째 소원은 _____

32. 내가 만일 먼 외딴 곳에 혼자 살게 된다면 _____ 와 같이

    살고 싶다.

33. 내가 만일 동물로 변할 수 있다면 _____ 가 되고

    싶다. 왜냐하면 _____

4. 자녀 양육방식

다음의 자녀 양육방식에서 먼저 부모가 나를 양육한 방식을 살펴보자. 그리고 나의 자녀 양육방식은 어떠한지 점검해보자.[27]

	자녀 양육방식 1	그렇다	아니다
1	자녀가 하는 일에 간섭을 한다.		
2	자녀가 장난감 고르는데 신경을 쓴다.		
3	숙제는 도와주어야 마음이 놓인다.		
4	옷을 입혀주어야 깔끔한 것 같다.		
5	반찬과 영양에 항상 신경을 쓴다.		
6	왜 그런 행동을 했는지 알고 싶다.		
7	용돈의 용도를 세밀하게 따진다.		
8	같이 잠을 자야 마음이 놓인다.		
9	캠프나 야유회를 보내면 불안하다.		
10	친척집에 보내고 나면 허전하다.		
11	자녀가 하는 일은 어설프게 생각된다.		
12	형제간이나 친구하고 싸우면 참견한다.		
13	잘못해도 불쌍해서 그냥 넘겨버린다.		
14	비가 오면 우산을 가지고 마중 나간다.		
15	자녀 방이나 책상을 정리해준다.		
계			

---

27) 현재 나의 자녀 양육방법은 대부분 부모로부터 물려받을 확률이 아주 높으므로 부모의 양육방식은 어떠했는지도 살펴보라.

	자녀 양육방식 2	그렇다	아니다
1	자녀가 할 일은 어머니에 의해 결정한다.		
2	좋다고 생각되는 일은 꼭 시킨다.		
3	'그건 안 된다' 라는 말이 많은 편이다.		
4	부모를 무서워하게 한다.		
5	어린이지만 예의에 어긋나서는 안 된다.		
6	규칙적인 생활은 꼭 해야 한다.		
7	공부시간만큼은 꼭 지켜야 한다.		
8	자녀의 말대답은 크게 꾸짖는다.		
9	자녀는 부모에게 복종해야 한다.		
10	성적표를 보고 나무란다.		
11	잘못은 꾸짖고 빌게 한다.		
12	손님이 오면 점잖게 앉아 있어야 한다.		
13	어떤 때는 부모가 감시원이 되어야 한다고 생각한다.		
14	자녀는 엄하게 키워야 예의가 있다.		
15	자녀에게 꾸중을 많이 한다.		
계			

자녀 양육방식 결과 분석

1) 양육방식 1의 점수가 2보다 높을수록 '과잉보호형 부모'다. 이런 가정의 자녀는 스스로 해결하는 능력이 약하고 의지력이 약한 특징을 가질 수 있다.
2) 반대로 양육방식 2가 1보다 점수가 높은 경우 '지시형, 명령형, 독재형 부모'에 속한다. 이런 가정의 자녀들은 우발적이고 충동적이며 강자에 아부하고 약자에 군림하는 성격이 되기 쉽다.
3) 체크한 개수가 둘 다 적은 경우(6개 미만)는 '방치형, 무관심형 부모'다. 이런 가정의 자녀는 비계획적이고 산만하며 의욕이 약할 수 있다.
4) 총점이 높더라도 두 항목 간 점수 편차가 많으면 양육방식에 있어 '일관성 없는 부모'다. 이런 가정의 자녀는 부모에 대한 신뢰가 낮으며 부모에 대해 반항심, 적개심이 생기기 쉽다.

5. 가족건강성 설문지

당신이 가족에 대해 갖고 있는 일반적 태도가 어떠한지 알아보기 위한 질문이다. 문항을 읽고 자신에게 해당하는 것에 'O' 표시 해보세요.

전혀 그렇지 않다	대체로 그렇지 않다	대체로 그렇다	매우 그렇다
1	2	3	4

	우리 가족은…	1	2	3	4
1	우리 가족은 함께 대화하는 것을 즐긴다고 생각한다.	1	2	3	4
2	우리 가족은 서로를 위하는 일을 한다고 생각한다.	1	2	3	4
3	우리 가족은 문제를 해결할 때, 가족구성원 모두에게 최선의 해결이 되도록 노력한다고 생각한다.	1	2	3	4
4	우리 가족은 서로에게 솔직하다고 느낀다.	1	2	3	4
5	우리 가족은 다른 사람보다 우리 가족구성원에게 더 친근감을 느낀다.	1	2	3	4
6	우리 가족은 어려운 문제가 생겼을 경우, 가족구성원끼리 협력하면서 해결한다고 생각한다.	1	2	3	4
7	우리 가족은 온 가족이 함께 할 일을 결정하기는 매우 쉽다고 생각한다.	1	2	3	4
8	우리 가족은 서로를 믿으며 숨김없이 모든 것을 털어놓고 산다고 생각한다.	1	2	3	4
9	우리 가족은 화목하다고 느낀다.	1	2	3	4
10	우리 가족은 어려운 일이 있을 때, 가족에게 도움을 구할 수 있다고 생각한다.	1	2	3	4
11	우리 가족은 서로 비슷한 가치관과 신념을 갖고 있다고 생각한다.	1	2	3	4
12	우리 가족의 가치관과 규칙은 명확하다고 생각한다.	1	2	3	4
13	우리 가족은 자기 자신의 개인적 문제를 가족에게 말 할 수 있다고 생각한다.	1	2	3	4
14	우리 가족은 서로를 감싸준다고 느낀다.	1	2	3	4
15	우리 가족은 가족에게 문제가 생겼을 때는 가족 모두가 책임을 동등하게 진다고 생각한다.	1	2	3	4
16	우리 가족은 서로 존중해 준다고 느낀다.	1	2	3	4

17	우리 가족은 서로 무시하는 말을 한다고 생각한다.	1	2	3	4
18	우리 가족은 가정에 충실하다고 생각한다.	1	2	3	4
19	우리 가족은 문제를 다양한 방법으로 해결하고자 노력한다.	1	2	3	4
20	우리 가족은 어떤 결정 할 일이 있을 때 가족 모두가 의견을 제시한다고 생각한다.	1	2	3	4
21	우리 가족은 서로의 감정은 이해한다고 느낀다.	1	2	3	4
22	우리 가족은 옳고 그른 것에 대해 일치한다고 생각한다.	1	2	3	4
23	우리 가족은 원하는 것이 있을 때 직접 말한다고 생각한다.	1	2	3	4
24	우리 가족은 서로에 대해 충분한 관심을 보인다고 느낀다.	1	2	3	4
25	우리 가족은 인생에 있어서 중요하다고 생각하는 것이 무엇인가에 대해 서로 일치한다고 생각한다.	1	2	3	4
26	우리 가족은 서로의 말을 주의 깊게 듣고 있다고 생각한다.	1	2	3	4
27	우리 가족은 힘들어 하는 가족구성원이 있을 때는 다른 가족구성원도 그 이유를 알고 있다고 생각한다.	1	2	3	4
28	우리 가족은 우리 가족 간의 의견 차이는 극복하기 어렵다고 생각한다.	1	2	3	4
29	우리 가족만의 전통이 있다고 생각한다.	1	2	3	4
30	우리 가족은 서로의 느낌을 자유롭게 표현할 수 있다.	1	2	3	4
31	우리 가족은 서로에게 진실하다고 느낀다.	1	2	3	4
32	우리 가족은 관심사와 취미가 같다고 생각한다.	1	2	3	4
33	우리 가족은 서로에 대해 애정을 표현한다고 생각한다.	1	2	3	4
34	우리 가족은 가족의 규칙이나 가치관을 함께 만든다고 생각한다.	1	2	3	4

가족건강성 결과 분석

역채점 문항 2개(**17**, **28**)는 반대로 채점하여 요인별로 합계를 낸다.
1) 하위 요인별로 중앙치(평균) 점수보다 최대치에 가까워질수록 가족이 건
  강한 수준에 있는 것이다.
2) 총점이 68미만인 경우: 가족이 건강하지 않은 편
  총점이 69~85: 가족이 어느 정도 건강한 편
  총점이 86~102: 가족이 건강해서 기능을 잘하고 있는 편
  총점이 103이상: 아주 건강한 가족

하위요인	문항번호	갯수	중앙치	최대치
가족원 간의 유대	2, 5, 9, 14, 18, 21, 24, 27, 31, 33	10	20	40
가족원 간의 의사소통	1, 4, 8, 13, 17, 20, 23, 26, 30	9	18	36
가족원의 문제해결 수행능력	3, 6, 10, 15, 19, 28	6	12	24
가족의 가치체계 공유	7, 11, 12, 16, 22, 25, 29, 32, 34	9	18	36
전체		34	68	136

참고문헌

[국내 서적]

곽금주, 장승민(2019). 한국 웩슬러 아동지능검사 5판(K-WISC-V) 실시와 채점 지침서. 서울: 학지사.

곽금주(2021). K-WISC-V 이해와 해석. 서울: 학지사.

곽금주(2016). 발달심리학-아동기를 중심으로. 서울: 학지사.

권기덕, 김동연, 최외선 편역(1993). 가족미술치료의 이론과 실제. 서울: 특수교육.

김경호(2009). 청소년동성애와 상담 방안에 관한 연구: 개별, 집단, 가족, 학교 상담을 중심으로. 아시아교육연구. 10(2). 135-168.

김계현, 김동일, 김봉환, 김창대, 김혜숙, 남상인, 천성문(2009). 학교상담과 생활지도 2판. 서울: 학지사.

김상균(2004). 최신범죄학원론. 경기: 양서원.

김상원(2000). 성교육/성상담의 이론과 실제. 서울: 교육출판사.

김선아(2005). "J. A. Comenius의 유아와 어머니 이해의 현대적 해석: 대상관계이론을 중심으로." 강남대학교 일반대학원 박사학위논문.

김순진(2001). "대상관계 수준 척도의 타당화 연구." 서울대학교 사회과학대학 심리과학연구소. 심리과학 10(1). 69-92.

김순혜(2007). 현대 아동상담. 서울: 학지사.

김신정, 김영희(2007). "부모의 양육태도에 대한 고찰" 부모자녀건강학회지 제10권 제2호. 172-181.

김신혜(2017). "한국청년의 불안치유를 위한 목회적 돌봄 연구." 이화여자대학교 대학원 석사학위논문.

김용태(2000). 가족치료이론. 서울: 학지사.

김유숙(1998). 가족치료. 서울: 학지사.

김정옥(2001). 청년 성교육. 서울: 양서원.

김진숙(2000). "대상관계 가족상담 이론의 한국적 적용에 관한 연구." 한국가족상담학 8(2). 137-163.

김재은(1995). 그림에 의한 아동의 심리진단. 서울: 교육과학사.

김지혜(2020). "유아의 기질과 어머니의 양육행동 및 유아의 실행기능이 또래 유능성에 미치는 영향." 남서울대학교 대학원 박사학위논문.

김춘경(2004). 아동상담-이론과 실제. 서울: 학지사.

김춘경, 이수연, 최웅용, 강영배(2023). 청소년상담 2판. 서울: 학지사.

나병술(1973). 청년심리학. 서울: 예일출판사.

남명자(2006). 부모의 양육태도와 아동의 성격 장애. 서울: 학지사.

박선영(2003). "멜라니 클라인의 아동정신분석: 이론 및 임상 체계의 비판적 재구성." 이화여자대학교 대학원 박사학위논문.

박완성, 차명호(2013). 따돌림(사이버 따돌림) 실태 분석 및 예방 방안 연구. 교육과학기술부 연구보고서.

박진규(2015). 청소년문화. 서울: 학지사.

신현균(2014). 아동 심리치료의 실제. 서울: 학지사.

심수명(2024). 상담목회 개정판. 서울: 다세움.

심수명(2019). 집단상담 이론과 실제. 서울: 다세움.

심수명(2018a). 감수성훈련워크북 개정판. 서울: 다세움.

심수명(2018b). 가족치료관점에서 본 성경의 가족이야기. 서울: 다세움.

심수명(2012). 위대한 부모 위대한 자녀. 서울: 다세움.

심수명(2010). 기독교상담적 관점에서 본 정신역동상담 개정판. 서울: 다세움.

심수명, 유근준(2020). 기독교상담자를 위한 상담 및 심리치료의 과정과 실제. 서울: 다세움.

심수명, 유근준(2016). 어머니학교. 서울: 다세움.

어은주, 유영주(1995). '가족의 건강도' 측정을 위한 척도개발에 관한 연구. 가정과삶의질학회. Vol.13. No.1.

오경자, 이혜련 외(1997). K-CBCL 실시요강. 서울: 중앙적성출판사.

오윤선(2006). 청소년의 이해와 상담. 서울: 예영 B&P.

오윤선, 정순례(2021). 심리검사의 이해와 활용. 경기: 양서원.

유근준(2014). 대상관계상담. 서울: 다세움.

유근준(2008). "대상관계의 변화 과정에 관한 질적 연구-근거이론을 중심으로." 숙명여자대학교 대학원 박사학위논문.

유영주(2004). 가족강화를 위한 한국형 가족건강성 척도 개발 연구. 한국가족관계학회. 한국가족관계학회지. Vol.9. No.2.

유영주(2002). 건강가족 연구에 대한 문헌 고찰. 생활과학논집. Vol.6. No.1.

1-24.

윤가현(2000). 동성애의 심리학. 서울: 학지사.

이미리, 김춘경, 여종일(2019). 청소년 심리 및 상담. 서울: 학지사.

이삼식, 최효진(2016). 저출산 고령사회 대응 국민 인식 및 욕구 모니터링. 한국
　　　보건사회연구원.

이영탁(2007). 인터넷으로 본 아동상담. 경기: 양서원.

이원숙(1998). 성폭력과 사회복지. 경기: 강남대학교 출판부.

이원영, 이태영, 전우경, 강정원 공저(2019). 영유아교사를 위한 부모교육 2판.
　　　서울: 학지사.

이장호(1995). 상담심리학. 서울: 박영사.

이정수(2009). "신앙성숙평가척도 개발에 관한 교육 목회적 접근." 백석대학
　　　교 기독교전문대학원 박사논문.

이향숙, 박성옥, 정영선, 류진아, 황미영(2011). 아동상담 이론과 기법. 경기:
　　　양서원.

이형득, 김성회, 설기문, 김창대, 이우정(2002). 집단상담. 서울: 중앙적성출판사.

정옥분(2015). 청년발달의 이해 3판. 서울: 학지사.

정옥분, 정순화(2017). 예비부모교육 2판. 서울: 학지사.

정옥분, 정순화, 황현주(2009). 애착과 발달. 서울: 학지사.

조은경, 심용출, 이현숙, 안준범, 이종은, 강선희(2010). 청소년 성폭력 지피지
　　　기면 백전백승. 서울: 한국청소년상담원.

차주환, 소수연, 최지영, 이태영, 이지은, 장혜미(2019). "성폭력 피해 청소년
　　　상담개입 프로그램 개발." 청소년상담연구. V. 211. 1-110.

채규만(2000). 성피해 심리치료. 서울: 학지사.

천성문, 강은아, 정봉희, 최희숙, 함경애, 박은아(2016). 위기청소년을 위한 집
　　　단상담프로그램. 서울: 학지사.

최창섭(1998). "대중매체와 청소년." 청소년문화. 한국청소년개발원 편. 서울:
　　　서원.

한국카운슬링연구회(1987). 비행청소년의 이해와 지도. 서울: 성화사.

한국학교폭력상담협회(2015). 학교폭력상담 이론과 실제-개정판. 경기: 양서원.

한상철, 이형득(1995). 인간이해와 교육. 서울: 중앙적성출판사.

[국외 서적 및 번역서]

Ainsworth, M. D. S. (1973). *Anxious Attachment and Defensive Reactions in a Strange Situation and their Relationship to Behavior at Home*. In biennial meeting of the Society for Research in Child Development. Philadelphia.

Allen, J. P. & Bell, K. L. (1995, March). *Attachment and Communication with Parents and Peers in Adolescence*. Paper presented at the meeting of the Society for Research in Child Development. Indianapolis.

Allport, G. (1967). *The individual and his religion*. NY: The Macmillan Co. 박근원 역(1985). 인간과 종교. 서울: 양서각.

Baumrind, D. (1991). *Effective Parenting During the Early Adolescent Transition*. In P. A. Cowan & E. M. Hetherington (Eds.) Family transition(111-163). Hillsdale. NJ: Lawrence Erlbaum.

Baumrind, D. (1967). *Child Care Practices Anteceding Three Patterns of Preschool Behavior*. Genetic Psychology Monographs. 75(1). 43-88.

Berger, P. (1970). *A Rumor of Angel*. NY: Doublelady Anchor Books.

Biddulph, S. (2002). *The Secret of Happy Children*. NY: Da Capo Lifelong Books.

Blanck, G. & Blanck, R. (1979). *Ego Psychology: Psychoanalytic. Developmental Psychology*. NY: Columbia University Press.

Bowen, M. (1982). *Family Therapy in Clinical Practice*. Jason Aronson, Inc. Burns, R. C. & Kaufman, S. H. (1970). Kinetic Family Drawing (K-F-D): An Introduction to Understanding Children through Kinetic Drawing. New York: Brunner/ Mazel.

Bowlby, J. (1973). *Attachment and Loss: Vol. II.* (Separation, Anxiety and Anger). NY: Basic Books.

Brems, C. (1993). *A Comprehensive Guide to Child Psychotherapy*. Boston: Allyn & Bacon.

Bretherton, I. (1992). *The Origins of Attachment Theory: John Bowlby and Mary Ainsworth*. Developmental Psychology. 28(5). 759-775

Bretherton, I. (1985). *Attachment Theory: Retrospect and Prospect.* Monographs of the Society for Research in Child Development. 50. 3-35.

Burns, R. C. & Kaufman, S. H. (1970). *Kinetic family drawings (K-F-D): An introduction to understanding children through kinetic drawings.* Brunner/Mazel.

Buss, A. H. & Plomin, R. A. (1984). *Temperament : Early developing personality traits.* Hillsdale NJ : Erlbaum.

Capps, D. (1983). *Life Cycle Theory and Pastoral Care.* 문희경 역 (2001). 인간발달과 목회적 돌봄. 서울: 이레서원.

Cashdan, S. (1988). *Object Relations Therapy.* NY: W. W. Norton & Company. 이영희·고향자·김해란·김수형 공역(2005). 대상관계치료. 서울: 학지사.

Chethik, M. (2000). *Techniques of child therapy: psychodynamic strategies.* Guilford Press. 백용매, 천성문 역(2003). 아동의 심리치료. 서울: 학지사.

Clair, M. (2004). *Object Relations and Self Psychology: An Introduction. 4th Edition.* 안석모 역(2010). 대상관계이론과 자기심리학. 서울: CENGAGE Learning.

Collins, G. R. (1983). *Christian Counseling 3rd Edition: Revised and Updated.* Thomas Nelson.

Cormier, W. H. & Cormier, L, S. (1985). *Interviewing Strategies for Helpers (2nd ed.).* Monterey. CA: Brooks/Cole.

Cowen, E, L., Pederson, A., Babigian, H., Izzo, L, D.& Trost, M, A. (1973). *Long-term Follow-up of Early Detected Vulnerable Children. Journal of Consulting and Clinical Psychology.* 41(3), 438-446.

Crow, L. D. & Crow, A. (1956). *Adolescent Development and Adjustment.* NY: McGraw-Hill.

Davis, M. & Davis, W. (1981). *Boundary and Space: an Introduction to the Work of D. W. Winnicott.* NY: Brunner/Mazel. Publishers.

Dishion, T., Capaldi, D., & Yoerger, K. (1999). *Middle Childhood Antecedents to Progression in Male Adolescent Substance Use:*

An Ecological Analysis of Risk and Protection. Journal of Adolescent Research. 14.

Douvan, E. & Gold, M. (1966). *Model Patterns in American Adolescence.* In L. M. Hoffmand(Ed.). Review of Child Development Research. Vol. 2. NY: Russell Sage Foundation.

Dreikurs, R. & Soltz, V. (1964). *Children: The Challenge.* NY: Hawthorn Books.

Erikson, E. H. (1977). *Toys and Reasons: Stages in the Ritualization of Experience.* NY: Norton.

Framo, J. (1976). *Family of Origin as a Therapeutic Resource in Marital and Family Therapy: you can and should go home again.* Family Process 15. 108-109.

Gabbard, G. O. (2004). *Long-term Psychodynamic Psychotherapy.* 노경선·김창기 공역(2007). 장기 역동정신치료의 이해. 서울: 학지사.

Gabbard, G. O. (2000). *Psychodynamic Psychiatry in Clinical Practice. 3rd Ed.* 이정태 역(2002). 역동정신의학. 서울: 하나의학사.

Ginott, H. G. (1994). *The Quotable Play Therapist 238 of the All-time Best Quotes on Play and Play Therapy.* In C. E. Schaefer & H. Kaduson (Eds.). Northvale. NJ: Jason Aronson.

Ginott, H. G. (1961). *Group Psychotherapy with Children.* NY: McGraw-Hill.

Goldsmith, H. H. (1996). *Studying Infant Temperament via Construction of the Toddler Behavior Assessment Questionnaire.* Child Development. 67. 218-235.

Goldsmith, H. H. & Campos, J. J. (1982). *Toward a Theory of Infant Temperament.* In R. N. Emde & R. J. Harmon(Eds.). The development of attachment and affiliative systems. 161-193. NY : Plenum.

Gordon, T. (2000). *Parent Effectiveness Training:* The Proven Program for Raising Responsible Children. NY: Three Rivers Press.

Greenberg, J. & Mitchell, S. (1983). *Object Relations in Psychoanalytic Theory.* Harvard University Press. 이재훈 역(1999). 정신분석학적 대상관계이론. 서울: 한국심리치료연구소.

Harlow, H. F. & Zimmermann, R. R. (1959). Affectional Responses in the Infant Monkey. Science. 130. 421-432.

Havighurst, R. J. (1953). *Human Development and Education.* Longmans, Green.

Holmes, J. (1993). *John Bowlby & Attachment Theory.* 이정태 역(2005). 존 볼비와 애착이론. 서울: 학지사.

Hurlock, E. B. (1955). *Adolescent Development and Adjustment.* NY: McGraw-Hill Books.

Humphreys, Tony. (2004). *Leaving the Nest.* 윤영삼 역(2011). 아는 만큼 행복이 커지는 가족의 심리학. 경기: 다산초당.

Hybells, B. & Harney, K. & S. (1998). *Parenthood.* 황명희 역(1999). 부모-하나님께서 원하시는 부모가 되려면. 서울: 두란노.

Kaufman, A. S. (1979). *Intelligent Testing with the WISC-R.* NY: John Wiley & Sons.

Kuhn, D., Ho, V. & Adams, C. (1979). *Formal Reasoning Among Pre-and Late Adolescents.* Child Development. Vol. 50. 1128-1135.

Klein, M. (1986). *Notes on Some Schizoid Mechanisms.* In M. Klein, The Selected Melanie Klein. Ed., J. Mitchell(1946). NY: Penguin Books.

Klein, M. (1975). *On Identification.* in Envy and Gratitude and Other Works. NY: Free Press.

Klein, M. (1957). *Envy and Gratitude.* in M. Klein, Envy and Gratitude & Other Works. NY: A Delta Book.

Klein, M. (1952). *The Origins of Transference.* International Journal of Psycho-Analysis. 33. 433-438.

Klein, M. (1946). *Notes on Some Schizoid Mechanisms.* in M. Klein, The Selected Melanie Klein(Ed.). J. Mitchell(1986). NY: Penguin Books.

Landreth, G. L. (1991). *Play Therapy: The Art of the Relationship.* Muncie. IN: Accelerated Development, Inc.

Landreth, G. L. (1987). *Play Therapy: Facilitative Use of Child's Play in Elementary School Counseling.* Elementary School Guidance and Counseling. 21. 253-261.

Lazarus, A. (1990). *Multimodal Applications and Research: A Brief Overview and Update.* Elementary School Guidance and

Counseling. 24. 243-247.

Lazarus, A. (1981). *The Practice of Multimodal Therapy.* NY: McGraw-Hill.

Levinson, D. (1986). *A conception of adult development.* American Psychologist. 41(1). 3-13.

Litchfield, B. & Litchfield, N. (2004). *How to Talk With Your Child about Sex.* 서미진 역(2005). 궁금한 아이, 진땀 빼는 부모. 서울: 예수전도단.

Loeber, R. & Dishion, T. J. (1983). *Early Predictors of Male Delinquency: A review.* Psychological Bulletin. 93. 68-99.

Mahler, M. (1971). *A Study of the Separation-individuation Process and Its Possible Application to Borderline Phenomena in the Psychoanalytic Situation.* Psychoanalytic Study of the Child 26. 403-424.

Mahler, M. (1952). *On Child Psychosis and Schizophrenia: Autistic and Symbiotic Infantile Psychoses.* Psychoanalytic Study of the Child 7. 286-305.

Mahler, M. & Furer. M. (1968). *On Symbiosis and Vicissitudes of Individualism.* NY: International University Press.

Mahler, M. & M. F. Pine, and Bergman. (1975). *The Psychological Birth of the Human Infant: Symbiosis and Individuation.* NY: Basic Books. 이재훈 역(1997). 유아의 심리적 탄생. 서울: 한국심리치료연구소.

Marcia, J. (1980). *Ego identity development.* In J. Adelson (Ed.), Handbook of adolescent psychology. New York: Wiley.

Maslow, A. H. (1970). *Motivation and personality (2nd ed.).* NY: Harper.

Meadow & Kahoe, R. D. (1992). *Psychology of Religion.* 최준식 역 (1994). 종교심리학. 서울: 민족사.

Minuchin, S. (1974). *Families and Family Therapy.* Cambridge, MA: Havard University Press.

Naumburg, M. (1966). *Dynamically Oriented Art Therapy: Its Principles and Practices.* NY: Grune & Stratton.

Ogden, T. H. (1986). *The Matrix of the Mind.* Northvale. NJ: Jason

Aronson.

Orton, G. L. (1997). *Strategies for Counseling with Children and Their Parents*. Pacific Grove. CA: Brooks/Cole.

Otto, H. A. (1962). *What is Strong Family?*. Marriage and Family Living, 24. 77-80.

Parks, S. D. (2000). *Big questions, worthy dreams : mentoring young adults in their search for meaning, purpose, and faith. San Francisco*. Calif. : Jossey-Bass.

Piaget, J. & Inhelder, B. (1969). *The Psychology of The Child*. NY: Basic Books.

Rothbart, M. K. (1989). *Temperament in Childhhod : A Framework*. In G. A. Kohnstamm, J. E. Bate. & M. K. Rothbart(Eds.), Temperament in childhood. NY : Wiley.

Satir, V. (1972). *Peoplemaking*. Palo Alto, CA: Science and Behavior Books.

Satir, V. (1967). *Conjoint family therapy: A guide to theory and technique (Rev. ed)*. Palo Alto. CA: Science and Behavior Books.

Schaefer, C. (Ed.). (1993). *The Therapeutic Power of Play*. Northvale, NJ: Jason Aronson.

Sebald, H. (1968). *Adolescen: A Sociological Analysis*. NY: Appletion-Century Crofts.

Segal, H. (1964). *An Introduction to the Work of Melanie Klein*. NY: Basic Books.

Silvern, S. B. & Williamson, P. A. (1987). *The Effects of Video Game Play on Young Children's Aggression, Fantasy, and Prosocial Behavior*. Journal of Applied Developmental Psychology. 8(4). 453-462.

Simon, S. (1988). *Six Conditions for Nurturing Self-Esteem*. Paper presented at the American School Counselors Association Convention, Breckenridge, CO.

Summers, F. (1994). *Object-relations Theory and Psychopathology: a Comprehensive Text*. New Jersey: The Analytic Press. 이재훈 역 (2004). 대상관계이론과 정신 병리학. 서울: 한국심리치료연구소.

Super, D. E. (1990). *A life-span, life-space Approach to Career Development*. In D. Brown, L. Brooks & Associates (Eds.). Career choice and development(2nd ed.). San Francisco: Jossy-Bass.

Sweeney, D. S. (1997). *Counseling Children Through the World of Play*. Wheaton, IL: Tyndale House Publishers.

Spiegel, S. (1989). *An Interpersonal Approach to Child Therapy*. NY: Columbia University Press.

Thomas, A. & Chess, S. (1977). Temperament and development. NY: Bunder/Mazel.

Thompson, Charles L. & Rudolph, Linda B. (2000). *Counseling Children*. 천성문 외 공역(2001). 아동상담의 이론과 실제. 서울: 시그마 프레스.

Wadsworth, B. J. (1989). *Piaget's Theory of Cognitive and Affective Development by Barry J*. Wadsworth. Longman Pub Group.

Winnicott, D. W. & Shepherd, R. (1984). *Deprivation and Delinquency*. Tavistock Publications. 이재훈·박경애·고승자 역(2001). 박탈과 비행. 서울: 한국심리치료연구소.

Winnicott, D. W. & Shepherd, R. (1980). *The Maturational Processes and the Facilitating Environment*. NY: International Universities Press. 이재훈 역(2000). 성숙 과정과 촉진적 환경. 서울: 한국심리치료연구소.

Winnicott, D. W. & Shepherd, R. (1965). *The Maturational Processes and the Facilitating Environment*. Studies in the Theory of Emotional Development. NY: International Universities Press. 이재훈·이해리 역(2000). 성숙 과정과 촉진적 환경. 서울: 한국심리치료연구소.

Young, K. S. (1998). *Caught in the Net: How to Recognize the Signs of Internet Addiction and a Winning Strategy for Recovery*. New York: John Wiley & Sons.

Zentner, M. & Shiner, R. (2012). *Fifty Years of Progress in Temperament: A Synthesis of Major Themes, Findings, and Challenges and a Look Forward*. In M. Zentner, & R. Shiner (Eds.). Handbook of temperament. NY: The Guilford Press.